FOOTBALL

天堂足球队

《体坛周报》○编

LEGENDS

北京时代华文书局

图书在版编目（CIP）数据

天堂足球队 /《体坛周报》编 .— 北京：北京时代华文书局，2023.6
ISBN 978-7-5699-4521-8

Ⅰ.①天… Ⅱ.①体… Ⅲ.①足球运动—运动员—生平事迹—世界 Ⅳ.① K815.547

中国国家版本馆 CIP 数据核字 (2023) 第 109063 号

拼音书名 | TIANTANG ZUQIUDUI

出 版 人 | 陈　涛
选题策划 | 董振伟　直笔体育
责任编辑 | 马彰羚
执行编辑 | 孙沛源
责任校对 | 张彦翔
装帧设计 | 王　静　迟　稳
责任印制 | 訾　敬

出版发行 | 北京时代华文书局 http://www.bjsdsj.com.cn
　　　　　北京市东城区安定门外大街 138 号皇城国际大厦 A 座 8 层
　　　　　邮编：100011　电话：010-64263661　64261528

印　　刷 | 河北京平诚乾印刷有限公司 010-60247905
　　　　　（如发现印装质量问题，请与印刷厂联系调换）

开　　本 | 710 mm×1000 mm　1/16　印　张 | 15　字　数 | 354 千字
版　　次 | 2023 年 7 月第 1 版　　　　　印　次 | 2023 年 7 月第 1 次印刷
成品尺寸 | 170 mm×240 mm
定　　价 | 70.00 元

本书图片由视觉中国提供。
版权所有，侵权必究

《天堂足球队》编委会

编委会主任：张敦南
编委会委员（按姓氏笔画排序）：
于素梅 / 马卫平 / 毛振明 / 白晋湘 / 吴健 / 陈志山 / 陈志辉 / 陈碧华 / 罗乐 / 周志宏 / 赵延年 / 骆明 / 黄森 / 彭四龙

总 编 辑：骆明
总 经 理：李绍龙
撰　　稿：小中 / 吴昊宇 / 林良锋 / 骆明 / 梁熙明 / 程征 / 沈天浩 / 朱森 / 王勤伯 / 陈硕麒 / 闫羽 / 武一帆 / 黄思隽
编　　辑：黄荣基 / 郭磊 / 闫羽 / 曹知远 / 李静宜
审　　校：郭磊 / 彭雷
美术编辑：刘宏智

序

被他们改变的足球

2023年2月28日，梅西第7次当选世界足球先生，庆典过后，到场的贝利的女儿披露了一段经历。贝利在病房里看了2022年世界杯的大部分比赛，当巴西队出局时，贝利的病情已经开始恶化。每个人进病房后都要问他："现在你支持谁？一定不要是阿根廷队！"贝利答道："是阿根廷队。奖杯必须回到南美，梅西必须赢。"贝利没有看决赛，但知道梅西拿了世界杯冠军，他去世前很开心。

贝利去世是在2022年12月29日（当地时间），阿根廷队捧起大力神杯的11天之后。有一句经典评论："贝利只是去把梅西带领阿根廷队夺冠的消息告诉马拉多纳了。"其实两年前马拉多纳去世时，贝利就曾表示："有朝一日，我希望我们可以天堂再会，到时一起踢球。"

贝利的去世，意味着"天堂足球队"的豪华程度已经超过仍然在世的"巨星阵容"。进入21世纪后，20多年来，足球经历了太多变化：欧冠扩容，深刻改变了欧洲足球生态；欧洲杯扩军、欧国联创立、世界杯即将扩军；转会费纪录蹿至2亿欧元以上……同时我们也见证了太多足球巨星的离世，尤其是最近10年，2014年迪斯蒂法诺、2016年克鲁伊夫、2020年马拉多纳、2022年贝利去世，我们在不长的时间里见证了四位时代王者级别的巨星离开。

贝利甫一去世，即有读者问我们是否会出纪念特辑。贝利退役已经45年，

骆明 《体坛周报》总编辑

关于他职业生涯的著作已经不少。贝利去世时，不止一位同行说自己看过的最早的足球启蒙书籍是《贝利自传》。我也是如此，犹记得当年我上中学时看的《贝利自传》还是竖排、繁体的形式。因此，仅仅回溯贝利和马拉多纳等人的职业经历，会显得意犹未尽。在这本《天堂足球队》里，我们试图利用这个信息爆炸时代更丰富的材料，更立体地还原球星本人，更重要的是，探讨他们对于足球运动的历史意义。

说起足球历史上的巨星，球迷们最津津乐道的话题便是"哪位球星是最伟大的"。例如，梅西率阿根廷队夺得世界杯冠军之后，人们第一时间就会讨论他是不是"球王"，以及他与贝利、马拉多纳的高下。类似的问题我也被问过无数次，感觉有些疲倦。但争论本身很有趣，也很有益。正是在不断的争论中，球迷对球星的了解更加深入。不只是球迷，足球名宿也会频繁地参与这种讨论。贝利、马拉多纳或梅西的身边人，在一次次的讨论中，会被动地输出更多关于球星的故事和观点，让我们更深刻地了解足球。

这本书不仅想讲述球星的故事，更想把他们放在足球史的维度上，看看他们为本国和世界足球带来了怎样的改变，看看他们在足球运动中拥有何等地位。以他们为锚，我们会更好地理解足球这项运动。

目

001 贝利
Pelé
1940—2022

039 迭戈·马拉多纳
Diego Maradona
1960—2020

080 约翰·克鲁伊夫
Johan Cruyff
1947—2016

105 阿尔弗雷多·迪斯蒂法诺
Alfredo Di Stéfano
1926—2014

123 费伦茨·普斯卡什
Ferenc Puskás
1927—2006

目录

138 尤西比奥
Eusébio
1942—2014

159 盖德·穆勒
Gerd Müller
1945—2021

178 乔治·贝斯特
George Best
1946—2005

197 保罗·罗西
Paolo Rossi
1956—2020

212 里努斯·米歇尔斯
Rinus Michels
1928—2005

226 纪念那些逝去的足坛星光

Pelé

贝利
1940—2022

贝利

生卒	1940年10月23日—2022年12月29日
国籍	巴西
出生地	巴西特雷斯科拉松伊斯
离世地	巴西圣保罗
身高	1.73米
位置	前锋/进攻型中场

青年队生涯
1953—1956年	包鲁竞技	

俱乐部生涯
1956—1974年	桑托斯	659场643球
1975—1977年	纽约宇宙	107场66球

国字号生涯
1957—1971年	巴西队	92场77球

个人荣誉

世界杯最佳球员×1
1970年

世界杯最佳青年球员×1
1958年

美洲杯最佳球员×1
1959年

美洲杯最佳射手×1
1959年

南美足球先生×1
1973年

解放者杯最佳射手×1
1965年

巴甲最佳射手×3
1961、1963、1964年

圣保罗州联赛最佳射手×11
1957、1958、1959、1960、1961、1962、1963、1964、1965、1969、1973年

洲际杯最佳射手×2
1962、1963年

北美足球联赛最有价值球员×1
1976年

北美足球联赛助攻王×1
1976年

国际足联特别功绩奖
1984年

《法国足球》世纪最佳球员
1999年

《时代》杂志20世纪百大最重要人物
1999年

国际足联世纪最佳球员
2000年

劳伦斯终身成就奖
2000年

国际足联百大球星
2004年

国际足联荣誉金球奖
2013年

《法国足球》金球奖梦之队
2020年

团队荣誉

桑托斯

巴甲冠军×6
1961、1962、1963、1964、1965、1968年

解放者杯冠军×2
1962、1963年

洲际杯冠军×2
1962、1963年

洲际超级杯冠军×1
1968年

圣保罗州联赛冠军×10
1958、1960、1961、1962、1964、1965、1967、1968、1969、1973年

里约—圣保罗州锦标赛冠军×4
1959、1963、1964、1966年

纽约宇宙

北美足球联赛总冠军×1
1977年

巴西队

世界杯冠军×3
1958、1962、1970年

大西洋杯冠军×1
1960年

罗卡杯冠军×2
1957、1963年

注：大西洋杯是1956至1976年间举行的一项南美四国赛（巴西队、阿根廷队、乌拉圭队、巴拉圭队）。罗卡杯是1914至1976年间不定期举行的巴西队与阿根廷队对抗赛。

3

贝利曾于1958、1962和1970年随巴西队夺得世界杯冠军，是历史上唯一三夺世界杯冠军的球员。足坛还有20名球员两夺世界杯，其中15位是巴西人，4位是20世纪30年代的意大利队国脚，1位是阿根廷队球员帕萨雷拉。现役球员中，无人世界杯加冕超过1次。而两次在世界杯决赛进球并夺冠的，历史上也仅有贝利和他的巴西队队友瓦瓦。

1279

除了效力桑托斯、纽约宇宙和巴西队，贝利还曾代表军队的球队、圣保罗州队等不同球队参加比赛，所涉赛事繁多，加上年代久远统计不完善，不同统计机构对其出场和进球数据的计算有 定出入。吉尼斯世界纪录认证的是，加上友谊赛，贝利从1956年9月7日至1977年10月1日，在职业生涯的1363场比赛中共攻入1279球。而根据RSSSF（纪录·体育·足球统计基金会）统计，贝利总进球数为1256，其中正式比赛769球、国际友谊赛391球、国内友谊赛等赛事96球。

127

1959年，贝利正式比赛和友谊赛共计攻入127球，这是国际足联官方认证的足坛历史正式比赛+友谊赛自然年进球纪录。

92

吉尼斯世界纪录认证的数据显示，贝利职业生涯共上演过92次帽子戏法。在现役球员中，截至2023年2月，梅西56次戴帽，C罗62次。

10

贝利自认并非典型前锋，而更接近于进攻型中场。除进球之外，助攻亦是他的拿手绝活。他在世界杯共10次助攻，该纪录现未被打破。单届世界杯（1970年）6次助攻和世界杯决赛共3次助攻（1958年1次、1970年2次）的数据同样无人能及。

17

贝利保持着多项"最年轻"的纪录。1957年，16岁259天的他代表巴西队上演首秀，出战阿根廷队并进球，至今仍是巴西队队史上最年轻的出场和进球纪录保持者。1958年，他以17岁234天的年纪代表巴西队征战世界杯（对阵苏联队），17岁239天在世界杯进球（对阵威尔士队），17岁244天在世界杯上演帽子戏法（对阵法国队），17岁249天参加世界杯决赛，并进球、梅开二度、夺冠，以上皆为世界杯历史纪录。

7

贝利代表巴西队出场92场攻入77球，截至2022年他与内马尔并列球队历史头号射手。他场均0.84球的效率优于队史上任何主要射手。同时，贝利代表的"桑巴军团"7次上演帽子戏法，为球队历史之最，截至2022年并列第二的是济科、罗马里奥和内马尔（各4次戴帽）。

金色王道

吴昊宇

三夺世界杯冠军的球员，古今只有贝利。当世大多数球迷不曾亲自见证"球王"走过的那条金光之路，但人们头脑中却都有一个抽象而又深刻的印象：贝利很厉害，而且很可能是最厉害的一个。

1970年世界杯夺冠，贝利第3次举起雷米特杯。

每一个对足球稍有了解的人，都不可避免听说过贝利这个名字。这个本名埃德松·阿兰特斯·多·纳西门托的巴西人，被包括国际足联在内的无数机构和媒体评选为20世纪最佳球员，也被国际奥委会评选为20世纪世界最佳运动员。由于其卓越的职业生涯，贝利"历史最佳球员之一"的地位得到公认，很多人认为他就是当之无愧的历史第一。

国际奥委会官方评论贝利："他所取得的辉煌成就，已经达到了人类所能达到的极限。"贝利并未代表巴西出战过奥运会，但他是三次夺得世界杯冠军的唯一球员，帮助祖国获得了永久保留雷米特杯的资格。吉尼斯世界纪录认证的是，加上友谊赛，贝利从1956年9月7日至1977年10月1日，在职业生涯的1363场比赛中共打入1279球。

"贝利"，阴差阳错的绰号

1940年10月23日，贝利出生于巴西特雷斯科拉松伊斯，现在这座城市有一条以他的名字命名的街道——埃德松·阿兰特斯街。贝利的雕像位于市中心的广场上。贝利的父亲东迪尼奥为他取了"Edson"的名字，据说是致敬美国发明家爱迪生。

上学时，埃德松收获了"贝利"的绰号，这其实源于一个偶然的差错。贝利在孩提时代最喜欢的球员是瓦斯科达伽马的门将比利，但他经常将比利的名字念作"贝利"，时间久了身边的伙伴也都叫他"贝利"了。

贝利在圣保罗州的贫民窟长大，从小家境贫寒，在茶叶店工作赚取外快。身为球员的父亲教他踢球，因为没有钱买一个像样的足球，贝利通常只能踢用塞着报纸的袜子缝制的足球，或者干脆把柚子当球踢。贝利效力的第一支球队名叫"九月七日"——这一天是巴西的独立日。球队位于贝利居住的街区，街道名称为"九七"。在那时，贝利才第一次穿上了正经的足球鞋。

由于在这支球队展现出超高的足球天赋，贝利13岁时加入了圣保罗州的包鲁竞技的青年队。1954年这支球队受邀参加与圣保罗俱乐部的青年队的比赛，结果12比1狂胜，贝利独中五元，登上了圣保罗当地报纸的头条。贝利开始踢球的时候，室内足球刚在巴西流行起来，他也参加过当地五人制室内比赛。14岁时的贝利已经可以自如地和一群成年人进行五人制对抗。因为他的技术过于出色，五人制足球联盟甚至为贝利专门制定了部分规则，但这无法阻碍他成为当地赛事射手王。贝利后来回忆说，参加五人制比赛让他获益匪浅。

17岁即成"球王"

1956年，贝利效力的包鲁竞技俱乐部向他发出了签署正式合同的邀请，但贝利的母亲塞莱斯特拒绝了，她不希望贝利去往大城市，甚至不希望儿子踢职业足球。最终贝利说服了母亲，加入了另一家俱乐部桑托斯。发掘贝利的是巴西队前国脚布里托，他告诉桑托斯高层，贝利将成为有史以来最伟大的足球运动员。贝利凭借在训练中的优异表现打动了桑托斯，与这家俱乐部签下了第一份职业合同。贝利将第一份薪水全额寄给了母亲。

1956年9月7日，还不满16岁的贝利上演职业生涯首秀，在对阵科林蒂安的比赛中攻入职业生涯第一球。那场比赛为科林蒂安出场的门将萨鲁阿尔退役后成为一名足球经纪人，他的名片上的自我介绍为"第一个被贝利破门的门将"。

1957年，贝利在桑托斯成为绝对主力，并连续进球。该年6月，桑托斯和瓦斯科达伽马联合参加了圣保罗州组织的莫伦比国际锦标赛，两队选派各自精英出战与葡萄牙贝伦人的比赛，贝利上演帽子戏法，帮助联合队6比1取胜。贝利后来透露，自己始终是瓦斯科达伽马俱乐部的"死忠"。在2021年，瓦斯科达伽马授予了贝利终身荣誉会员的称号。

贝利接连进球的表现让他得到了巴西国家队的征召。1958年，年仅17岁的贝利在世界杯大放异彩，帮助"桑巴军团"最终夺冠。也正是由于在国家队的出色表现，贝利披上了桑托斯10号战袍。1958年里约-圣保罗州锦标赛中，贝利攻入8球成为赛事射手王，并得到了现场观赛的记者内尔松·罗德里格斯送上的"国王"绰号。

这位记者在巴西《体育头条》杂志的专栏中写道："贝利在比赛中从头到脚都像是一位国王。当他拿到球，过了一名对手，就像驱赶走了一个无知而肮脏的庸人。贝利在比赛中最漂亮的进球，是他过掉一个、两个、三个后卫，直到没人可过了才打进的。要进这样一个球，只是单纯的足球技能还不够。还需要更多的东西，比如信心、能力，这一切使贝利成为一个打不倒的巨星。所有人都已开始承认，他在所有位置上都是最伟大的球员。在边锋位置、在中场，都是一样的。"

最终,"国王"成为伴随贝利一生的尊称。

1958年,除了跟随巴西队夺得世界杯冠军,贝利还在桑托斯收获了第一座俱乐部冠军奖杯——圣保罗州联赛冠军。贝利在这一年共计攻入75粒正式比赛进球,当时他刚满18岁而已。这一纪录直到1972年才被盖德·穆勒的85球打破,到了2012年,梅西以自然年91球再度刷新纪录。

无意旅欧,擦肩皇马、国米

1959年,桑托斯先后前往美国和欧洲进行巡回赛,贝利在访问美国的14场比赛中打进15球,随后在造访欧洲的锦标赛上22战斩获28球。对阵国际米兰的3场比赛,贝利的表现都非常出色,因此引起了国米的兴趣,但桑托斯拒绝进行交易。

桑托斯在巡回赛中的对手还包括当时连续在欧冠折桂的皇马,桑托斯虽3比5不敌西甲豪门,但贝利的出色表现还是让皇马上下交口称赞。皇马主席圣地亚哥·伯纳乌赛后专门拜访了贝利,并希望能够签下他。一些欧洲媒体透露,皇马当时甚至与桑托斯签下了一份协议,但最终协议并未生效,贝利也无缘加盟皇马。

1960年,桑托斯继续前往欧洲进行巡回赛,对阵当时在欧冠表现出色的兰斯,贝利连过5人破门。1961年,贝利在桑托斯与弗卢米嫩塞的比赛中攻入了他最著名的进球之一:他连过6人杀到对方禁区内破门。很遗憾,这粒进球没有留下影像资料。但时至今日,进球的诞生地马拉卡纳球场还保留着纪念这粒进球的纪念牌,上面写道:"1961年3月5日,贝利打进了马拉卡纳球场历史上最漂亮的进球。"自那以后,巴西葡萄牙语里增添了一个新词汇:纪念牌进球,指的就是极其漂亮的进球。

贝利1961年的出色发挥,引起了意甲北方三强国际米兰、尤文图斯(以下简称尤文)和AC米兰的关注,三家俱乐部为贝利提供了6亿里拉转会费的报价,这创下了当时的纪录。时任巴西总统的夸德罗斯定然不希望巴西赛场失去这位天才球员,他甚至提出了宣布贝利为"国宝"从而阻止他出国踢球的方案。其实最重要的是,贝利本人并没有离开的想法,因此继续在桑托斯效力。

桑托斯的"摇钱树"

1962年,贝利以出色表现帮助桑托斯获得了南美解放者杯冠军,随后他还率队击败了那年的欧冠冠军本菲卡,折桂洲际杯。本菲卡门将阿尔贝托在主场2比5输给桑托斯后表示:"我们原本希望阻止一个伟大的人,但最终我们被这个伟人彻底摧毁了。"贝利此役独中三元。1963年,桑托斯成功卫冕解放者杯。由于贝利的存在,桑托斯几乎每年都要前往北美或欧洲进行巡回赛,这一度遭到媒体批判,他们认为桑托斯几乎将贝利当成了"摇钱树",每年指望着他带队进行世界巡回演出。

虽然每年都参加巡回赛,但凭借贝利的出色表现,桑托斯还是在每个赛季都至少收获巴西全国联赛冠军或州联赛冠军中的一个。1965年，随桑托斯参加巡回赛后，贝利被允许与新婚妻子罗塞梅里去度蜜月，而不必参加一部分正式比赛。

1969年初，桑托斯首次前往非洲进行巡回赛，第一站是刚果共和国。根据随队记者的说法，贝利的到来在公众之中引发了"令人难以置信的愉悦感"。桑托斯对阵当地一支省级球队的比赛，吸引了3万人到场观战，而该省全部人口不过8万人。贝利打入一球，帮助桑托斯3比0取胜。据描述，贝利后来到了布拉柴维尔，引发了当地"历史上最盛大的狂欢节"。贝利抵达的那天是1969年1月23日，这个日期后来被刚果共和国政府宣布为"国家体育日"。

转战宇宙，拓荒美国

在1969年11月19日对阵瓦斯科达伽马的比赛中，贝利通过点球打入了职业生涯的第1000球。事实上，在贝利打入第996球后，接下来数场比赛，全世界都在关注他何时可以突破千球大关，每场比赛都吸引了全球的目光。在贝利完成这一成就的瞬间，作为对手的瓦斯科达伽马球迷都在为他欢呼。进球后的贝利被球迷和记者紧紧簇拥，他说，这个进球要献给所有在巴西的贫困民众。

1974年，贝利在桑托斯效力18年后宣布退役，但其实并未完全告别赛场。转过年来，他正式复出，加盟纽约宇宙。贝利后来在自传中表示，与纽约宇宙的合同金额是3年100万美元，但媒体报道的数字要高很多，还包含一笔不菲的肖像权收入。贝利在当时成为全世界最吸金的运动员。

签约纽约宇宙后，贝利前往白宫会见了时任美国总统的福特，后者表达了让贝利帮助美国足球发展的愿望。1975年6月，贝利代表纽约宇宙上演首秀，对手是达拉斯旋风，比赛以2比2收场，这场比赛由当时美国最大的哥伦比亚广播公司向全球30个国家进行转播，美国国内约有1000万人收看，足见贝利的巨大影响力。

虽然已过巅峰期，但贝利在美国联赛的时光，被普遍认为提高了美国公众对足球这项体育运动的认知和兴趣。贝利到来前，美国的足球顶级联赛场均上座1万人而已，但贝利加盟后，纽约宇宙平均上座达到3.4万人之多，其间连续刷新了北美足球联赛单场上座纪录。

1977年10月1日，在纽约宇宙与桑托斯的表演赛结束后，贝利正式结束球员生涯。他代表两队各进行了半场比赛，全世界通过美国广播公司观看了比赛转播。在告别演讲中，贝利请全场观众与他一起重复了3遍"Love"这个词。

三夺世界杯冠军，举世无双

贝利威震寰宇，自然主要来源于世界杯。在瑞典完成首次世界杯之旅的8年前，未满10岁的贝利经历了巴西队主场丢掉世界杯冠军的悲伤，他后来在自传里表示，自己一生都难以忘记那样的感觉。

1958年世界杯前的热身赛，贝利被踢伤。而且，巴西队出征前对球员进行了心理测试，结果显示贝利的心智还处在比较"幼稚"的阶段。然而，主帅费奥拉力排众议将贝利带去瑞典。小组赛前两轮，贝利因伤未能出赛，第3轮迎战苏联队，在巴西队必须取胜才能小组出线的情形下，贝利首发上阵，助攻瓦瓦打入一球，2比0锁定了胜局。对阵威尔士队的1/4决赛，贝利扣球过人后射门得分，打入了个人在世界杯的第1球。当时的他，只有17岁239天，成为有史以来最年轻的世界杯进球者，这项纪录至今无人能破。

半决赛对阵法国队，贝利独中三元缔造5比2大胜，风头盖过了法国队头号球星方丹。决赛对决东道主瑞典队，巴西队5比2取胜并夺得冠军，贝利梅开二度。"我不得不说实话，贝利打入决赛第5球时，我为他送上了掌声。"瑞典球员帕林后来回忆称。比赛结束后，贝利似乎都不敢相信这一切，一度在场上昏迷，最终在加林查的帮助下醒来。他在17岁就以惊艳表现帮助巴西队夺得世界杯冠军。

1962年智利世界杯开赛之际，因为拥有正值巅峰的贝利，巴西队的卫冕前景被普遍看好。首场2比0击败墨西哥队，贝利1传1射，但第2场对阵捷克斯洛伐克队时，贝利受伤离场，并错过了接下来的赛事。加林查等队友的出色发挥帮助巴西队成功卫冕，贝利也第2次收获世界杯冠军，但他对这次征程并不算满意。

1966年英格兰世界杯，贝利领衔的巴西队被热捧实现三连冠，但那届赛事成了贝利的噩梦回忆。小组赛首战保加利亚队，贝利打入1球帮助球队2比0获胜，但他被对手踢伤，缺席次轮对阵匈牙利队一役，此役巴西队以1比3失利。小组赛末轮面对葡萄牙队的生死战，贝利带伤上阵，受到对方后卫莫赖斯重点"照顾"。战至30分钟，葡萄牙队"屠夫""2秒钟内2次踢翻贝利"的惊悚场面上线了。

放在今天，这将获得如假包换的红牌。然而，莫赖斯留在了场上，只有贝利被迫离场疗伤。由于当时没有换人制度，贝利一瘸一拐地踢完了余下的漫长比赛，他已无法完成需要加速或发力的动作，但静态踢球仍有不少功底深厚的传球和控球技巧，单脚跳着奋力回防的场景更令人唏嘘不已。最终，"桑巴军团"再次以1比3告负，无缘出线，贝利怒称再也不踢世界杯。这届赛事的乱象，成为国际足联推进规则完善的诱因之一，4年后的世界杯终于引入了换人和红黄牌制度。

1970年的墨西哥世界杯，贝利与热尔松、托斯唐等新一代巴西天才再一次向世界杯冠军发起冲击。小组赛首轮对阵捷克斯洛伐克队，贝利1传1射帮助球队4比1奏凯，次战面对英格兰队，贝利的近距离头球成就了"门神"班克斯的"世纪扑救"。巴西队一路披荆斩棘杀入决赛，在阿兹特克体育场，巴西队与意大利队展开决战，第18分钟贝利头球建功打开胜利之门，随后他两度助攻雅伊尔济尼奥和卡洛斯·阿尔贝托破门。4比1取胜后，贝利第3次捧起世界杯冠军奖杯，巴西队永久保留了雷米特杯。贝利共计为巴西队出战过92场国际A级赛事，打入77球，他的巴西队进球纪录在2022年才被内马尔追平。

贝大使，贝部长

1977年正式退役后，贝利始终在用自己的影响力推动世界足球的发展。1992年，他被任命为联合国生态与环境大使，1994年出任联合国教科文组织亲善大使。1995年，时任巴西总统费尔南多·恩里克·卡多索任命贝利为体育部部长，在此期间，他提出了减少巴西足球界腐败的法案。2012年，由于对人道主义和环境事业的重大贡献，贝利收获了爱丁堡大学授予的荣誉学位。此外，贝利还为巴西申办2014年世界杯和2016年奥运会而奔走，成功促成了巴西获得这两项赛事的主办权。

值得一提的是，因为对世界杯的预测经常不符合实际结果，贝利还得到"乌鸦嘴"的绰号，为球迷增添了不少欢乐。其实，任何人预测冠军，猜错的概率都远大于蒙对的可能，但他是贝利，全世界都期待他提前占卜一个冠军。

2021年9月，贝利的身体开始出现严重问题，确诊为结肠癌。整个2022年，贝利不停地在医院接受化疗。2022年12月初，贝利的身体对化疗没有了反应，他被转入圣保罗阿尔伯特·爱因斯坦医院的临终关怀病房。在那期间，贝利依然在关注卡塔尔世界杯。据称，巴西队出局后，贝利向身边人说，他支持阿根廷队夺冠，世界杯必须回到南美，梅西必须赢。生命的最后时刻，贝利的最后一个愿望、最后一次预测，成真了。

贝利俱乐部生涯（桑托斯）

赛季	圣保罗州联赛 出场	圣保罗州联赛 进球	里约—圣保罗对抗赛 出场	里约—圣保罗对抗赛 进球	巴甲 出场	巴甲 进球	解放者杯 出场	解放者杯 进球	洲际杯 出场	洲际杯 进球	小计 出场	小计 进球
1956	0	0	—	—	—	—	—	—	—	—	0	0
1957	29	36	9	5	—	—	—	—	—	—	38	41
1958	38	58	8	8	—	—	—	—	—	—	46	66
1959	32	45	7	6	4	2	—	—	—	—	43	53
1960	30	33	3	0	0	0	0	0	0	0	33	33
1961	26	47	7	8	5	7	0	0	0	0	38	62
1962	26	37	0	0	5	2	4	4	2	5	37	48
1963	19	22	8	14	4	8	4	5	1	2	36	51
1964	21	34	4	3	6	7	0	0	0	0	31	44
1965	28	49	7	5	4	2	7	8	0	0	46	64
1966	14	13	0	0	5	2	0	0	0	0	19	15
1967	18	17	—	—	14	9	0	0	0	0	32	26
1968	21	17	—	—	17	12	0	0	5	1	43	30
1969	25	26	—	—	12	12	0	0	0	0	37	38
1970	15	7	—	—	13	4	0	0	0	0	28	11
1971	19	6	—	—	21	1	0	0	0	0	40	7
1972	20	9	—	—	16	5	0	0	0	0	36	14
1973	19	11	—	—	30	19	0	0	0	0	49	30
1974	10	1	—	—	17	9	0	0	0	0	27	10
总计	410	468	53	49	173	101	15	17	8	8	659	643

贝利国家队生涯 1957—1971年

赛事	出场	进球	助攻
世界杯	14	12	8
美洲杯	6	8	3
世界杯预选赛	6	6	3
友谊赛	66	51	18
总计	92	77	32

贝利俱乐部生涯（纽约宇宙）

赛季	常规赛 出场	常规赛 进球	季后赛 出场	季后赛 进球	其他 出场	其他 进球	小计 出场	小计 进球
1975	9	5	—	—	14	12	23	17
1976	22	13	2	2	18	11	42	26
1977	25	13	6	4	11	6	42	23
总计	56	31	8	6	43	29	107	66

1958年，家庭餐桌上，贝利在父亲东迪尼奥(左)身边落座，母亲塞莱斯特在上菜。

多·纳西门托秘史

小中 82年人生，21年职业生涯，贝利的轶事奇闻远非21条只言片语可以囊括。拾零简摘，管窥"球王"的传奇一生，故事要从埃德松·阿兰特斯·多·纳西门托和他的父母讲起。

1940年10月23日，贝利出生于巴西米纳斯吉拉斯州的一座小城。这地方名字拗口，特雷斯科拉松伊斯，字面意思却简单好记：三颗心。后来，贝肯鲍尔就此写过文章，他说贝利有"三颗心"，分别服务于足球、家庭和世人，真是恰如其分。

爸爸的最伟大进球

1 贝利的父亲东迪尼奥出生于距离"三颗心"不远的米纳斯吉拉斯州小城坎波斯吉拉斯，他在巴西陆军骑兵团服兵役，部队驻扎在"三颗心"。兵役期满后，由于爱上了当地姑娘塞莱斯特，东迪尼奥没回老家，就在"三颗心"当地的铁路公司谋了份差事。

2 贝利的父亲本名若昂·拉莫斯·多·纳西门托，东迪尼奥是他的绰号。东迪尼奥也踢过职业足球，外号"塑胶人"，其弹跳力极好，头球功夫了得。东迪尼奥（Dodinho）是dondo一词的指小词，dondo有"弹性好"的意思，东迪尼奥的外号来源于此。

3 东迪尼奥于1917年8月2日出生，1996年11月16日去世，享年79岁。他身高1.83米，是位右脚将，司职前锋。当年，在米纳斯吉拉斯州和圣保罗州包鲁，东迪尼奥是位受人尊重的球员。他头球很强，贝利不止一次夸耀过父亲的头球技术："有一场比赛，他进了5个头球。"资料显示，东迪尼奥在巴甲豪门米涅罗竞技和弗卢米嫩塞踢过球。

4 贝利的母亲塞莱斯特·阿兰特斯·多·纳西门托，1922年11月20日出生，2022年度过了百岁生日。贝利去世时，她仍健在。她和女儿玛丽亚·卢西娅一家一起生活，住在桑托斯。尽管已经百岁高龄，她的身体仍然很好，不用吃任何药物，只需要有人照顾她吃饭和洗澡。她一直话不多，年事高了话便更少。身体许可的时候，贝利会定期去看母亲。但2022年病重后，贝利好几个月没去看望母亲。他有时跟妹妹通电话，了解母亲的情况，有时通过视频电话跟母亲聊天。

5 东迪尼奥曾骄傲地说："我人生中最伟大的进球，是跟塞莱斯特配合后打进的：埃德松·阿兰特斯·多·纳西门托。"母亲百岁生日，82岁的贝利在网络社交平台上说："今天，庆祝塞莱斯特夫人百岁诞辰。从我小时候起，她就教给我爱与和平的价值。我有超过一百个理由感谢成为你的儿子。感谢在你身边的每一天，妈妈！"

埃德松和爱迪生

6 父亲之所以给长子贝利起名埃德松，是为了致敬美国著名发明家、电灯的发明者托马斯·爱迪生（Thomas Edison）。贝利出生前，小城"三颗心"刚刚通电不久。贝利把自己的名字写作"Edson"。不过，在他的出生证明上，名字却是"Edison"。

7 贝利出生于10月23日，但出生证明上写的是10月21日。1879年10月21日，爱迪生的白炽灯研制成功了。可能是由于父亲太崇敬爱迪生，在为儿子办出生证明时，就把儿子的出生日期错报成了10月21日。

8 贝利有一个弟弟和一个妹妹，他是长子。首夺世界杯冠军时，17岁的贝利说过："我踢得不是最好的，我的弟弟佐卡未来肯定更了不起。"小时候，小贝利2岁的佐卡一直和哥哥一起玩，他的球技确实不错，也在桑托斯踢过球。但哥哥成名太早，而且名气太响，佐卡受不了别人老把他与哥哥比较的压力，最后放弃职业足球梦，改行做了律师，一度为"球王"哥哥打理生意。佐卡于2020年3月25日在桑托斯病故，享年77岁。

9 在家里，父母都管贝利叫迪科（Dico）。父亲到米纳斯吉拉斯州圣洛伦索的达伽马俱乐部踢球，球队的门将叫比利（Bile），少年贝利很喜欢他，经常为他加油喝彩。但少年贝利发音不准，发的是"Pile"这个音——在葡萄牙语里，P和B的发音极为相像，只是轻辅音和浊辅音之分。其他小孩子跟贝利开玩笑，就管他叫"Pelé"，后来这外号就不胫而走。

10 贝利起初不喜欢"贝利"这个外号，有一次在学校里，一位同学这么叫他，他很生气，还打了人家，结果被停课。多年后接受英国《卫报》采访，贝利解释说："我当时觉得'贝利'太难听了。'埃德松'听上去更严肃、更正式。"

三件球衣之谜

11 1945年，东迪尼奥去圣保罗州内地小城包鲁的包鲁竞技俱乐部踢球，一家人跟着搬到了包鲁。后来，贝利进入包鲁竞技的青年队踢球。1956年8月初，贝利被带到桑托斯。

12 1958年世界杯决赛，瑞典队是主队，穿黄衫，巴西队临时买了蓝色球衣。那场决赛，巴西队5比2逆转取胜，17岁的贝利梅开二度。4年后，巴西拍了一部电影，叫《"球王"贝利》。为了宣传那部电影，巴西举行了一次展览，决赛上贝利穿过的10号球衣也是展品之一。结果那件球衣被人偷了，再也没有露过面，不知道到底落到什么人手里，也不知道它现在怎样。

13 年满18岁后，贝利到总部设在桑托斯的巴西第6摩托化海岸炮兵部队服了半年兵役。在军队里，尽管是世界杯冠军和球星，但贝利没有享受任何特权，他成了"新兵201号"。贝利代表巴西军队代表队拿到南美军人足球锦标赛冠军。他进了决定性的一球，使球队2比1击败阿根廷军队代表队。

14 1964年9月21日，圣保罗州联赛，主场对阵圣保罗州博塔福戈，桑托斯11比0大胜，贝利独进8球。那是贝利进球最多的一次比赛。

15 2002年，佳士得拍卖行宣布拍卖墨西哥世界杯决赛贝利穿过的球衣。这在巴西引起广泛讨论。1970年巴西队体能教练阿德米尔多·希罗尔已过世，但他的儿子马塞洛称，那件球衣在他手里。当年巴西队主教练扎加洛则说，他把贝利在那场比赛穿的球衣当作礼物送给了自己的儿子。而决赛录像显示，终场哨刚响，意大利队球员罗萨托就跑向贝利，拿到了他的球衣。据巴西环球台调查，贝利上下半场各穿了一件球衣，最后领奖时又换了一件球衣。那场比赛，他总共穿过三件球衣。希罗尔拿的是上半场穿过的，罗萨托得到并由佳士得拍卖的是下半场穿的，扎加洛拿到的则是贝利领奖时穿的。

紧锁半个世纪的衣柜

16 在巴西队，贝利跟加林查组成了足球历史上最成功的进攻组合。1958年世界杯小组赛第3战对阵苏联队，贝利和加林查首次联袂在世界杯亮相。直至1966年7月，两人联手为巴西队踢了40场比赛，36胜4平，没输过一场。他俩共打进55球，贝利进了44球，加林查进了11球。

17 效力桑托斯期间，贝利共13次被罚下。据称，这主要是因为面对粗野犯规时，贝利会以牙还牙，报复对方。

18 整个职业生涯，贝利有3次告别赛。1971年是告别巴西队，"桑巴军团"在马拉卡纳与南斯拉夫队打了一场友谊赛，比分是2比2，现场14万球迷高呼"贝利留下"。1974年是告别桑托斯，与蓬蒂普雷塔打了友谊赛。1977年是正式退役，桑托斯与纽约宇宙打了一场友谊赛，"拳王"阿里也到场。他这样评价贝利："贝利，整个世界都应该感谢你。你知道如何把你的心和头脑放在你的双脚上，为足球服务。全世界所有运动员都应当在你的脚前躬身。"

19 2019年5月，贝利最后一次在公开场合露面。他参加了在圣保罗举行的一个活动，与美国前总统奥巴马合影留念。

20 自1958年世界杯起，连续15届世界杯贝利都在场。1958年至1970年四届，贝利都作为球员参加。1974年至1982年三届，贝利要么是作为广告代言人，要么是作为国际足联特邀嘉宾参加。1986年，贝利出任巴西旗手电视台解说嘉宾。1990年和1994年，他出任巴西环球电视台评球嘉宾。1998年至2010年四届，贝利也在场。2014年巴西世界杯，贝利在现场观看了决赛。那是他最后一次亮相世界杯。2018年俄罗斯世界杯抽签仪式，贝利坐着轮椅出席，但他没去现场看球。他本来说好2022年卡塔尔世界杯到场观赛，但病情使他无法成行。

21 时至今日，桑托斯主场卡尔代拉球场主队更衣室里还保留着贝利的衣柜。贝利退役后，他的衣柜再没被打开过。只有贝利有衣柜的钥匙，桑托斯俱乐部说没人动过那个衣柜，也没人知道衣柜里面有什么。贝利本人说，在那个衣柜里，什么东西都没有。

我不是前锋

> 小中

2020年，《法国足球》在历史最佳阵容评选中，将贝利归类为进攻型中场，引发不少争议。此时，很多人才意识到，"球王"的位置属性似乎是个没有标准答案的问题。一个打进1200多个球的球员，难道不是前锋？

当代球迷对贝利的印象，更多来源于媒体和书籍上的传记类文字，或是已经十分模糊的视频资料。而关于贝利具体是一名怎样的球员，甚至，他究竟是踢什么位置的球员，很多人都未必有着准确的认识。

"我是进攻型中场"

2013年，英国《世界足球》杂志评选历史上最伟大的11人，贝利被视作前锋，与范巴斯滕、盖德·穆勒和罗纳尔多在锋线并列。但到了2020年，《法国足球》在"金球梦之队"也就是历史最佳阵容评选中，却将贝利和马拉多纳共同列为进攻型中场。这一做法引来了不少批评。在更多人的认知中，贝利是前锋，虽然技术水准和活动范围非通常射手可比，但怎么会归类为中场呢？

其实，对于位置问题，贝利本人有过论述。他曾在自传中表示："我在职业生涯早期是一名中锋，与罗纳尔多和罗马里奥一样司职9号位。但随着我的成长，我意识到自己更愿意在中场的位置，即10号位。我从来不是一个喜欢冲在最前面的箭头人物。很多人认为我是一名纯粹的前锋，但我从来都不是。实际上，我是一名进攻型中场，或者说拖后前锋。"

而2012年，贝利还曾在视频采访中说过："我是中场，我从来不是突前的那个前锋，我总是从中场启动，因为我是会协助防守的。"

显然，贝利否认自己的主要位置是中锋或锋线箭头。其实，2009年皇马签下C罗和卡卡时，贝利也做过类似论述。当时他表示，C罗拥有出色的爆发力，能在前锋位置有出色发挥，卡卡则适合拖后一些，两人的组合类似于贝利与托斯唐当年在巴西队的搭配，卡卡的角色接近于贝利。如贝利所说，1970年第3次夺得世界杯冠军的巴西队阵中，托斯唐位置最靠前，贝利则在他身后活动，接近于10号位。

其实，在俱乐部层面，贝利同样更接近于这个位置。参加1970世界杯的巴西队队友雅伊尔济尼奥曾说，自己在俱乐部司职10号位，身前的中锋是罗伯托·米兰达，这与贝利在桑托斯扮演的角色完全相同；在桑托斯，贝利身前的中锋是库蒂尼奥；而托斯唐当时在克鲁塞罗阵中，也有埃瓦尔多顶在自己身前。也就是说，这三名联手为巴西队登顶1970年世界杯立下汗马功劳的锋线球员，在俱乐部其实都不是真正意义上的中锋。

"普天之下，莫非王土"

巴西记者奥塔维奥·平托曾在专栏中探讨贝利的位置问题。他写道，如果想了解贝利的位置，就必须了解那时巴西队的战术体系。早期的巴西队几乎都会采用"424"阵形，中场为一名防守型球员和一名组织型球员，四名前锋除了左右边锋之外，两名中路球员也会分为中锋和一个名为"ponta de lanca"的位置，这是贝利的位置，字面意思为"箭头"。

但要注意，这个"箭头"并非我们现在所理解的最突前位置。这套"424"阵形中，负责组织进攻的中场球员通常不会有太多进球，但贝利司职的"箭头"除了需要时常前插与中锋配合，还要协助组织型中场来组织进攻。换言之，贝利的位置介于8号位和9号位中间，既要前插得分，也要回撤组织。而在进攻过程中，贝利也时常会与中锋球员组成前场中路二人组。

在贝利表现最好的两届世界杯上，他所在的位置均为介于中锋和组织中场之间的攻击手位置。1958年世界杯，贝利处在司职中锋的瓦瓦身旁，两侧是扎加洛和加林查，迪迪则是偏向组织型的中场球员，巴西队的阵形是经典"424"。1970年世界杯，贝利埋伏在托斯唐身后，里维利诺和雅伊尔济尼奥司职边锋，虽然仍是"424"阵形，但按巴西记者安德烈·罗查的说法，那套阵形在今天看来更像"4231"，只有托斯唐一人突前，身后的三名进攻型中场的位置机动性很强，球队经常打出流畅反击来决定比赛胜负。

不少人说，1970年世界杯上的巴西队有"5个10号"：贝利、托斯唐、里维利诺、雅伊尔济尼奥和司职组织中场的热尔松在俱乐部都担纲10号位。主帅扎加洛也曾表示，那支巴西队在防守中更接近"451"阵形，除突前的托斯唐之外，所有攻击手要参与防守，托斯唐在需要的时候也会回防。法国《队报》发布过贝利在1970年世界杯决赛中的触球热图：贝利仅有8次在对方禁区内触球，最多的触球区域是在进攻三区，而在中圈附近乃至本方半场也有不少触球。

更像马拉多纳与济科

巴西记者奥塔维奥·平托表示，很多人在谈到"10号"时，会提到济科、马拉多纳、普拉蒂尼和齐达内等人，但相比于齐达内，贝利无疑更接近前三者的位置，齐达内则更像是巴西队经典"424"阵形中的8号位组织型中场，其职业生涯场均进球只有0.19球，而普拉蒂尼、马拉多纳和济科场均都在0.5球以上。

马拉多纳横空出世的时候，很多媒体都在将他与贝利比较。20世纪80年代，马拉多纳与济科的属性都是"ponta de lanca"，也就是贝利的位置。《记分牌》杂志曾在1978年将年轻的马拉多纳称作"阿根廷的贝利"，称马拉多纳在比赛中扮演的角色与贝利有很多相似之处，同样埋伏在中锋身后，同样有着极高的进球效率。

贝利与马拉多纳、梅西这三位"球王"级别的人物在技术特点上的不同之处，被全世界众多媒体探讨过。尽管贝利的影像样本没有后两者充实，但仍能从中看到贝利的鲜明风格。虽然贝利的控球技术与马拉多纳和梅西同样出色，但他的盘带相较后两者更加简练，以最经济实惠的方式接近对方球门是他的标志。贝利经常以简洁明快的触球过掉防守球员，他也会采用博格坎普经常使用的挑球完成过人和破门。

根据体育数据提供商奥普塔（OPTA）对贝利在1966年和1970年两届世界杯所有比赛的统计，贝利场均过人约4.8次，这比马拉多纳在世界杯场均9次过人少了很多，梅西职业生涯中的过人数据也要高出贝利不少。但贝利的过人成功率与后两者基本持平。职业生涯后两届世界杯上，贝利一共送出6次助攻，他传威胁球的能力也足以与两位阿根廷巨星相提并论。

除了过人和传球之外，贝利虽然身高只有1.73米，但优秀的弹跳能力让他可以冲到禁区内抢点，头球技术也非常出色，这是马拉多纳与梅西很难企及的。1970年世界杯决赛，贝利就曾力压意大利队后卫头球破门。后两届世界杯上，贝利在禁区内射门的转化率高达25%，虽然禁区内触球不多，但进入禁区的他往往能够带来致命一击。贝利的远射功底同样出色，他在1966年和1970年世界杯上禁区外射门的占比高达67.6%。在世界杯舞台，他曾2次主罚直接任意球得分，不是"圆月弯刀"，而是"远程火箭炮"！

综上所述，贝利并不是纯粹的前锋，而更像一名极为高产的进攻型中场。他在场上的覆盖面可以从中圈附近直达对方禁区，他的盘带、过人后的射门、远射、禁区内抢点以及传球创造力都是有史以来的顶尖水平。

很多人喜欢将贝利视作前锋或中锋，一大缘由恐怕在于他的进球产量实在太高——一个打进1279球的球员，怎么可能是其他位置？

其实，反例非常好找：当代足坛，梅西和C罗在大多数情况下并非司职中路锋线，他们很大程度上被视作边锋，却依然是最会进球的球员。只不过，他二人是经常出现在边锋位置却仍能在中锋位置进球，贝利则是经常出现在前腰位置，却比中锋更善于完成门前致命一击。

至此，如果再去细究"进攻型中场"与"拖后前锋"之间的差别，恐怕就要陷入无穷的语义之争。说到底，一个活动范围很大的全能天才，本身就很难用位置去定义。既然贝利本人将自己描述为进攻型中场，我们就姑且将之视为"权威表述"吧。

10号定义者

小中

1958年世界杯贝利横空出世前，人们没觉得球衣号码有多重要。是贝利赋予了10号球衣不同寻常的内涵。追求10号战袍的后来者络绎不绝，也有人因其不可承受之重而避之不及。

早年的足球比赛中，球员的球衣上是没有号码的。20世纪20年代末，在英格兰，谢菲尔德星期三对阵阿森纳的比赛中，双方球衣印上了号码。第一场有球衣号码的正式比赛是1932—1933赛季足总杯决赛：埃弗顿首发球员身披1至11号球衣，曼城首发则穿着12到22号球衣。但一直到1939年，正式足球比赛才要求球衣必须印号，以更好地区分场上球员。

当时，足球教练喜欢使用"235"阵形。因此，1号给门将，2号和3号给后卫，4、5、6号给中场，7至11号给前锋。20世纪50年代，"WM"阵形成为时尚，1号仍是门将专属，2至6号给后卫和中场，8号和10号给前锋，7号和11号给边锋，9号给中锋。

因二战原因，世界杯在1938年后停办两届。因此，1950年巴西世界杯是第一届球衣印号的世界杯。但在1958年世界杯贝利横空出世前，人们没觉得号码有多重要。贝利虽然不是第一个穿10号球衣的人，但因为他，10号才成了巨星的代名词，成了很多人梦寐以求的号码。而1958年世界杯贝利穿10号黄衫并非他自己的选择，而是机缘巧合，是运气，也是天意。

017

随机分配的巧合？

当年在包鲁竞技的青年队踢球，贝利穿的是8号球衣。1956年到了桑托斯，贝利只是替补。那年12月9日，桑托斯主力瓦斯孔塞洛斯大腿受伤，贝利的机会来了。从1957年初起，贝利就成为桑托斯主力球员。瓦斯孔塞洛斯在队中穿10号球衣，贝利顶替他后，10号就归了贝利。

1958年5月的热身赛，对阵保加利亚队和科林蒂安，贝利都身穿10号黄衫首发。不过，对科林蒂安一战，他受伤了。之后出战佛罗伦萨和国际米兰，贝利都没上场，迪迪穿着10号战袍。贝利回忆说："由于从巴西出发时，我并不是主力，因此在比赛和训练中我穿8号，当年在包鲁竞技的青年队，我就穿这个号码。来到桑托斯之前，我是8号球员。"

但瑞典世界杯上，阴错阳差，国际足联却把巴西队的10号球衣给了贝利。世界杯小组赛前两场对阵奥地利队和英格兰队，贝利都坐在替补席。贝利不上场，巴西队场上便没有10号。至于10号球衣为什么给了贝利，有不同的说法。而在不同的采访中，"球王"自己也莫衷一是，给出了几个版本。

有一种说法是，瑞典世界杯上巴西队的准备工作百密一疏，给国际足联发球员名单时，忘了定号码，如果不定号码，巴西队将被禁止参赛。情急之下，据说是乌拉圭足协官员、世界杯组委会成员洛伦索·维利齐奥为巴西队球员随机挑选了号码，贝利成了10号。

而后来的采访，贝利至少给出过三种说法。其一是："当时，我觉得是根据巴西足协的登记分发号码给球员。应该是这样。"其二是："瑞典世界杯，我是第10位被登记的球员。"其三是："在国际足联的抽签中，10号球衣落到我身上。"

在一次采访中，贝利给出了最详尽的解释："那届世界杯上，10号球衣是个巧合。当时，我觉得他们是根据巴西足协的注册来向球员分配号码。没人太过重视10号，我也不是巴西队中最年长的球员。出于巧合，在世界杯上，10号落到我身上。"

因贝利而伟大

瑞典世界杯后，贝利回到桑托斯，根据自己的意愿，他又穿了一段时间8号球衣。他解释说："8号一般而言是第三人，也就是中场球员穿的。后来我转而穿10号，是因为1958年世界杯上我被抽到了10号。"

1958年世界杯巴西队左边锋扎加洛却有不同的回忆："我也不太清楚，但我觉得是根据我们旅行时行李箱上所贴的号码分配的球衣号码。只能是这个解释，因为我记得非常清楚，我箱子上贴的是数字7。"那届赛事上，扎加洛是7号，而加林查是11号。按理说，7号应该是右边锋，左边锋扎加洛应该穿11号。

瑞典之旅上，巴西队的号码确实很混乱：主力门将吉尔马尔是3号，中场核心迪迪是6号，主力中卫尼尔通·桑托斯是12号，9号则给了最终0出场的替补后卫齐佐莫。

但不管怎样，1958年世界杯上，贝利穿上了10号黄衫。因为他的出色表现，10号转而成为巨星的代名词。贝利回忆道："所有人都说，在贝利之前，10号只是一个号码。我当年也不知道它有什么重要性，真的只是在我们夺得1958年世界杯冠军后，它才变得重要。我当时17岁，是队伍中最年轻的球员，穿的是10号。那之后，人们开始重视10号。之前没人操心号码的问题。"

贝利还说过："有一些事情很有意思，当我祷告时，我得问问上帝。当我睡觉时，我会问：'为什么在贝利身上发生了那么多事情，而我却不知道如何解释？'后来，10号成了球队中最重要的号码。甚至很多巴西队球员，比如罗马里奥，在世界杯上宁愿穿11号。他说过，他不穿10号，因为这个号码责任太大。你知道，这是只有上帝才能解释清的事情。"

贝利在后期的一次采访中再次谈到10号球衣："出于巧合，我出生在10月；在学校里，10分是最高分；作为天主教徒，我遵守十诫。为了更完美，在巴西队，我收到了10号球衣。"

封存？让10号球衣永留球场

贝利去世后，桑托斯是否应该永久封存10号球衣，成为争议性话题。贝利的家人、部分媒体、球迷和体坛名宿希望让黑白10号球衣"退役"。在公开场合，桑托斯主席安德烈斯·鲁埃达的态度出现过摇摆，他首先表示将于2023年将10号球衣暂时封存，但对于长期打算，他先是支持永远封存，后又反对，理由是2017年贝利本人在采访中的一段话。

当时，贝利的原话是这样的："或许最好在场上留下10号球衣，因为那样的话，人们永远也不会忘记它。"鲁埃达因此说："'球王'的意愿应该得到尊重。看到采访视频前，我希望（让10号球衣）退役。不过，看到视频后，就没什么可讨论的了，'球王'本人说了反对。最大的致敬是将10号球衣留在场上。"

在巴西队，贝利的10号黄衫一直没有退役，济科等后辈球星因此有机会穿上"球王"曾经的战袍。济科强调："我尊重那些让球衣退役的俱乐部，但我觉得这不好。如果那样做了，我就不会有机会穿上'球王'贝利的球衣。留下球衣给人们留下很多可以讲述的故事。"

济科并未从贝利那里直接继承10号球衣。贝利之后，济科之前，里维利诺是10号黄衫的主人。济科说："还好，我接过巴西队10号球衣时，它已经被里维利诺穿柔滑了，不是直接来自贝利。号码是一种责任，有些人很痛苦。他们穿上10号，比较随之而来。如果你没有好的头脑，就不配穿。压力、困境，所有这一切都使你成熟。"

反对10号球衣退役愈发成为主流声音。桑托斯俱乐部前主席马塞洛·特谢拉又透露，当年在其任内，桑托斯想过让10号球衣退役，但贝利不同意。"当时，我们有一项营销计划，包括让10号球衣退役，但贝利反对。营销部的人想说服我、说服贝利，理由是让那件球衣退役，我们能挣很多钱。可贝利的态度很明确：'我喜欢看到这件球衣在场上，不管穿它的是好球员还是平庸球员。'"

在贝利家乡特雷斯科拉松伊斯的贝利广场，矗立着贝利的雕像。

万神合体

小中

"全能"一词往往被滥用，在当代则成为人才培养的重要方向。只不过，全能也分档次，各方面技能均属良好是一种全能，但各项素质皆为历史顶尖，就是完全不同的概念。

贝利被称为"球王"的理由很多，很重要的一点是，贝利是足球历史上技术最全面的超级天才。贝利除了双脚都强，传带射皆佳，头球也好，甚至守门技术也不错。他在正式比赛中4次客串门将，桑托斯都取胜，其中一场比赛是巴西杯决赛。贝利的球技是不是历史第一，很多人说是，也有不同意的，无法统一看法，但他是有史以来技术最全面的，这个评价应该错不了。

他们能做的，他都做过

贝利没有逆足，双脚都是惯用脚；他头球好，怎么顶怎么有，进过各式各样的头球；他身材虽不高大，但身体素质出众，放在当代也是佼佼者；他技术出色，堪称精巧；他速度奇快，盘带过人犀利无比；贝利还有一脚势大力沉的射门，他的射门有时不讲道理，但他又会巧射，让球从令人叹为观止的角度飞进球门；他还有高超的任意球破门技术；他具备非凡的视野，也非常聪明，大脑反应非常人能及，总比别人提前做出动作；"球王"自己能进球，也能控制比赛节奏，组织策划进攻，助攻队友进球。

2020年10月23日，贝利迎来八十大寿，巴西媒体《环球体育》发表了题为《贝利之前做过》的文章。一众足坛巨星做过的事、擅长的事，贝利也一样擅长，而且大部分还做得更好。《环球体育》利用珍贵的历史影像资料支撑这一观点，马拉多纳、梅西、济科、齐达内、罗马里奥、罗纳尔多、罗纳尔迪尼奥等15位巨星用自己的招牌动作打进的最令人称奇的进球，贝利此前都完成过。

贝利的出众技艺，赢得与他同时代巨星的叹服。1998世界杯前夕，在《记分牌》杂志的专栏中，与贝利一同参加1970年世界杯的巴西队队友托斯唐评论了"球王"："我在1966年世界杯上认识的贝利，当时我19岁，第一次入选巴西队。贝利的技术水平给我留下深刻印象，他具备一位伟大攻击手的所有特点：盘带过人动作小而迅速，有着宽广的视野，传球精准，射门有力，跳得高，睁着双眼顶头球。他非常有想象力，总让对手出乎意料。很快，我俩通过眼神就能相互理解。球到他脚下之前，他看一下我，指出我该做什么，该往哪里跑。贝利还是斗士，对他盯防越紧，他踢得越好。他的完美跟他的简朴融为一体。贝利拥有一位巨星所必需的所有身体和情绪特点。他是所有人中最伟大的，因为他具备一切。"

1965年6月2日，在巴西队与比利时队的友谊赛中，贝利以极其舒展的动作倒钩射门。倒钩破门对任何球员来说都不可能司空见惯，贝利曾在自传中表示，职业生涯1200多个进球里，倒钩破门"也就三四个而已"。

贝利在桑托斯和巴西队的队友佩佩说："现在的足球场上，也一直出现很伟大的球员。然而，能赶上贝利的并没有出现。我觉得，东迪尼奥和塞莱斯特（贝利的父母）把配方给撕了，再也不会出现一位贝利那样的球员。"巴西学者罗德里格·萨图尔尼诺也说："贝利在足球历史上的重要地位来自他的天赋和技术，因为他是把足球运动员在场上可能做到的东西都做得异常好的唯一的人。你可以任选一个方面，贝利都是最好的之一。"

克鲁塞罗中卫、1970年世界杯冠军成员皮亚扎这样评价贝利："完美的只有上帝。而足球中，只有贝利。他能踢任意球，他控球完美，他头球精准，他身材理想，他的爆发力令人难以置信，他右脚能射门，左脚能射门，他可以踢得很温柔，也可以踢得很暴力，如果需要的话。很难在一位球员身上找到所有这一切。"

巴西人若泽·米格尔·维斯尼克在其著作《毒药—解药：足球和巴西》中写道："贝利跟其他球员仿佛在以不同的频率运行，就好像他有更多的时间来观看和思考正在发生什么。他观看着他正在踢得速度极快的比赛，而他周围的人踢得却像是慢镜头中的人。"

2012年，巴西ABC联邦大学生物医学工程教授马科斯·杜阿尔特专门研究了贝利的倒钩射门。杜阿尔特教授得出结论说，在踢到球前的一瞬间，贝利能使身体在水平方向静止不动，那样一来，他踢出的球就更准确高效。

杜阿尔特研究了1970年世界杯C组巴西队1比0战胜英格兰队一役。那一战，贝利有一记著名的头球被班克斯神奇扑出。当时贝利跳起的高度超过70厘米，而防守他的后卫汤米·赖特只跳了50厘米。贝利的头球攻门非常有力，足球速度高达45千米/时。但班克斯确实了得，愣是把球扑了出去。足球历史上，那是贝利最漂亮的没进的球之一，而班克斯的那一扑，被认为是足球历史上最伟大的扑救。

梅西+C罗

贝利之后，一旦出现一位球星，人们总是习惯拿他来跟贝利比较。能作为标杆，就证明了实力。2018年12月5日，《圣保罗页报》一篇对贝利的专访中，问到了梅西是不是比他更好、谁是足球历史上最佳球员的问题："有一些当代足球的重要人物，比如伊涅斯塔和哈维，他们说梅西是历史上最佳球员。对此，您有何评论？"

贝利答道："正常，个人偏好问题。有人这样认为，但这是用球员没有的东西进行比较。怎么可以拿一个头球好、左右脚都能射门的人，跟一个只用一只脚射门、只有一只脚灵活、头球不好的人进行比较呢？要想跟贝利比，得是左右脚射门都好、头球也好的人。"

2020年10月，英国《442》杂志更新足球历史上百大巨星名单。梅西、马拉多纳和C罗排前三，贝利只排第四。对此，巴西国内非常不满。巴西队原前锋卡萨格兰德驳斥道："我不想一一列举贝利在球场上的神奇之举，我只想谈他踢出那样的足球时所拥有的条件。足球鞋的鞋钉很多时候穿破鞋底，会弄疼脚。足球非常沉，一湿了就更沉。球衣用的布料如果沾了水，会像海绵一样吸水，分量变得更重。是的，球衣、短裤和袜子都那样。"

还有场地因素。卡萨格兰德写道："贝利踢了4届世界杯，世界杯场地的草皮状况，还能在一些录像里看到。其他比赛的场地，状况就更差了。即使那样，他依旧盘带突破，一口气过掉三四人。他穿裆过人，他挑球过人，他任意球破门，他带球疾进。你可以想象一下，如果他在没有任何科技的条件下就做出了那一切，在今天这样好的条件下，他会做得更好！没有理疗师，没有健身器材，今天的球员借以提高发挥的所有东西，那时都没有。"

  贝利的年代，足球踢得更野蛮，对球员的保护远不如现在，举一个例子就可以证明这一点。2014年11月底，"球王"因尿道感染和肾结石住院。当时，贝利的助手团队透露，早在球员时代，他的右肾就已被摘除，原因是"那个肾被对手撞击次数过多"，发生了病变。他们没有透露"球王"摘肾的具体年份，但即使是从1977年退役时算起，贝利靠一个肾维持生命也长达45年。

  那次住院期间，贝利进行了血液透析。据专家讲，一个人只有一个肾，也可以正常生活。剩下的那个肾会变大，抵消另一个肾被切除所带来的影响。但长期来看，肾功能还是会减弱，它不再能处理身体所产生的所有尿液。因此，会导致经常性的尿道感染，有些情况下，透析变得必不可少。

  2020年6月，巴西队夺得1970年世界杯冠军50年之际，巴西乔文·潘电台做了特别节目《贝利是不是历史最佳？他比梅西和C罗更好吗？》。参与节目的各位记者意见是一致的：贝利比梅西和C罗好，他汇聚了梅西和C罗最好的优点，换言之，贝利是梅西+C罗。

  乔文·潘电台记者尼尔松·塞萨尔的评论最有代表性："有一些人从来不会被超越，贝利是其中之一。梅西、马拉多纳、C罗、罗纳尔多和其他那么多人，你把所有这些人的特点汇聚到一起，贝利都具备，甚至超过他们。只是当年的球员没有像现在这样的曝光度。我觉得有些天才是常人不能比的。在足球领域，贝利来自另外的星球。"

多面下半场

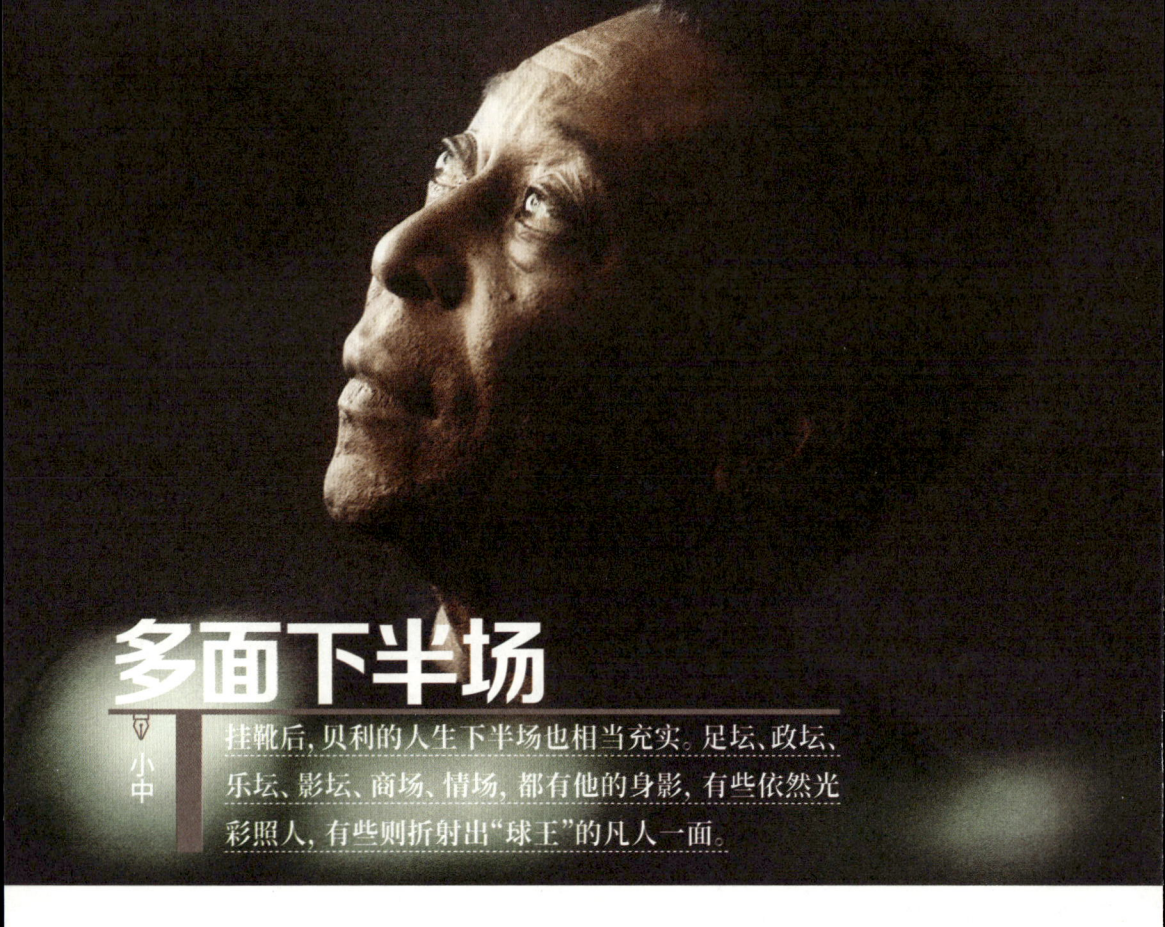

> 挂靴后，贝利的人生下半场也相当充实。足坛、政坛、乐坛、影坛、商场、情场，都有他的身影，有些依然光彩照人，有些则折射出"球王"的凡人一面。
>
> 小中

1977年贝利在纽约宇宙挂靴，开始了退役生活。退役并不是退休，不踢球的贝利仍很忙碌。他是一位活跃的品牌代言人，拍广告挣了很多钱。贝利喜爱音乐，会弹吉他，一生谱写过100多首歌曲，有些反响相当不错。贝利拍过电影和电视剧，最出名的电影是《胜利大逃亡》。他还投身政治，当过一任巴西体育部部长，搞出了一部很有名气的《贝利法》，对巴西足球和巴西体育运动发展做出了贡献。贝利还是个情种，有三任妻子，有两个私生女。20世纪80年代，他跟女模特舒莎的恋情在巴西被人津津乐道。

容易上当的投资者

1958年世界杯一战成名后，贝利逐渐成为一个全球名人。他不仅球踢得好，在场外也很有魅力。他是第一个全球性体育偶像，也是足球球员中第一个百万富翁。踢球挣了钱，贝利却不会投资，老是亏本，便求助于合伙人。但合伙人靠不住，贝利受过两次骗，第一次的结果是债台高筑，第二次是挣的钱被合伙人转到他自己名下。

踢球和生意不能兼顾，早在20世纪60年代还踢球时，贝利就有了合伙人。他的第一个合伙人是西班牙人何塞·奥索雷斯·冈萨雷斯，外号"胖佩佩"。贝利很信任"胖佩佩"，将他当作朋友，把生意交由他打理。可1974年，贝利在桑托斯退役时，却发现由于投资不善，他欠了一屁股债。那导致贝利在1975年为还债复出，签约纽约宇宙。在那里踢了3年，从1975年踢到1977年，贝利挣到了700万美元。

2001年，贝利陷入一场丑闻。他名下的"贝利体育和营销公司"收了70万美元，要在阿根廷为联合国儿童基金会举办一场慈善赛。那场比赛最终没踢成，但收的70万美元也没退还。贝利说，他上了合伙人埃利奥·维亚纳的当，后者还把400万美元从公司账户转到自己名下。一怒之下，贝利把那家公司给关了。

后来，贝利和儿子埃迪尼奥一起又开了一家新公司，名叫"Pelé Pro"。但父子俩都不是做生意的料，贝利干脆把肖像权、所创品牌、自己接受媒体采访和出席活动的权利都卖给了国际品牌管理公司。后来，与贝利相关的所有权利都集中在"Sport 10"公司手里。所以最近20年间，贝利接受哪家媒体专访，参加何种活动，都不是他说了算，而是国际品牌管理公司的安排。

部长贝利推动《贝利法》

贝利踢球时给巴西人民带来快乐，退役后，他曾投身政治，想改变巴西、造福巴西人。1995至1998年间，在费尔南多·恩里克·卡多佐总统的第一任期，贝利曾出任巴西体育部部长，成为巴西历史上第一位黑人部长。其间，贝利高举保护运动员劳工权利的大旗，推动通过了《贝利法》。这部以"球王"名字命名的法律，在巴西体育和足球历史上具有重要地位。

《贝利法》于1998年3月24日获得通过，它旨在促进巴西足球俱乐部的透明化和职业化，保障职业运动员的劳工权利。《贝利法》结束了所谓的"Passe制度"，这种制度把球员捆绑在足球俱乐部，规定即使一名运动员与一家俱乐部的合同已经结束，他仍与该俱乐部联系在一起，另一家俱乐部要想雇用他，必须向前俱乐部支付一笔钱，那笔钱就叫"Passe"。

《贝利法》触动了巴西足球俱乐部的利益，受到各队抵制。巴西足协和时任国际足联主席的阿维兰热也对该法大加批评，国际足联甚至威胁不让巴西队参加1998年世界杯。但《贝利法》令巴西广大球员受益，得到了他们的拥护。

除了保护足球球员，《贝利法》还规定巴西联邦彩票的收入要按一定比例划拨给巴西奥委会和巴西残奥委会，对于巴西其他体育项目的发展也起到推动作用。法案生效后的20多年间，为了适应形势发展，也为了修改一些有争议和自相矛盾的内容，《贝利法》几经修订，现在仍发挥着效力。

多才乐者，蹩脚演员

在桑托斯踢球期间，贝利在桑托斯大都会大学体育系学习并拿到大学本科文凭。退役后，贝利还取得了教练证。20世纪90年代，他在桑托斯的梯队当过教练，发现和培养了迭戈和罗比尼奥等新秀。尽管后来不再任职，贝利对内马尔的成长也给过指导和建议。除此之外，他还做过评球嘉宾，为巴西环球电视台等评论过数届世界杯。

贝利喜欢音乐，会弹吉他，歌唱得也不错。他的音乐天赋遗传自父亲东迪尼奥，父亲会弹奏四弦吉他。贝利到了桑托斯之后才学吉他，是跟队友蒂特学的。贝利一生谱写过100多首歌曲。1969年,他出了第一张个人唱片,里面有他跟巴西著名女歌手艾丽斯·雷吉娜的两首二重唱歌曲。此外,贝利还跟巴西"歌王"罗伯托·卡洛斯等人合作过。2016年,76岁的贝利为里约热内卢奥运会写了一首歌,名为《希望》。

贝利演过多部电影和电视剧。在球场上,贝利是主角,但在影视剧中,他是配角。比他拍戏多的退役球星大有人在,贝利只是偶尔"触影触电"。他最出名的电影是1981年由美国知名导演约翰·休斯顿执导的《胜利大逃亡》。该片演员阵容强大,既有史泰龙和迈克尔·凯恩等影星,也有贝利和博比·穆尔等昔日球星。在巴西国内,贝利也拍过一两部电影和多部电视剧。贝利球技第一,但演技令人不敢恭维。不过《胜利大逃亡》的题材跟足球有关,多少掩盖了贝利演技的不足。

三段婚姻,两个私生女

贝利有过三段婚姻,第一任妻子罗塞梅里·多斯雷斯为他生下两女一子,长女凯丽·克里斯蒂娜1967年出生,长子埃迪尼奥1970年出生,次女詹妮弗1978年出生。贝利与罗塞梅里1966年结婚,1982年离婚。贝利与第二任妻子阿西里娅·塞沙斯·莱莫斯1994年结婚,2008年离婚。1996年,阿西里娅为贝利生下龙凤胎约书亚和塞莱斯特。2016年,贝利与第三任妻子、日裔巴西女子玛尔西亚·青木结婚,两人相差25岁。

当年一夜情后,南里奥格兰德州女子莱尼塔·库尔兹在1968年为贝利生下女儿弗拉维娅,后来"球王"认了这个女儿。贝利还有一个私生女叫桑德拉·雷吉娜,1964年出生,是贝利和一位女佣的私生女。虽然做过亲子鉴定,但因为她是女佣的女儿,贝利一直没认她。

2006年,桑德拉·雷吉娜病故。她有两个儿子,母亲去世后,他们打赢了跟外公贝利的抚养费官司。贝利去世前一天,他俩到医院看望了十多年未曾谋面的外公。20世纪80年代,贝利还曾与巴西女模特舒莎谈过恋爱,后来舒莎成了巴西著名的儿童节目主持人。

贝利的长子埃迪尼奥出生在桑托斯,由于父亲到纽约宇宙踢球,他5岁就跟父母去了美国。贝利1982年离婚后,埃迪尼奥跟母亲生活在纽约。对于贝利,少年埃迪尼奥有一种敌意:"我成长在纽约,由母亲抚养长大,我是离异父母的儿子。在我身上有叛逆的一面。我当时想:是谁让我母亲哭泣?是那个家伙。"

"球王"的儿子守门

埃迪尼奥青少年时代在美国度过,平时的体育运动是打篮球。对于足球,埃迪尼奥一开始并不喜欢:"朋友问我父亲是干什么的,我耻于回答。不是为他而感到羞耻,而是耻于说他是足球运动员。当时在美国,足球被视为女孩子的运动。"

但"球王"的儿子怎能不踢足球?于是在美国中学,埃迪尼奥也踢起了足球。与此同时,他开始与当地的流氓有了来往。贝利本来不怎么管儿子,是个缺席的父亲。可是,如果儿子学坏了,终究对"球王"的形象不利,其他人也会觉得贝利是个不负责任的父亲。于是贝利打电话到美国,向埃迪尼奥所在的球队了解他踢球的情况。利用埃迪尼奥到巴西度假的机会,贝利力劝他去桑托斯试训。

  由于踢足球开始得太晚，埃迪尼奥很难像父亲那样踢前锋，踢其他非门将位置能力也不够。最终，在他人的建议下，他选择担任门将。当年，贝利对儿子选择当守门员很失望："让埃迪尼奥担任门将这个想法，只能是被我进了那么多球的门将们的诅咒。"

  1990年，20岁的埃迪尼奥进入桑托斯的梯队踢球，巴西媒体认为埃迪尼奥是个平庸的门将。不过，1995年，埃迪尼奥在桑托斯当过主力，并帮助球队拿到了巴甲亚军。1997年，桑托斯弄来巴西队老"国门"泽蒂，埃迪尼奥就失去了正选位置。1999年，埃迪尼奥挂靴。

  2005年，埃迪尼奥因涉嫌走私毒品和洗钱被捕。2014年，他被判刑33年，后来刑期改为12年10个月。2017年2月，埃迪尼奥开始服刑。2019年9月，他获得监外服刑权。

  自己获刑让父亲伤心，埃迪尼奥决定痛改前非。2015年，他开始执教生涯，从小球队干起。2020年，他出任桑托斯的青年队主教练，2021年曾任桑托斯助理教练。2023年初，他短暂担任过巴西巴拉那州隆德里纳队主教练。

  父亲的死对埃迪尼奥触动很大："我父亲没了，我却感觉自己重新变得精神焕发，因为我感觉他的能量到了我身体里。我要为给我的家族带来荣耀而斗争，甚至会尝试使我们国家的足球发生一场革命。我想实现我在足球方面的个人目标，我相信那会给他带来很大的快乐，不论他现在在哪里。"

2014年3月9日，贝利参加世界杯奖杯巡展巴黎站的活动。

"乌鸦嘴"冤案

骆明

无数中国球迷知道贝利有个"乌鸦嘴"的称号，哪队被他预测夺冠，哪队的球迷就感到大难临头。但令人困惑的是，为何世上有"乌鸦嘴"，却无"神嘴"？

不知从哪一年起，贝利得到了一个不那么美妙的称号——"乌鸦嘴"。他预测哪个队夺冠，哪个队就栽跟头。对于他的众多"神迹"，本人印象最早的是在1994年世界杯前，他看好在南美区世预赛5比0屠戮了阿根廷队的哥伦比亚队，结果哥伦比亚队未能小组出线，还赔上埃斯科巴一条人命。贝利的"乌鸦嘴"太有名了，后来他每一次预测哪队夺冠，该队的球迷就马上出来"声讨"之——至少在中国是这样。

贝利的这个称号似乎成了铁案，无可推翻。但令人困惑的是，为何世上有"乌鸦嘴"，却无"神嘴"？恕我孤陋寡闻，从未听说过哪个人以善于预测冠军而出名。

前些年倒是有"巫师"频频现身西甲，电台或电视台搬出他们时，先介绍其"神迹"，然后让他们判断联赛走势。老实说，我早忘了检验那些预测正确与否，但既然现在早已不见他们的人影，您就不难想见他们的下场了。

预测冠军，或许是足球比赛中最难的一件事。拿被预测最多的世界杯来说，比如2014年，即巴西最近一次主办世界杯，东道主球队被捧为最大夺冠热门，夺冠赔率不过是4，依此推来，其夺冠概率为22%，不夺冠概率高达78%。到第二热门阿根廷队，赔率5.5，夺冠概率只有17%，不夺冠概率则升至83%。可见，预测任何一队在大赛中夺冠，都是不靠谱的事！

因此，贝利预测失准再正常不过。只不过他是"球王"，人人都会对他洗耳恭听，人人在潜意识里都要求他见解高于凡人。故而一旦他预测失准，"得罪"的人就比一般预言家多多了。久而久之，恶名难除。其实贝利也有过正确的预测，例如预测2012年欧洲杯西班牙队夺冠，可谁会记得他正确的预测呢？

贝利后来也学乖了，不再把宝押在一支球队身上，仔细对照一下，每次预测的队还有出入（谁叫强队那么多呢？）。偏偏还有很多人信以为真，每次听到贝利的预测，就欢呼（或惊呼）"××队要倒霉了"，这纯粹是浪费感情。

通过以上概率计算还可得知，预测一支球队夺冠，远不如预测一支球队不夺冠保险。每到赛季前，您都会听说很多雷同的"魔咒"，如：得意大利超级杯者失意甲，夺社区盾者失英超，夺西班牙超级杯者失西甲。类似的"魔咒"还有夺联合会杯者失世界杯等，令人不禁大叹足球世界之奇妙。

仔细一推敲，这些"魔咒"纯属瞎扯。"没有获得超级杯冠军的19支球队，夺得联赛冠军的总概率大于夺得超级杯冠军的那一支球队"。"世界杯冠军将在没有夺得联合会杯冠军的31支球队中产生"——如果我出此言，您一定会怒斥为废话。可上面那些"魔咒"，不就是这些"废话"吗？

贝利曾三夺雷米特杯。正如他手捧三座大力神杯也恰如其分，每逢世界杯前，"球王"是预测冠军制造噱头再合适不过的人选。

在贝利家乡特雷斯科拉松伊斯矗立的"球王"雕像，造型活泼，充满喜感。在追随者们眼中，贝利象征着美丽和快乐。

美丽足球神使

林良锋

贝利之后，历代巨擘各有佳作流传，但都跳不出模仿贝利的窠臼。贝利带来足球视觉盛宴，带给孩子们励志传奇。这个携天赐才华将美丽足球播撒人间的使者教会后辈，要赢得光明正大，赢得满堂喝彩。

梅西夺得世界杯冠军之后，贝利撒手人寰。神完成了交接棒，回到了天堂。我们有幸见识过梅西的绝伦球技，被他出神入化的创造力折服和迷惑。见识过贝利"神迹"的人不多，但无一例外被这位巨人征服，并为他的辞世感到悲痛。

国内只有极少数幸运儿亲眼看过贝利踢球。远在1977年，中国足协还没有加入国际足联，贝利与贝肯鲍尔等一众巨星随纽约宇宙访华。北京和上海两地近十万观众，花了一个月的肉钱，到现场欣赏"球王"的风采。按现在的定义，这些人中的大部分可能算不上球迷。中国的球迷群体，是在电视普及后成长起来的。他们眼中的第一个偶像是马拉多纳，然后是巴乔，再就是罗纳尔多。一个"远古"时期的球星，为什么在像素进入4K分辨率时代后，依然受到全球球迷的爱戴和膜拜？

凡夫俗子不懂的境界

我们对贝利的情感，远没有对马拉多纳、罗纳尔多和梅西等人来得真挚和热烈。不少刚"入

1977年9月，贝利和贝肯鲍尔领衔的纽约宇宙访华，先后在北京和上海与中国队各进行了一场比赛，首战双方1比1打平，次战贝利直接任意球破门，中国队凭借迟尚斌和沈祥福的进球2比1取胜。

坑"的球迷，甚至质疑贝利的遗作是计算机合成的视觉骗术，觉得他的水平"不过尔尔"。

我们第一次在屏幕上看到马拉多纳时，电视屏幕以黑白画面居多，而且充满"雪花"。看巴乔和罗纳尔多踢球时，彩电已是主流。梅西则是高清甚至4K分辨率时代的偶像。贝利收山时，彩电刚刚在欧美普及。1970年世界杯是历史首次通过彩电直播的世界杯，巴西队的黄色球衣、贝利的大赛绝唱永垂史册，给人们留下了不可磨灭的印象。贝利有多牛？他为什么是无可争议的"球王"？那届世界杯就是答案。感谢互联网，让我们能够全程回顾巴西队在墨西哥第三次夺得雷米特杯的华美篇章。

巴西队在小组赛击败了上届冠军英格兰队，半决赛逆转了乌拉圭队，将1950年决赛的梦魇扫进历史的垃圾堆，更在决赛令意大利队屈服。在荷兰人将全能足球带到世界杯之前，意大利队（1968年欧洲杯冠军）的"链式防守"，以及当时颇为粗野的拦截，像阴影一样久久笼罩世界足坛。巴西队以令人炫目的表演，个人和集体浑然天成，第三次捧起世界杯冠军奖杯。

贝利是巴西队永久保留雷米特杯的头号功臣，也是"美丽足球"征服世界杯的化身，进球如珠落玉盘，助攻巧夺天工，盘带神出鬼没。贝利在1970年世界杯只进了4球（当届金靴奖得主盖德·穆勒进了10球），但其中一球是在决赛中先拔头筹。里维利诺凌空传中，贝利在后点打进，是头球！即使在那个年代，贝利都只能算中等身材。这个头球，在英国人眼里是满分。

贝利更值得被人铭记的"演出"不是进球，而是那些没进的球，那些为他人助攻的妙传。英国人最推崇班克斯在同届世界杯的"神扑"，被认为是"不可能完成的任务"，扑住的正是贝利的头球，也被英国人誉为"不可能不进"的好球。决赛中，雅伊尔济尼奥打进巴西队第3球，正是来自贝利的头球摆渡。光是头球，贝利在世界杯就有这么多传世杰作，我们会夸贝利"头球是把好手"吗？这话是英国人嘲讽一名前锋脚下活儿差的委婉说法。

有远射吗？小组赛对阵捷克斯洛伐克队，贝利瞥见对方门将维克托远离球门，后场拿球来了一记60米"穿云箭"。维克托意识到这个球可能会进时，"血都凝住了"。看到足球擦着门柱飞出底线，他欢天喜地跑到门后捡球，庆幸自己没有成为世界杯历史上第一个被人在60米开外吊射破门的门将。

贝利这记远射还有一个故事。萨尔达尼亚，在扎加洛之前任巴西队主帅，一名巴西陆军的炮兵中尉，并不欣赏贝利，借口贝利视力有问题想把他赶出国家队。贝利在自传中写道："我要让萨尔达尼亚看看，究竟谁是近视眼！"

到了半决赛对乌拉圭队，贝利性格中诙谐的一面出现了。巴西队3比1反超后，贝利踢得越来越放松。托斯唐人缝中传球，贝利和门将马祖尔凯维奇一对一，他没有带球推过对手，而是人球分过了马祖尔凯维奇，更绝的是，贝利打空门没进！足球再次擦着门柱飞出底线。一个没进的球，被行家夸了几十年。

决赛中，贝利率先洞穿意大利队球门后，开始了传球表演。锁定胜局的一球，经过十几脚铺垫，雅伊尔济尼奥左路带球突破，横传贝利，贝利好像脑后长眼，看也不看，把球往右一拨，卡洛斯·阿尔贝托飞马杀到，贴地斩，死角！世界杯历史上最精彩的进球之一诞生了。

贝利踢球的艺术境界，凡夫俗子无法理解，更无法想象。贝利在1970年世界杯上的表现，将个人技巧、想象力和实际运用共冶一炉，此后历代巨擘各有佳作流传，但都跳不出模仿贝利的窠臼。贝利在那一届世界杯展现的绝学，涵盖了足球给予人们的全部美感，奉献了你能想象的视觉享受。但贝利不只是在1970年世界杯才有如此杰出的发挥，17岁第一次参加世界杯，他就给人天外飞仙之感。因为有贝利，巴西队从多年的陪跑者，一跃而成王者。

最好的励志故事

为什么会重温半个世纪前的世界杯？因为《贝利自传》。刚迷上足球不久，我就有幸接触这本文字浅显却趣味横生的读物。贝利的自传打开了我了解足球的另一扇窗户。这本书曾帮助千千万万的巴西孩子扫盲，走上自食其力的道路，贝利也因此得到巴西政府的特别嘉奖。

从书中，我了解到贝利出身贫寒，在父亲教导下走上足球之路，不到16岁就远离亲人，到桑托斯寄宿学艺谋生。印象较深的一段是父亲怎么诱导贝利全面发展，从单足到双足起跳，练就一流的头球功夫。在和比他大得多的孩子的拼搏中，贝利练就了一身闪转腾挪的绝活。因为有贝利，桑托斯从一支40多年才拿一次州冠军的队伍，一跃成为巴西乃至南美的霸主。

《贝利自传》还让我看到了一位要强的少年，不因为家境卑微而放弃学习、放弃上进。贝利效力桑托斯直到暮年，即使皇马以破转会费世界纪录的条件相邀，也没有说服他背井离乡。

贝利并不以三夺世界杯冠军而骄横放纵，挂靴后仍在回馈社会和发展足球上做了很多工作。巴西人也许不像爱戴加林查那么爱戴贝利——加林查更贴近普通百姓——但他们敬重贝利。20多年前，两名劫匪深夜拦住贝利的座驾，发现车里坐着"球王"，道歉离开。罗马里奥也有同样遭遇，却被洗劫一空，被迫步行回家。加林查退役后的日子极为潦倒，除了踢球别无一技之长，酗酒最后要了他的命。把他和贝利放在一起，作为中国父母，你愿意谁是你的孩子？

贝利踢球堂堂正正，上场便全力以赴。他踢球的年代是电台的年代，巴西幅员辽阔，人们无法通过报纸了解他的功绩，更没有条件追随他征服天下。为数不多的影像资料，也因为管理不善大部分被付之一炬，残存下来的影像即使通过数码修复，也依然模糊不清。

但即使是通过这些并不清晰的画面，我们也能管窥贝利的英姿。现在的球员能做的一切，贝利在60年前就做过。贝利能在世界杯这个顶级舞台上，有1958年和1970年两届非凡发挥，职业生涯正式比赛打进接近800球（各种绝妙的助攻因失传而无法统计），有些人难道还能欺负死人不说话，从而质疑他的历史地位？金球奖当年只给欧洲人玩，但后来《法国足球》计算过，一早就把评选范围放到全球的话，贝利能拿7座金球奖奖杯，这会让他的"球王"地位更加无可争议。

《贝利自传》，是我投身体育媒体的诱因之一。书中的故事活泼幽默，令人忍俊不禁，同时又耐人寻味、发人深省，奠定了我的足球三观——赢固然重要，但绝不意味着不择手段、玩世不恭。要赢得光明正大，赢得满堂喝彩，赢得对手心服口服。那本自传，也激励我以同样生动有趣的笔法，将更多美好的故事带给读者，鼓舞他们像贝利那样，不为贫穷自暴自弃，而是像男人一样奋斗到底。

安息吧！"球王"。你是一个心胸宽广、满怀仁爱的正人君子，你是一个带着神的嘱托，携天赐才华将足球之美播撒人间的使者。

"平行宇宙"金球奖

年份	实际获奖者	虚拟获奖者
1958	科帕（法国）	贝利（巴西）
1959	迪斯蒂法诺（西班牙）	贝利（巴西）
1960	路易斯·苏亚雷斯（西班牙）	贝利（巴西）
1961	西沃里（意大利）	贝利（巴西）
1962	马索普斯特（捷克斯洛伐克）	加林查（巴西）
1963	雅辛（苏联）	贝利（巴西）
1964	丹尼斯·劳（苏格兰）	贝利（巴西）
1970	盖德·穆勒（联邦德国）	贝利（巴西）
1978	基冈（英格兰）	肯佩斯（阿根廷）
1986	别拉诺夫（苏联）	马拉多纳（阿根廷）
1990	马特乌斯（德国）	马拉多纳（阿根廷）
1994	斯托伊奇科夫（保加利亚）	罗马里奥（巴西）

注：1995年前，金球奖只有欧洲国籍球员有资格参评，故贝利、马拉多纳等南美巨星从未获奖。2016年，金球奖60周年之际，《法国足球》重新评估并发布了1995年前以全球球员为范围的虚拟评奖结果。那39届金球奖中，会有12届授予南美球员，贝利本可7次获奖。

《法国足球》20世纪最佳球员评选

球员	总分	1顺位	2顺位	3顺位	4顺位	5顺位
贝利	122	17	5	4	2	1
马拉多纳	65	3	6	5	5	1
克鲁伊夫	62	1	4	7	9	2
迪斯蒂法诺	44	4	3	3	1	1
普拉蒂尼	40	1	5	1	3	6

注：20世纪末，《法国足球》邀请此前历届金球奖得主投票评选世纪最佳球员。34位前获奖者中，马修斯、西沃里和贝斯特弃权，雅辛已去世，其他30人进行了投票。每人依序选出5人，分别计为5分至1分。迪斯蒂法诺只选择了第1名，普拉蒂尼只选择了前2名，维阿在第5顺位选择了2人。最终，贝利获得17张第1顺位票，总分以巨大优势居首。

"球王",体育之王

梁熙明

给不同时代的球星排座,难以单纯比较无法量化的球技,必然更多考虑超越足球竞技本身的东西。那么,最关键的问题就在于,是谁,为足球奠定了世界第一运动的地位?

2022年世界杯后，最热门的话题不出所料转到梅西的历史地位上来。一时间，"梅西超越马拉多纳"的观点颇有市场，梅西与贝利的比较也引起热议。"贝梅马"之间的排位是一个很好的话题，但无论梅马之间如何比较，问题都只是"梅二马三"，还是"马二梅三"，他们俩的地位不可能僭越贝利。贝利是历史上最伟大球员，古往今来第一人，这是没有任何悬念的。

奠定世界第一运动

贝利吃亏在于，他是收音机时代的球星，很多影像资料年头太久，不可与今日梅西所参加过的比赛的高清画质相比。甚至巴西国家图书馆失火，导致贝利很多传世神作佚失，今天只能用电脑动画模拟重现，包括对尤文图斯那个"连续挑顶过人"，一个进球就让对手为他在球场外塑了一尊雕像，以及对弗卢米嫩塞的"连过11人"。贝利无法像梅西那样，每次出色发挥都带来海量点击播放。

单纯比较"贝梅马"的球技意义不大，球技本身无法量化，他们的技艺都是神一般的、已臻化境的，他们都通过个人的神魔技艺留下无数令人顶礼膜拜的艺术珍品，何况他们这一级别的球员，必然要更多考虑超越足球竞技本身的东西。

摒除那些经年累月的以讹传讹，比如马拉多纳率保级队夺意甲冠军，而不提成立于1912年的桑托斯40多年只拿过一次州冠军，贝利加盟后遂成天下第一球队，贝利真正超越"梅马"之处，也是最根本的因素，在于他为足球这项运动的地位带来前所未有的提升。贝利的影响力超越了足球，涵盖整个体育界。

2012年2月9日，贝利在加蓬首都利伯维尔为非洲杯捧场时亲吻自己的塑像。

为什么足球是世界第一运动？为什么我们会享受着马拉多纳与梅西带来的无与伦比的视觉震撼？为什么我们会为这样一个滚动的球而如此痴迷癫狂？为什么这次梅西圆梦，会有亿万人与他如此共情？

因为，这一切都是贝利带来的。

贝利之前，足球仅仅是个欧洲与南美少数几个有足球传统的国家之间的比赛，同时又夹杂着无数政治纷争，足球比赛动辄被牺牲。

以贝利首次参加的1958年世界杯为例，整个亚洲和非洲，所有的国家加起来，预选赛只分到半个名额，最后的胜利者还要与欧洲球队打附加赛。印尼队（就是其在预选赛上淘汰了刚从匈牙利留学回来的中国队）、埃及队、苏丹队以及因对手土耳其队拒绝与之比赛而不战晋级的以色列队，4支球队进入最后的亚非决赛圈。

但是，出于同样的政治原因，埃及队与印尼队退出，苏丹队拒绝参赛，这就出现了世界杯预选赛历史上空前绝后的一幕——以色列队一场没踢，纯因对手纷纷退赛，自动晋级附加赛。而附加赛上，以色列队又不是威尔士队的对手，整个亚非唯一的名额，又被欧洲球队夺去。

贝利改写了这一切。

以贝利为代表的巴西队，通过碾压同时代对手的神幻球艺，取得一个个令人心悦诚服的胜利，把足球的影响力真正推向了全球。三夺世界杯冠军的"神迹"，使得全世界所有国家都领略到足球的美，进而迷上了这项运动，绝大多数国家都把足球当作第一运动，世界杯成为所有体育项目中最响亮的招牌。甚至，尽管很多其他体育项目都有世界杯，但是"世界杯"这个词固定给了足球，一提起"世界杯"，它不可能是篮球、排球或是射击、乒乓球，它只属于足球。

第一运动的第一人

正因为以贝利为首的巴西队征服了人心，巴西人阿维兰热才当上国际足联主席，成为第一位欧洲人之外的主席，进而把足球从欧美推向全世界。

而且，贝利的辉煌胜利，全部是绝对优势——他的强大，让对手难望其项背。贝利的职业生涯中，唯一的重大挫折是1966年世界杯，还是因为欧洲人靠裁判偏袒，露骨地蓄意杀伤。贝利的胜利，就应该是轻轻松松的主宰、统治、碾压。

于是，贝利还为巴西树起了一个不可逾越的标杆：美丽足球。只有踢得漂亮、踢得美丽、踢得艺术，这样的胜利才可以被接受。这成了巴西足球的信仰，尽管巴西人为此付出一届又一届的代价。

这也是因为贝利之后，尽管巴西足坛依然诞生过众多技艺超凡的巨星，但他们的绝对实力、对整个球队提升的领袖作用，无一能与贝利相比。没有贝利的碾压性优势，却试图做成贝利的功业，难怪屡屡碰壁。

2002年世界杯的巴西队，天赋才华可能是最接近贝利时期的，而且也拥有一群天才"艺术家"——罗纳尔多、罗纳尔迪尼奥、里瓦尔多捆一块儿，也许能接近贝利的境界。但是那支拥有一群"艺术家"的巴西队，踢的是"竞技"而不是艺术，哪怕夺冠也不被巴西人所接受。

20世纪美联社曾评出三位不同体育项目的"王者"，分别是"球王"贝利、"拳王"阿里、"棒球王"王贞治。其实，这种评选带有严重的美国色彩，其中两个都是美国极为发达且极其商业化的项目。

　　我们就以棒球为例，实际上今天所有流行棒球的地方——日本、韩国，还有中北美洲一些国家，基本都处在美国文化的强势辐射下。

　　所以，棒球纯粹只是在美国文化圈里流行的项目。棒球自身当然诞生过无数杰出的行内人物，他们的历史地位也难分轩轾。如果有一天，有这么一位棒球运动员，他通过个人超凡入圣的技艺，让全世界都领略到棒球运动之美，进而将这项运动推广到全世界，使其在全球形成史无前例的热潮，最终成为第一运动，那么毫无疑问，他就是棒球运动古往今来第一人，不管他的身后有多少人的本垒打数超过了他。

　　有鉴于此，贝利的历史地位是：全人类有史以来，最伟大的运动家。

2022年12月30日，巴西圣保罗工业联合会大楼点亮灯光展示贝利肖像，悼念一天前辞世的"球王"。

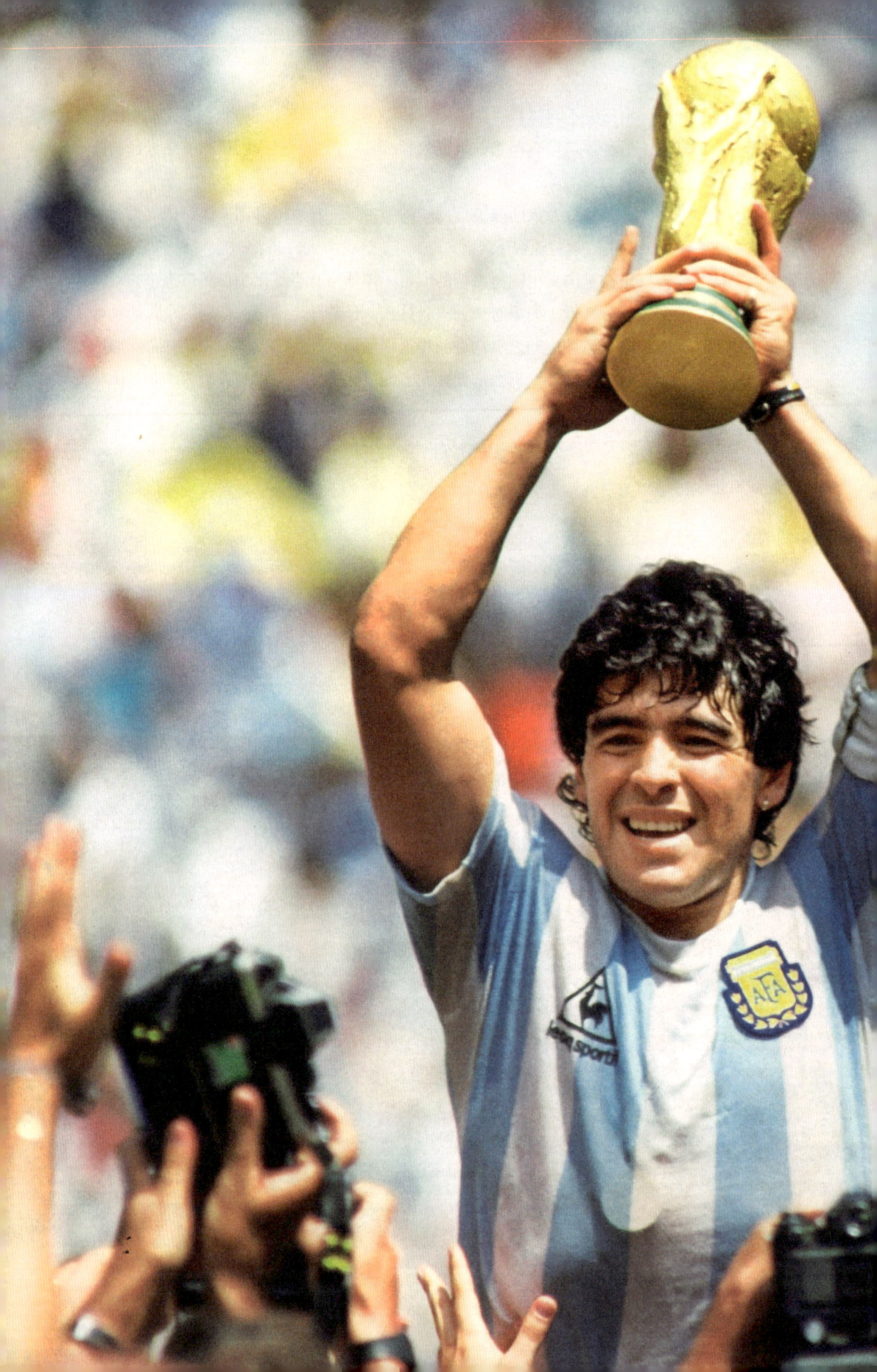

Diego Maradona

迭戈·马拉多纳

1960—2020

迭戈·马拉多纳

生卒	1960年10月30日—2020年11月25日
国籍	阿根廷
出生地	阿根廷拉努斯
离世地	阿根廷迪克卢汉
身高	1.65米
位置	进攻型中场/二前锋

个人荣誉

- **阿甲大都会锦标赛最佳射手x3** — 1978、1979、1980年
- **阿甲国家锦标赛最佳射手x2** — 1979、1980年
- **世青赛金球奖x1** — 1979年
- **世界杯金球奖x1** — 1986年
- **世界杯助攻王x1** — 1986年
- **意甲最佳射手x1** — 1987—1988年
- **《法国足球》荣誉金球奖** — 1995年
- **国际足联历史最佳阵容** — 1994年
- **国际足联20世纪最佳球员** — 2000年
- **国际足联世纪最佳进球** — 2002年
- **国际足联世界杯梦之队** — 2002年
- **国际足联百大球星** — 2004年
- **意大利足球名人堂** — 2014年
- **阿根廷队历史最佳阵容** — 2015年
- **《法国足球》金球奖梦之队** — 2020年

青年队生涯

1969—1976年	阿根廷青年人	

俱乐部生涯

1976—1981年	阿根廷青年人	166场116球
1981—1982年	博卡青年	40场28球
1982—1984年	巴塞罗那	58场38球
1984—1991年	那不勒斯	259场115球
1992—1993年	塞维利亚	30场7球
1993—1994年	纽维尔老男孩	5场0球
1995—1997年	博卡青年	31场7球

国字号生涯

1977—1979年	阿根廷队U20	15场8球
1977—1994年	阿根廷队	91场34球

执教生涯

1994年	曼迪尤	胜率8.33%
1995年	竞技	胜率18.18%
2008—2010年	阿根廷队	胜率75.00%
2011—2012年	瓦斯勒(阿联酋)	胜率47.83%
2017—2018年	富查伊拉(阿联酋)	胜率63.64%
2018—2019年	多拉多斯(墨西哥)	胜率52.63%
2019—2020年	拉普拉塔体操击剑	胜率38.10%

团队荣誉

博卡青年
- 阿甲大都会锦标赛冠军x1 — 1981年

巴塞罗那
- 国王杯冠军x1 — 1982—1983赛季
- 联赛杯冠军x1 — 1982—1983赛季
- 西班牙超级杯冠军x1 — 1983年

那不勒斯
- 意甲冠军x2 — 1986—1987、1989—1990赛季
- 意大利杯冠军x1 — 1986—1987赛季
- 意大利超级杯冠军x1 — 1990年
- 欧洲联盟杯冠军x1 — 1988—1989赛季

团队荣誉

阿根廷U20
- 世青赛冠军x1 — 1979年

阿根廷队
- 世界杯冠军x1 — 1986年
- 美欧杯冠军x1 — 1993年

注：1967至1985年间，阿甲分为大都会锦标赛和国家锦标赛，其赛制几经更易，异常混乱。马拉多纳夺冠的1981赛季，大都会锦标赛在上半年举行，采用双循环主客场联赛制，国家锦标赛则采用小组赛+淘汰赛的赛会制。

188

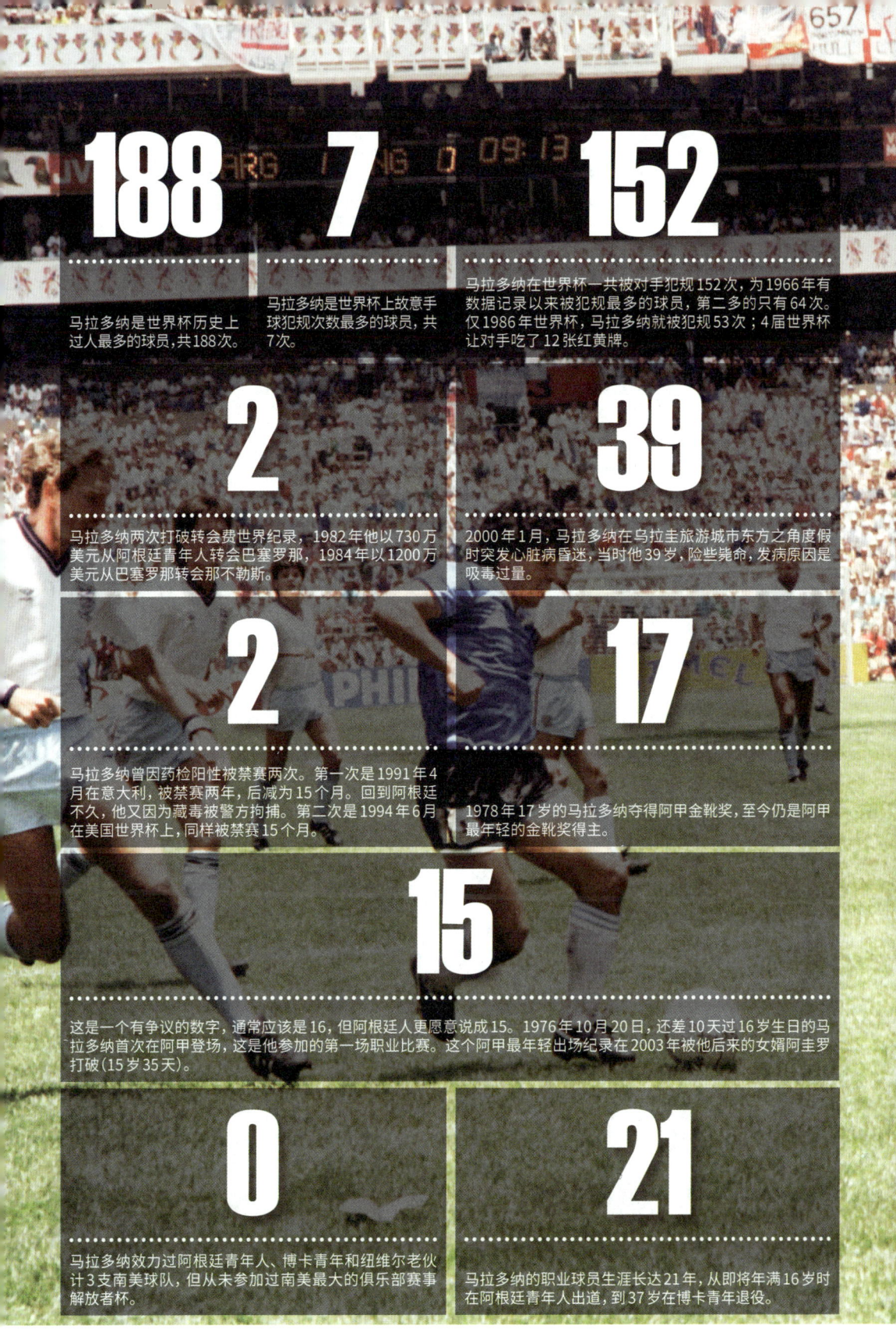

马拉多纳是世界杯历史上过人最多的球员，共188次。

7

马拉多纳是世界杯上故意手球犯规次数最多的球员，共7次。

152

马拉多纳在世界杯一共被对手犯规152次，为1966年有数据记录以来被犯规最多的球员，第二多的只有64次。仅1986年世界杯，马拉多纳就被犯规53次；4届世界杯让对手吃了12张红黄牌。

2

马拉多纳两次打破转会费世界纪录，1982年他以730万美元从阿根廷青年人转会巴塞罗那，1984年以1200万美元从巴塞罗那转会那不勒斯。

39

2000年1月，马拉多纳在乌拉圭旅游城市东方之角度假时突发心脏病昏迷，当时他39岁，险些毙命，发病原因是吸毒过量。

2

马拉多纳曾因药检阳性被禁赛两次。第一次是1991年4月在意大利，被禁赛两年，后减为15个月。回到阿根廷不久，他又因为藏毒被警方拘捕。第二次是1994年6月在美国世界杯上，同样被禁赛15个月。

17

1978年17岁的马拉多纳夺得阿甲金靴奖，至今仍是阿甲最年轻的金靴奖得主。

15

这是一个有争议的数字，通常应该是16，但阿根廷人更愿意说成15。1976年10月20日，还差10天过16岁生日的马拉多纳首次在阿甲登场，这是他参加的第一场职业比赛。这个阿甲最年轻出场纪录在2003年被他后来的女婿阿圭罗打破（15岁35天）。

0

马拉多纳效力过阿根廷青年人、博卡青年和纽维尔老伙计3支南美球队，但从未参加过南美最大的俱乐部赛事解放者杯。

21

马拉多纳的职业球员生涯长达21年，从即将年满16岁时在阿根廷青年人出道，到37岁在博卡青年退役。

天才·上帝·魔鬼·英雄

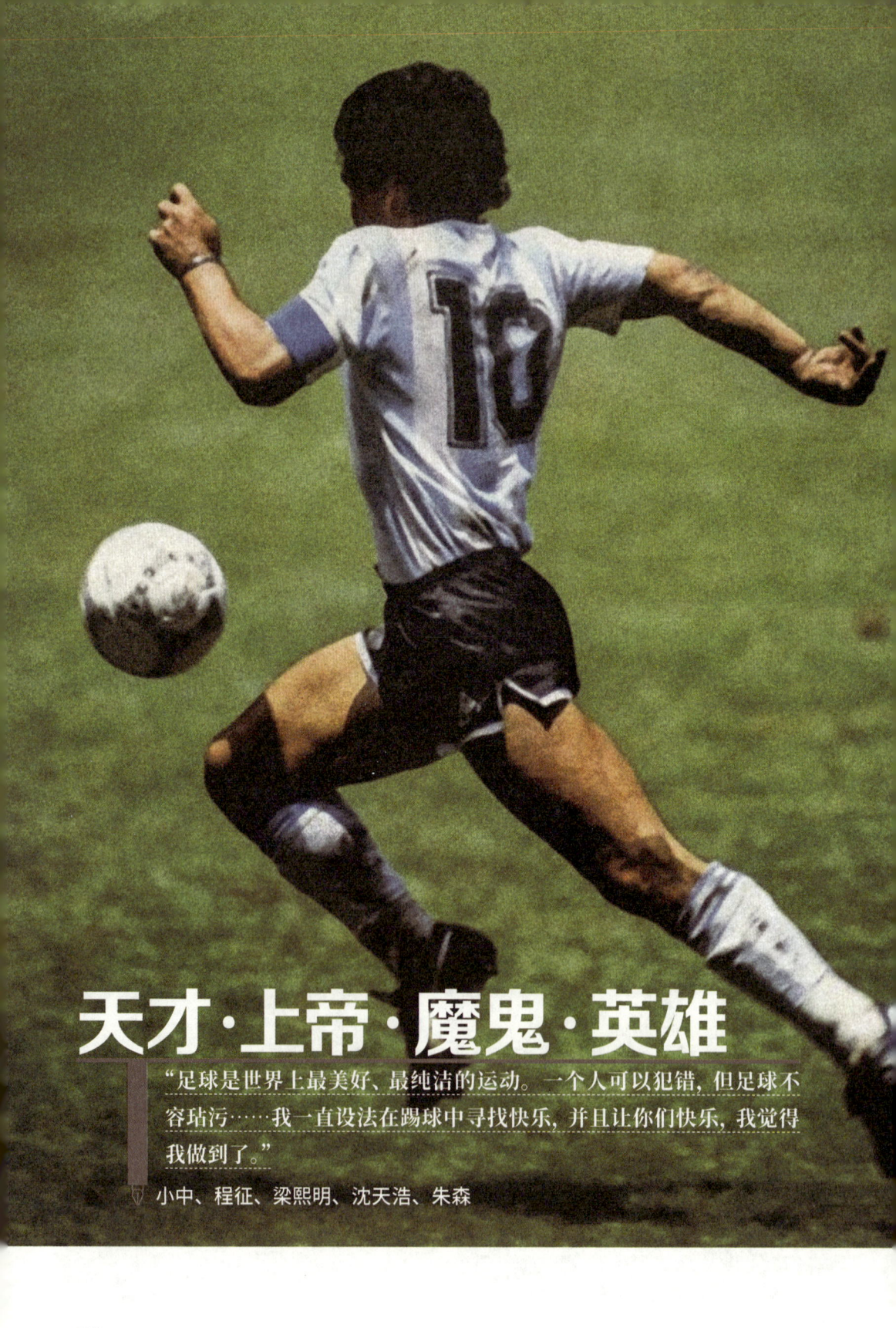

"足球是世界上最美好、最纯洁的运动。一个人可以犯错，但足球不容玷污……我一直设法在踢球中寻找快乐，并且让你们快乐，我觉得我做到了。"

小中、程征、梁熙明、沈天浩、朱森

迭戈·马拉多纳，足球和激情的化身，他把高超的球艺和真实的人生赤裸地呈现给人们。他只追求足球的完美，没有掩饰做人的缺点。他不会掩饰缺点，因为他永远激情澎湃，而这澎湃的激情需要倾泻、流溢。阿根廷人说，迭戈在足球上是完美的，他就是"神"。但马拉多纳之所以是马拉多纳，不仅因为他是一个完美的"神"，而且是一个完整的人。

贫民窟的足球奇迹

1960年10月30日，马拉多纳出生于阿根廷布宜诺斯艾利斯省拉努斯市的医院，但成长于布宜诺斯艾利斯郊区贫民窟菲奥里托（Fiorito）。马拉多纳的父亲老迭戈是位普通的骨粉加工厂工人，母亲达尔玛是家庭主妇。马拉多纳有四个姐姐，后来，又添了两个弟弟和一个妹妹，父亲的收入微薄，要养一大家子十口人。多年之后，马拉多纳终于体谅到了母亲的不容易："随着年岁渐长，我理解了我母亲当年为什么犯愁，她得让我们所有人都填饱肚子。"

对于当年的菲奥里托，马拉多纳这样形容："我住在一个被剥夺了一切的地方，没有电，没有水。很久以后我才意识到母亲肚子痛的原因，她自己不吃，把食物留给我们吃。"童年时代，踢球是马拉多纳最快乐的事情。刚开始时，他在家附近的空地踢球，加入了名为"红星"的儿童足球队。在队中，马拉多纳最好的朋友叫格雷戈里奥·卡里索。当年，他跟马拉多纳身高差不多，球技也同样出众，但最终自己毁了自己，没有踢出名堂。

卡里索先进了阿根廷青年人的U10少年队，是队中最好的球员之一。有一天，卡里索对主教练弗朗西斯科·科尔内霍说："教练，我有一个朋友，他踢得比我更好。下星期我能把他带来吗？"教练点头同意。多年后，科尔内霍在自己写的《小洋葱头马拉多纳》一书中，回忆了那天的情景："有人说，所有人一生中至少一次都能见证一个奇迹，只不过大多数人没留意罢了。我见证的奇迹发生在1969年3月的一个星期六下午，在萨阿维德拉公园潮湿的草地上。当时球在一个小个子男孩的脚下发生了神奇的事情。接空中球的时候，别的孩子都是先停球，或者让球落地，然后触一脚，再射门。可小迭戈不是，他都是直接打凌空！他做出的事情我之前没见任何人做过。他跟我说他只有8岁，我不相信，心想莫非是个侏儒？不过在问了小迭戈几个问题后，我终于相信了，知道他是个不可多得的天才。"

第二天科尔内霍就去了马拉多纳家里，征得家长的同意后，正式让小迭戈加盟自己的球队。后来有人把科尔内霍称为马拉多纳的启蒙教练，但他极力否认："我没有教给他什么东西，他自己全都会，知道怎么踢。"这样，他就被称为马拉多纳的"发现者"。

当年那支阿根廷青年人的U10少年队绰号"小洋葱头"，在科尔内霍教练手下，马拉多纳一直踢到1974年。一般在球队的一线队比赛的中场休息时段，少年队会打垫场赛，马拉多纳的表现引起了很多人的注意。满14岁后，阿根廷青年人就在阿根廷足协为马拉多纳进行了注册。

1976年10月20日，距满16岁还有10天，马拉多纳在阿根廷青年人的一线队完成了职业首秀。那一天，被阿根廷人视为马拉多纳时代的第一天。那一战，阿根廷青年人对阵科尔多瓦塔耶雷斯，上半场对手攻进一球领先，下半场开始时，马拉多纳身披16号球衫上阵。第一次触球，他就上演穿裆过人。马拉多纳上场后，对手疲于防守，虽然最终的比分没有被改写，但马拉多纳完成了一次惊艳的亮相。多年后，马拉多纳回忆道："那一天，我的双手触到了天。"

"永远不原谅梅诺蒂"

1977年2月27日，对匈牙利队的友谊赛，马拉多纳获得国家队主帅梅诺蒂的征召。那一战，阿根廷队5比1大胜，上半场结束时就4比0领先，下半时开始后，梅诺蒂派马拉多纳上场。同年，马拉多纳还代表阿根廷队U20打了南美青年足球锦标赛，当时他16岁，队友都19岁。《号角报》这样形容马拉多纳的实力："小男孩马拉多纳顶半支球队。"不过，阿根廷队U20在那届南青赛成绩仅为1平2负，没能获得突尼斯U20世青赛参赛权。

1978年5月19日，马拉多纳受到了更大的打击。阿根廷杯在那年6月2日揭幕，还差13天，梅诺蒂却把马拉多纳和另外两名球员剔除出了阿根廷队大名单。对于梅诺蒂的这个决定，马拉多纳无法接受。5月份是南半球的冬天，得知自己被国家队除名的消息后，在冬天的寒夜里，在一棵树后，17岁的马拉多纳偷偷地哭了："现在，我该怎么对我爸爸讲？"他后来还说，"我永远不能原谅梅诺蒂。那是对我心灵的打击，比1994年美国世界杯被禁赛那一次还要严重。我非常伤心，为1978年没能参加世界杯流了很多眼泪。"

多年后，梅诺蒂当年的助教萨波里蒂回忆道："当别人跟我说时，我觉得他是在开玩笑，我不相信。得知那个消息后，马拉多纳跑着离开了集训地。在阿根廷队最近的一场训练中，替补球员5比1赢了主力球员，迭戈一个人就进了4球。"实际上，自从1976年10月20日完成职业首秀之后，马拉多纳已经踢了60场职业比赛，进了23球，阿根廷舆论都希望梅诺蒂带马拉多纳参加世界杯。不过梅诺蒂认为，马拉多纳年纪还太小，经验不足，身体对抗上也吃亏，还是决定放弃他。

1978年世界杯，阿根廷队在本土夺冠，但因为没招马拉多纳，梅诺蒂还是受到了批评。1979年，梅诺蒂再招马拉多纳进国家队，还带他去日本打世青赛。那年12月7日，世青赛决赛，阿根廷队3比1战胜苏联队夺冠，马拉多纳任意球建功，并当选赛事最佳球员。

墙内开花墙外香，马拉多纳已名声在外。1980年，尤文图斯和巴萨都想签下马拉多纳，"老妇人"开价1000万美元，巴萨出价1.2亿西班牙比塞塔（约合720万欧元）。但阿根廷军政府不放马拉多纳去外国踢球，认为他是国宝，梅诺蒂也反对他去欧洲。

不去欧洲，博卡青年（以下简称博卡）和河床是更大的舞台。但马拉多纳与博卡结了梁子：之前与博卡交手，博卡门将加蒂讥讽马拉多纳是"小胖墩"，马拉多纳恼了，一人独进4球回击了加蒂，青年人5比3大胜。不过，一次陪家人去客场看球，河床球迷也骂过马拉多纳。

河床最先跟阿根廷青年人进行了接触，后者要价1300万美元，虽然河床特别想买下马拉多纳，但俱乐部经济困难，只好还价650万美元外加两名球员，阿根廷青年人不同意。马拉多纳方面还要求，转会后要跟国家队长帕萨雷拉一样拿队内顶薪，河床也难以接受。此外，马拉多纳的家人们更喜欢博卡。

为了争取到马拉多纳，12月当选的博卡新主席马丁·诺埃尔下了血本，他抛出了阿根廷青年人无法抗拒的报价：400万美元外加6名球员，这6人都是两年前助博卡夺得解放者杯冠军的球员；另外，未来马拉多纳转会，转会费由两家俱乐部平分。1981年2月22日，尘埃落定，马拉多纳转会博卡。得到马拉多纳后，博卡球迷高唱："巴萨想要他，河床想要他，马拉多纳却属于博卡，因为他不是'母鸡'。""母鸡"是河床的绰号，含有贬义，是讽刺河床人胆小懦弱。

平心而论，以马拉多纳桀骜不驯的性格，球风彪悍，风格硬朗，绰号"马粪蛋"的平民球队博卡更契合马拉多纳，而"百万富翁"河床不符合他的性情。马拉多纳转会博卡，成为当时阿根廷国内一次轰动性事件，或者确切地说，马拉多纳一直保持着轰动性效应。

马拉多纳加盟博卡半年后，就帮助球队时隔5年重夺联赛冠军。这是马拉多纳俱乐部生涯的第一个冠军，还是在自己心爱的球队博卡夺得，对他的意义非同一般。马拉多纳只在博卡踢了一年半，就去欧洲成就他更大的抱负了。但博卡一直在他心中，于是才有14年后重返博卡的一幕。

那不勒斯，天堂和地狱

1982年，马拉多纳终于在西班牙完成童年时的梦想，参加了人生的第一次世界杯。但这届世界杯对他来说是苦涩的，在第二阶段小组赛中，阿根廷队不敌意大利队和巴西队，马拉多纳在那届世界杯给人留下的最后回忆，是一张恶意蹬踏对手的红牌。他在西班牙的噩梦还没有结束，世界杯后，巴萨以当时创纪录的转会费签下马拉多纳，但两年合作难言成功，期间与梅诺蒂的再次携手，但也没有留下太多愉快的回忆。

为巴萨出战58场打进38球，收获了1982—1983赛季的国王杯、联赛杯和1983年西班牙超级杯冠军，马拉多纳在巴萨并非一无所成，但在那个被巴斯克双雄（毕尔巴鄂竞技、皇家社会）压制的时代，马拉多纳并没有满足巴萨球迷的厚望。频繁的伤病以及场外的纷扰，都促使他逃离西班牙，尤其是在那里，他第一次沾上了毒品。对毕尔巴鄂竞技的两场比赛或许是导火索，先是1983年9月戈伊科切亚直接铲断了他的脚踝，接着1984年在伯纳乌的国王杯决赛，两队大打出手，马拉多纳把怒火化为了拳脚，而不再是进球。

1984年的夏天，马拉多纳决定去沐浴地中海的阳光。马拉多纳来到那不勒斯，像是一头伤痕累累的年轻猛兽，他来到的是一支同样伤痛大于荣誉的球队。来自意大利第三大城市、代表整个意大利南部的那不勒斯，在此之前其几乎从未赢得任何荣誉。马拉多纳来自南半球，他从此注定为意大利那个被忽视、被鄙视的南部而战。若干年后，"球王"顺利加冕，荣誉等身，在媒体的聚光灯下，他有机会展示自己的政治立场：为贫穷的南部世界而战。

1984年7月5日，一个那不勒斯式的炎热晴天。潇洒恣意、我行我素的异乡客，来到极度感性、无比混乱的那不勒斯，将绚丽的球技带到了这座"看一眼，然后死去"的美丽城市——如此的天作之合。混不吝的"匪帮头目"在七年时间里，带着整支球队、整座城市，一起实现了意大利足球的以下克上，在意甲黄金期两次捧得冠军。多数时间里，马拉多纳最大的对手是萨基的AC米兰，"红黑军团"后卫科斯塔库塔追忆往事："我记忆中马拉多纳最美丽的一个进球，就是对阵我们，他卸下足球，过掉门将，推空门一气呵成，留下菲利普·加利、巴雷西和马尔蒂尼目瞪口呆。"

在意大利的南方，马拉多纳天才的一面固然得到了释放，但其魔鬼的一面也同时被打开

1986年世界杯1/4决赛对英格兰队,马拉多纳抢在对方门将希尔顿之前用手将球打进,赛后面对记者提问,他机智地表示:"那是上帝之手。"

了。那不勒斯堪称意大利的罪恶之城,"黑手党"、毒品泛滥。马拉多纳坦述:"那些老板喜欢我,因为我给他们压榨的人民带去快乐,他们把毒品拱手送给我。"在那不勒斯,很多时候马拉多纳需要"飞一口"才能上场,而为了遮掩"电话门"主角、当时还在那不勒斯服务的莫吉,最大任务就是替他打掩护。当时的尿检无须脱光,可以穿短裤,莫吉每次在马拉多纳的短裤里藏一支别人的干净尿样,尿检时就递上去。

随着尿检标准越来越严格,不能再借别人的尿样蒙混过关了,莫吉就开始算日子安排,每周打完意甲比赛,周日至周三马拉多纳随便放飞自我,周四开始就不能再吸了,否则体内会有毒液残留,容易被查出。1991年马拉多纳东窗事发,正是因为麻痹大意,在莫吉已经提醒他的情况下,依然不当回事,拿自己的"真毒尿液"送上去,结果当然被逮个正着。1994年世界杯,马拉多纳因为尿样被检出有麻黄碱成分,被逐出赛事并遭返回国,阿根廷队也在失掉主心骨后迅速崩盘,第一轮淘汰赛就被罗马尼亚队送回老家。

尽管有过那么多的错误,可阿根廷人还是选择原谅迭戈,因为他给他们带来了快乐。

阿根廷人谈起马拉多纳,最有代表性的一个论调就是:马拉多纳别的方面也许有争议,但在足球上是完美无缺的。阿根廷人痴迷于足球是一方面，但也有更宏大的社会背景因素。布宜诺斯艾利斯曾被誉为南美的巴黎，潘帕斯大草原是两次世界大战期间最富饶的后方大粮仓，但从20世纪70年代开始，阿根廷爆发了剧烈的社会动荡和经济危机，在那段黑暗的岁月里，阿根廷人民唯一的快乐就是迭戈带给他们的。于是他们把情感寄托在这个带来"唯一快乐"的偶像马拉多纳身上，他们不能容忍失去这个偶像，他们宽容、维护、庇护迭戈，哪怕他有着那些通常很难被容忍的错误和恶习，以及不严肃的生活做派。

阿根廷的民族英雄

1986年世界杯，阿根廷队历史上第二次夺冠。那是一届让马拉多纳封神的世界杯，也是让他成为阿根廷民族英雄的世界杯。最让阿根廷人解气的是1/4决赛对英格兰队，阿根廷队2比1击败对手，报了马岛战争的一箭之仇。对英格兰队一战，马拉多纳包办了阿根廷队的两个进球，第一球是"上帝之手"，第二球则是连过5人的"世纪进球"。

马尔维纳斯群岛位于南大西洋，就在阿根廷家门口，距阿根廷海岸线只有550千米，离英国足有12800千米。最早"发现"马岛的是西班牙人，历史上西班牙、法国、英国、荷兰和阿根廷都在该群岛有过殖民历史。1833年，英国舰队赶走马岛上的阿根廷总督，占领了该岛。

20世纪70年代末，全球爆发石油危机，资本主义国家很受影响，阿根廷军政府认为大英帝国已经没落，想趁机夺回马岛。1982年4月2日阿根廷军队发动进攻，岛上不多的英国驻军在第二天投降了，不过随后英国派出强大的海军，又夺回了马岛，战争只持续了72天。在家门口输掉战争，阿根廷人很没面子，民族自尊心受到严重打击。

1986年墨西哥世界杯1/4决赛，是阿根廷队和英格兰队在马岛战争后的首次相遇。"上帝之手"解气，而"世纪进球"更让阿根廷人提气，那场比赛，马拉多纳一共完成了12次过人，7次射门，另外还制造了5次机会，被对手犯规7次。半决赛2比0淘汰比利时队，马拉多纳7次射门；6次制造机会，总共创造了13次射门机会，刷新了对英格兰队一战创下的纪录。

决赛3比2击败联邦德国队，马拉多纳虽然没有进球，但助攻布鲁查加打入锁定胜局的一球。整届世界杯，马拉多纳共打进5球、助攻5次，此外，7场比赛他53次成功过人，至今仍是世界杯历史上的一项纪录。1986年世界杯是马拉多纳职业生涯的最高光时刻，这是一届完全属于他的世界杯。

职业生涯，马拉多纳共参加了1982、1986、1990和1994年4届世界杯。西班牙世界杯他上阵5次，墨西哥和意大利世界杯他都上场7次，美国世界杯他因尿检出了问题只打了两场。1982年世界杯他被犯规36次，1990年世界杯被犯规50次，1986年世界杯被犯规53次。在单届世界杯单名球员被犯规次数排行榜上，马拉多纳的这3届被犯规数包揽前3。而自从2006年世界杯起，再无球员因被对手犯规次数多而登上这个排行榜。这说明，如今大赛对进攻球员的保护做得越来越好。被对手犯规那么多、那么狠，马拉多纳还踢得那么好，足以从另一方面证明他的实力。

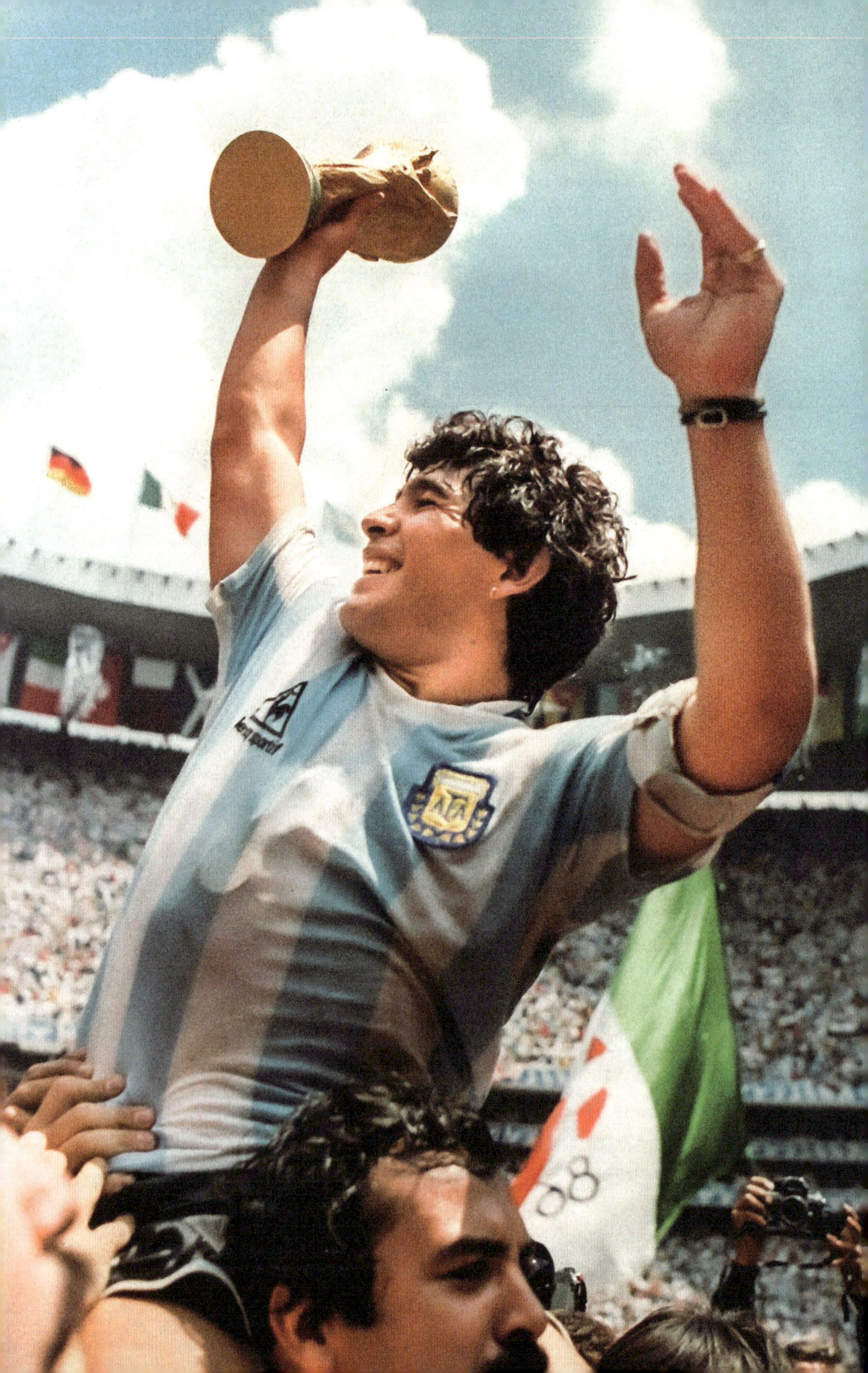

成也迭戈，败也迭戈

1990年的意大利世界杯，马拉多纳不仅继续遭到对手不择手段的重重阻截，他自己的身体状况也非常不理想。世界杯开始前，他常常穿着剪掉前端的球鞋参加训练，因为他的右脚趾和左脚踝一直肿胀着，比赛时他的右脚只能穿着大一号的球鞋。这届世界杯最能体现马拉多纳能力和意志的，是1/8决赛对巴西队和半决赛对意大利队。

对巴西队的比赛，阿根廷队场面被动，对手3次击中门框，饶是如此，马拉多纳仍在第81分钟从中场启动，连续突破数名黄衫球员的围追堵截，为卡尼吉亚送上致命一传，这次助攻甚至被称作"世纪助攻"。完成这次助攻后，马拉多纳跪倒在地："传球的一瞬间我感到剧烈刺痛，地狱般的疼痛让我爬不起来。最终是进球的快乐让我站了起来，但我的脚踝依然没有知觉。"赛后有记者看到马拉多纳的左脚肿得像个橙子："只有怪物才能拖着这样的脚踝出场比赛。马拉多纳只剩下20%的功力，但他毫不退缩。"

半决赛对意大利队，马拉多纳和那不勒斯人都遇到了情感上的巨大羁绊。马拉多纳是那不勒斯的"上帝"，这场比赛却正好是在那不勒斯进行，而在自己的国家和心中的"上帝"之间，那不勒斯人选择了"倒戈"，这让马拉多纳觉得非常委屈和不解。最终双方战成1比1平，阿根廷队凭借门将戈耶切亚的神勇表现，点球淘汰了东道主球队。在罗马的决赛被认为是"世界杯历史上最难看的决赛"，联邦德国队场面占优，阿根廷队则是强弩之末，多名主力缺阵，只能寄希望于死守和戈耶切亚的再次显灵。最终联邦德国队获得一个争议点球，布雷默罚入，报了4年前的决赛之仇。颁奖仪式上，人们记住了马拉多纳伤心和不甘的泪水。

接着马拉多纳的职业生涯也开始走下坡路，1991年4月他因药检阳性被禁赛15个月，与俱乐部的关系也急剧恶化。1992年，他终于如愿离开了那不勒斯，回到西班牙加盟塞维利亚。这次转会甚至惊动了国际足联出面调停，当时担任国际足联秘书长的布拉特给两家俱乐部都做了工作，因为1994年世界杯在美国举行，而作为"足球外行"的美国，需要一位超级球星来为世界杯撑场。布拉特说："马拉多纳是一名普通人，但他也是足球明星，他必须重生，向美国展示足球巨星的风采。"

尽管场外有政客和商人为马拉多纳铺好了道路，但被长期禁赛的马拉多纳身材严重发福，需要经过炼狱般的特训才能重返赛场。另一方面，阿根廷队也差点没能打进世界杯。马拉多纳在塞维利亚很快就故态复萌，因为混乱的私生活和俱乐部闹翻，还和恩师比拉尔多大打出手，在那里只待了一个赛季便与大家不欢而散。

世界杯前，马拉多纳回到阿根廷加盟纽维尔老男孩"找状态"，但再次遇到伤病和肥胖问题。当时的国家队主帅巴西莱并不打算招他，然而阿根廷队在世预赛0比5输给哥伦比亚队改变了一切，这场惨败让阿根廷队只能参加附加赛，和澳大利亚队争夺一个名额，同时也让马拉多纳的回归成为众望所归。所有人都认为，只有迭戈能拯救阿根廷队。

阿根廷队最终有惊无险地来到美国，在马拉多纳回归并担任队长后，球队重新找到了凝聚力和信心。一切似乎顺风顺水，阿根廷队在小组赛首轮4比0大胜希腊队，球队的配合行云流水，新星巴蒂斯图塔在世界杯处子秀就上演帽子戏法，马拉多纳则为一个经典的进攻配合画龙点睛，此球也是马拉多纳在世界杯的最后一粒进球。他面对摄像机怒吼的镜头，成为那届世界

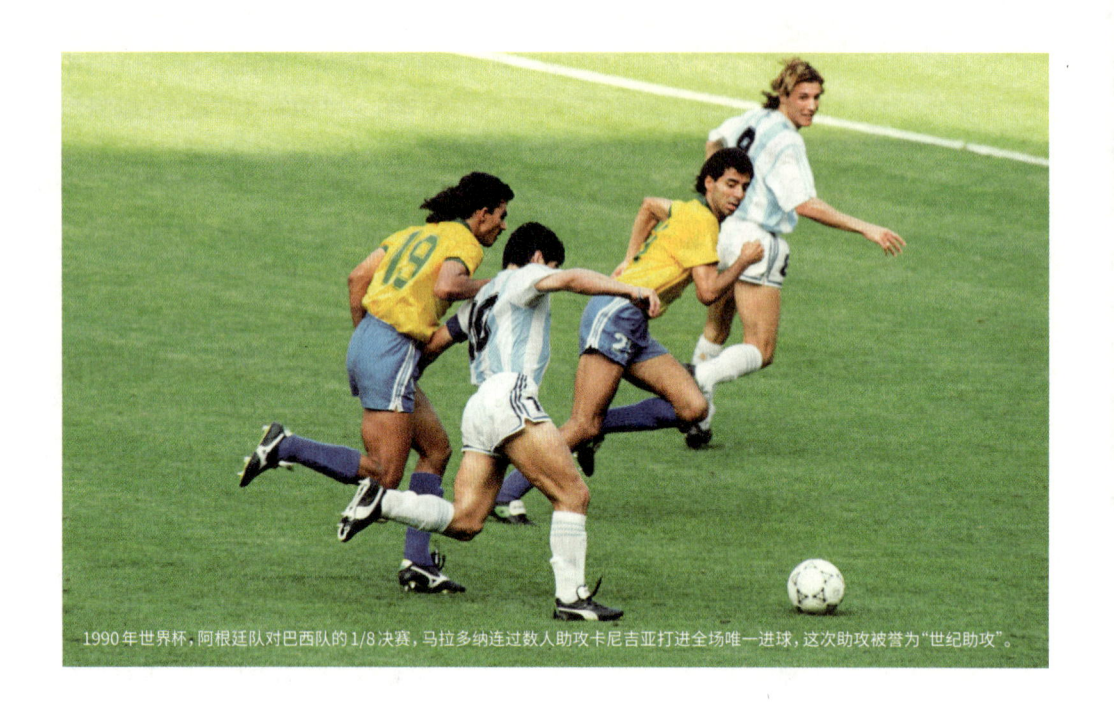

1990年世界杯，阿根廷队对巴西队的1/8决赛，马拉多纳连过数人助攻卡尼吉亚打进全场唯一进球，这次助攻被誉为"世纪助攻"。

杯的经典一幕。

次战尼日利亚队，马拉多纳助攻卡尼吉亚梅开二度，阿根廷队2比1逆转。那场比赛也是马拉多纳快乐的终点，赛后一名女护士进场带走马拉多纳做尿检，结果举世震惊：迭戈的尿样被检测出麻黄碱。他否认自己吸毒，后来的说法是他的一名私人教练让他误服了一种能量补充剂，里边含有禁药成分。不管怎样，美国政府马上将他驱逐出境，马拉多纳的世界杯之旅永远结束了。阿根廷队随后也在1/8决赛就被罗马尼亚队淘汰。

"我犯过错，付出了代价"

又是15个月的禁赛。其间，马拉多纳尝试了足球场上的另一个角色，在阿根廷足协特许下，他"无证"执教了曼尤迪和竞技两家俱乐部，但两次执教经历都只持续了几个月的时间，战绩可以说非常糟糕。1995年禁赛期满后，他还是回到球场，回到了他心爱的博卡。但一切的辉煌都已经不可再现，马拉多纳在博卡踢了3年，实际只有第一个赛季出场较多，后面两个赛季基本都在养伤，或者准确说是在戒毒。

马拉多纳"二进宫"博卡并不成功，却也留下了不少名场面。1996年7月14日，博卡对河床的"超级德比"，卡尼吉亚1传3射，帮助博卡4比1大胜新科解放者杯冠军河床。助攻队友打破僵局后，卡尼吉亚在球门后面和马拉多纳长时间拥吻，被媒体称为"世纪之吻"。

之后两年，马拉多纳因为健康问题很少出场，直到1997年10月25日，又是一场"超级德比"，博卡主场2比1击败河床，马拉多纳首发出场，在半场休息后被年轻的里克尔梅换下，这是马拉多纳职业生涯的最后一场正式比赛。5天之后，马拉多纳在37岁生日当天宣布退役。不过马拉多纳的告别赛因为各种原因一直没有找到合适的举办时机，其中包括前往古巴戒毒。

等到2001年11月10日，属于一代"球王"的隆重告别才终于到来，不过马拉多纳本人并不愿意称之为"告别赛"，他强调这是"纪念赛"，因为他永远不会告别足球。这场纪念赛邀请了很多国内外的球星参加，堪称马拉多纳的老友大聚会，包括马特乌斯、苏克、巴尔德拉马、伊基塔等人，比赛中他的吊门还被伊基塔用标志性的"蝎子摆尾"挡出。而国际足坛的各路政客却以种种借口没有到场，已经成为国际足联主席的布拉特托词要去非洲出席抽签仪式，而他委派的代表普拉蒂尼也没有出席。

最终6比3的比分只是象征性的，马拉多纳打入了两粒点球，全主力出战的阿根廷队获胜也在情理之中。在糖果盒球场5万多名球迷的欢呼和歌声中，马拉多纳不断地向看台飞吻，最后他含泪发表了动人的感言："这场比赛我盼了很久，我希望它永远不会结束，也希望我在足球中感受到的爱永远不会结束。我的膝盖很疼，但精神百倍。今天比赛的情形超出了任何人的想象，真的过分热烈了，对一名足球运动员来说是过分的，我只有发自内心地表示感谢。足球是世界上最美好、最纯洁的运动。一个人可以犯错，但足球不容玷污……我一直设法在踢球中寻找快乐，并且让你们快乐，我觉得我做到了。"

最伟大的进球

小中 马拉多纳从中场带球，连续过掉5名英格兰队球员后将球打进。这个进球被公认为足球历史上最漂亮的进球。

马拉多纳对英格兰队连过5人的进球，被国际足联官方钦定为"世纪进球"。

　　1986年6月22日，墨西哥世界杯1/4决赛，阿根廷队2比1击败英格兰队。那场比赛，马拉多纳打入两球，一个是第51分钟的"上帝之手"，另一个是第55分钟的"世纪进球"：马拉多纳从中场带球，连过5人后将球打进。这个进球被公认为足球历史上最漂亮的进球。

　　阿根廷队与英格兰队一战在墨西哥城的阿兹特克球场上演，墨西哥城位于高原，海拔2240米。1986年世界杯时，马拉多纳还不满26岁，正是身强力壮、球技和体能都处于巅峰的时期。从中场接埃克托·恩里克的传球到破门一刻，马拉多纳带球奔跑了68米，包括开始一小段拉球变向转身摆脱。一般而言，一场足球比赛中，平均每名球员带球奔跑的距离也就130多米，马拉多纳光是一次进攻，就带球跑了68米。

带球跑完68米，马拉多纳只用了10.6秒，平均速度约23.3千米/时。同样跑68米，一名出色的职业短跑选手能达到35千米/时。不过，跟短跑选手不同，那68米马拉多纳不是直线跑，而是带球跑，还过了5名英格兰队球员（其中一人被过了两次）。整个过程，马拉多纳触球12次，触一次球，就相当于刹了一下车，刹了12次车，但对手还是防不住他。

像马拉多纳那个水平的巨星，肯定被对手死死盯防，不但一直有人对他"形影不离"，还会有人在不远处协防。一般情况下，马拉多纳拿球后得马上传出去，即使带球奔跑，不出10米，对手就会通过各种方式把他拦下来。马拉多纳能带球长驱直入68米，摆脱5人拦阻，说明他的启动非常快，技术非常好，身体非常灵活。

那次长途奔袭很好地展示了马拉多纳出众的控球能力。在中场时，球离他双脚最远也在2米以内，到了前场，球离他双脚的距离绝不超过1米，球离带球的人越近，后卫拦截或者抢断的可能性越小。

当然了，光用速度把球控制在自己身边还不够。马拉多纳能打进那么漂亮的进球，也因为他有超凡的过人能力，每遇到一个对手，他都要有变向，有速度上的改变。在中场接到传球后，马拉多纳一扣一拉一弹，像跳舞般连续转身，从两名英格兰队球员的包夹中突围，进入前场后他又左脚一拨避开一名上抢球员，进入禁区前一扣又闪过一人，面对出击的门将他脚腕一摆避开，最后在对手下铲前用左脚把球推入空门，整个过程行云流水。

打进这球后，马拉多纳跟队友巴尔达诺"道歉"。巴尔达诺回忆："他进了第二球后向我道歉。说他看到我在远门柱无人盯防，但实在找不到传球的空隙。我感觉受到了冒犯，这是对我职业水平的羞辱！我的意思是，他带着球连过几人，竟然还有工夫抬头看我在哪里。作为职业球员，跟他相比我显得一无是处。"而巴蒂斯塔则干脆对马拉多纳爆了一句脏话，因为他觉得任何其他庆祝方式都显得不够力度。

马拉多纳自己也在自传中"凡尔赛"：1980年阿根廷队在温布利和英格兰队打了一场友谊赛，当时马拉多纳也完成了一次连过数人的奔袭，但临门一脚面对希尔顿射偏了。赛后他7岁的弟弟乌戈打电话给他，说这球应该把门将过掉再射，迭戈记住了弟弟的建议，于是6年后在世界杯再次面对希尔顿，迭戈真的把他过掉再打门，球进了，一切都那么完美。马拉多纳还感谢英国人的"绅士风度"，说如果换一个球风更脏的对手，比如意大利队、乌拉圭队，这球就进不了了。

马拉多纳这粒进球被称作"世纪进球"，得到了官方的认可。2002年韩日世界杯期间，国际足联举行了网上投票，评选"世界杯历史上最漂亮的进球"，马拉多纳的进球高票当选。

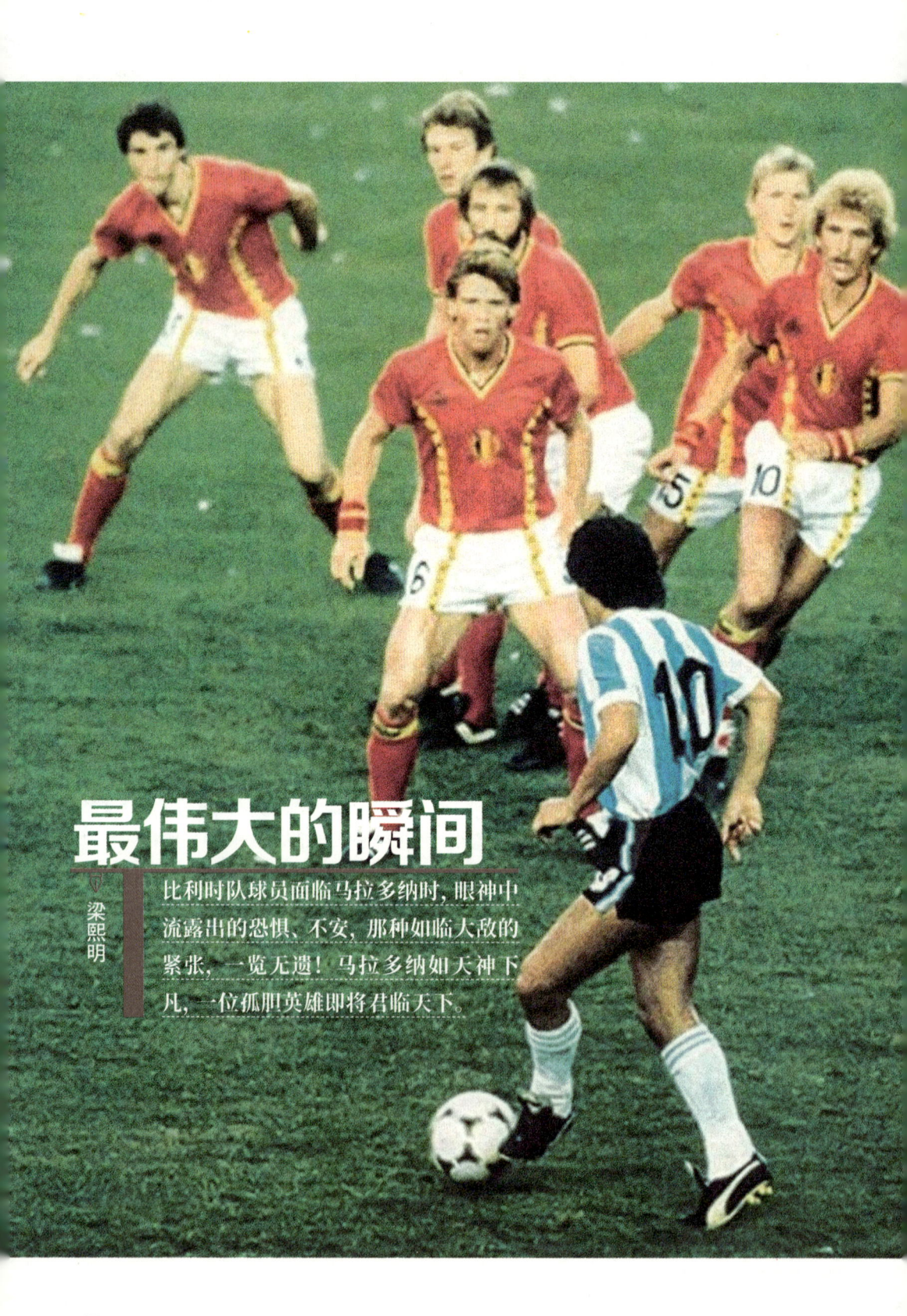

最伟大的瞬间

<small>梁熙明</small>

比利时队球员面临马拉多纳时，眼神中流露出的恐惧、不安，那种如临大敌的紧张，一览无遗！马拉多纳如天神下凡，一位孤胆英雄即将君临天下。

马拉多纳留下过无数灿烂夺目的经典，他在球场上的许多瞬间都令人难以忘怀。而属于马拉多纳最伟大的瞬间，毫无悬念是1982年世界杯揭幕战的"一对六"——马拉多纳持球面对比利时队的六名球员。

这张照片已经流传很久了，任何人看第一眼就会被深深吸引住，被它无形的气场打动。世纪之交，各地风行评选"世纪最佳"，足球界也评过不少"世纪最佳"，英国《世界足球》杂志曾将它评为世纪最佳足球照片。不过，围绕着这张经典照片，曾引发过一段公案：英国《卫报》的一篇文章，打着"揭秘""真相"的旗号，质疑"马拉多纳一对六"，并煞有介事地考证，马拉多纳并没有过掉这六名防守球员，而是正在开一个任意球。

当时的场景是：阿根廷队获得任意球，面对人墙，阿迪列斯拨给一侧的马拉多纳，此时比利时队人墙立即散开，而照片所捕捉的，就是人墙刚散开的一刹那。马拉多纳并没有拿球直冲，而是将球吊入人墙后方，但被对方起跳头球化解。文章作者振振有词地写道：你看，马拉多纳一对六是假的！他根本没有连过六人，而且那场比赛马拉多纳踢得也不怎么样，阿根廷队还0比1输了。

需要指出，这张照片的作者史蒂夫·鲍威尔从未在历次采访中将"一过六"作为卖点，"一对六"并不是"一过六"，鲍威尔抓住的是"一对六"那个瞬间，图片恰恰是表达那个瞬间所传递的东西。

体育摄影历史上，很多经典名作都是出于不经意间。当时，鲍威尔并非他供职的图片社主力，甚至，他并非拍摄足球的——他的主项是田径。正因如此，他所在图片社的摄影小队出发后，他分到的位置不是最好的。在比利时队人墙散开的一刹那，作为一名专业摄影人员，鲍威尔以其职业敏锐度，本能地感觉到"有好东西了"，他按下连拍键，其中一张照片效果之佳，让他大为惊讶！

鲍威尔这张名作究竟牛在哪里？它绝不是说马拉多纳过人如何了不得，而是从构图角度来说，一对六，图中各人员位置都十分完美。一张好照片的元素：马拉多纳那神魔世界的左脚、球衣、肤色、草坪各种颜色的对比，都被抓住了。

然而最大的亮点是，它捕捉到了防守方的眼神！

比利时队球员面临马拉多纳时，眼神中流露出的恐惧、不安，那种如临大敌的紧张，一览无遗！即使你不看球，你也一眼能感受到图中流露出的无形杀气，马拉多纳如天神下凡，一位孤胆英雄即将君临天下的那种躁动。

请记住1982年6月13日，这个历史上最伟大的足球照片诞生的日子。

最疯狂的教练

> 马拉多纳曾经是世界上最好的球员，但很少人相信他会成为最好的教练。

小五

迭戈·马拉多纳在正式退役之前，有过两段短暂的执教经历，那是他在1994年世界杯药检阳性被禁赛期间的事情。马拉多纳利用间歇期先后执教了阿根廷国内俱乐部曼迪尤和竞技，但战绩惨淡。在曼迪尤，他因和管理层发生矛盾而离开，在竞技也同样失去了背后老板的支持。

13年后，当人们已经忘却了马拉多纳的教练身份时，他出人意料地被选为阿根廷国家队主帅。在他入主之前，阿根廷足协考虑过比安奇和巴蒂斯塔，但前者要价过高，后者则缺乏威信。马拉多纳一直想到国家队工作，他既对薪水没什么要求，在球员心中的地位也独一无二，就这样，阿根廷国家队以令人意外的方式迎回了马拉多纳。

值得一提的是，马拉多纳并非孤身一人，他的团队还包括1986年世界杯冠军队主帅比拉尔多、1986年世界杯冠军队成员埃克托·恩里克，以及亚历杭德罗·曼库索等人。马拉多纳在自己的第一堂训练课上对球员说："在你们面前的是一个从地狱中归来的人，我证明过在生命中一切皆有可能。"

马拉多纳曾经是世界上最好的球员，但应该很少人相信他会成为最好的教练，不过至少，人们可以称他为最疯狂的教练，他执教阿根廷队24场比赛没有1场平局便可见一斑。尽管在技战术上经常遭到批评，但马拉多纳凭借他极具感染力的足球风格和强大的个人魅力，掩盖了队中一直存在的更衣室问题。执教阿根廷队两年，马拉多纳保持了75%的胜率，征召了超过100名球员。他总是将训练课安排在下午和晚上进行，因为上午对马拉多纳来说是睡觉的时间。

马拉多纳的信任危机在世预赛输给玻利维亚队后达到顶峰，球队在海拔3000多米的客场1比6输给对手，制造了阿根廷队历史上最惨痛的失利。世预赛倒数第2轮之前，阿根廷队仍排在第5名，按照这个排名球队需要去打附加赛。面对垫底的秘鲁队，阿根廷队在第92分钟才由帕勒莫打进绝杀球，得以迎来和乌拉圭队的生死局。在谁赢谁直接晋级世界杯的局面下，阿根廷队依靠替补博拉蒂在第84分钟的进球绝杀乌拉圭队，那是名不见经传的博拉蒂在国家队的唯一进球，也是马拉多纳众多疯狂想法中的一个"杰作"，他躺在地上被红衫蒙住脑袋的滑稽庆祝场面，也成为经典瞬间之一。

世界杯出线后马拉多纳的疯狂仍在继续，他在新闻发布会上面对记者的刁钻提问直接破口大骂，对记者进行侮辱性攻击，最终被国际足联禁赛2个月，不过在此期间阿根廷队只有一场热身赛。后来马拉多纳将国际足联主席布拉特形容为"黑手党"也掀起过风波。

马拉多纳治下的阿根廷队名将如云，进攻线上有梅西、伊瓜因、特维斯、迪马利亚、阿圭罗、迭戈·米利托等人，中后场则有马斯切拉诺、贝隆、萨穆埃尔、海因策，但弃用新科欧冠冠军得主萨内蒂和坎比亚索引起了一些争议。

南非世界杯的征途还算顺利，阿根廷队在小组赛接连战胜尼日利亚队、韩国队和希腊队，1/8决赛3比1击败墨西哥队，最终倒在和德国队的1/4决赛中，0比4的比分让马拉多纳再次受到诸多批评。世界杯后阿根廷足协内部投票，一致通过不与马拉多纳续约，不过大部分球员和球迷都表示支持迭戈留任。

在此之后，马拉多纳再也没有以教练的身份登上过主流舞台。离开阿根廷队10个月后，他高调加盟阿联酋的瓦斯勒俱乐部，不仅有年薪450万美元外加一架私人飞机作为福利，他还带上了自己的国家队教练组成员，但赛季结束他带的队仅排在第8名。

再看到马拉多纳出现在教练席要等到2017年，他接受了富查伊拉的邀请回到阿联酋。之后他还辗转执教过墨西哥联赛的多拉多斯，也是在那时，马拉多纳的身体状况开始影响到他的正常工作。2019年6月，多拉多斯保级失败，马拉多纳的律师宣布他因健康问题离任。同年9月，回到阿根廷的马拉多纳再次拾起教鞭，拉普拉塔体操击剑成为他执教生涯的最后一站。2020年后，马拉多纳身体情况恶化，不得不回到家中调养。

马拉多纳的健康一直受到毒品、滥用药物和酗酒的影响，在2000年以后愈发明显，他的体形也是潜在隐患。不过在执教期间，他没有过住院记录，反而是在休养期间不断传来病情恶化的消息，由于过度肥胖，他做过两次胃绕道手术。马拉多纳在2014年曾成立一个以他的名字命名的"心脏基金会"，旨在提高人们对心脏病了解和预防的意识，他最终的死因也是心力衰竭。他和家人的关系也越来越差，虽然最后几年先后和私生子女相认，但幸福没有持续太久，他暴躁古怪的性格让家人难以长期忍受。他去世时身边没有至亲陪伴，可以说以一种悲剧的方式离开了人间。

马拉多纳的影响力超越了足球范畴，他的自传《我是迭戈》一经出版就成为畅销书。多年来有多部以他为主题的电影上映，最近的一部来自奥斯卡最佳外语片导演保罗·索伦蒂诺的《上帝之手》，他在电影中以半自传体的方式讲述了自己与马拉多纳的故事。马拉多纳在2005年曾作为主持人参与制作了一档娱乐节目《10号之夜》，受到广泛好评。2017年，马拉多纳因对那不勒斯这座城市做出的杰出贡献被选为荣誉市民，那不勒斯的圣保罗球场在他去世后正式更名为迭戈·阿曼多·马拉多纳球场。

他从未把自己当神

程征

除了在球场上，生活中的马拉多纳就是一个成长于南美贫民窟的普通人，人们不应该苛求于他。

第一次见到马拉多纳，是在1986年墨西哥世界杯开赛前夕阿根廷队的训练场。那时采访他的记者还不多，尽管即将年满26岁，迭戈的嗓音还是细细的少年声。最后一次见到他则是在2012年8月，广东肇庆。他来中国参加一个商业活动，被一屋子企业人员围着，他的嘴里叼着一根雪茄，声音早已变得低沉和沙哑。

我知道这几十年里很多人都在骂他，理由是他吸毒和生活放荡。这是因为很多人都把他看成了神，而神是不该犯错误的。除了在球场上，生活中的马拉多纳就是一个成长于南美贫民窟的普通人，人们不应该苛求于他。

马拉多纳作为神的一面，是在1986年和1990年两届世界杯上，基本上凭借一己之力为阿根廷队夺得冠军和亚军。这样的人在足球历史上，恐怕很难找到第二个。他的"上帝之手"当然是狡诈的，然而能蒙骗过裁判，不能不说这就是神明的眷顾了。而最有说服力的则是不久之后，他便以半场奔袭破门为自己正名了。

我在阿根廷曾遇到该国国民银行的行长，他说看到过贝利和马拉多纳，从技术上说贝利是两只脚踢球，而马拉多纳只是左脚，但从在队里的作用上来说，马拉多纳更胜一筹，他一个人就是一支球队。这话我是很信的，毕竟他是过来人嘛。

阿根廷和巴西有着很大的区别，巴西人受非洲血统影响很大，干什么都是玩儿。阿根廷人则不同，有一种拼的劲头儿。南美足坛有这么一句话：巴西队踢的是个人技术，阿根廷队则是打集体战术。在马拉多纳时代，他的个人技术显然超越了巴西球员，同时又具备了组织能力和进球能力，因而成为世界的翘楚。

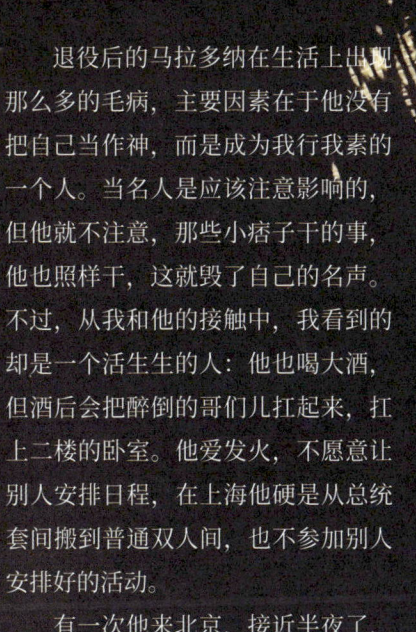

退役后的马拉多纳在生活上出现那么多的毛病，主要因素在于他没有把自己当作神，而是成为我行我素的一个人。当名人是应该注意影响的，但他就不注意，那些小痞子干的事，他也照样干，这就毁了自己的名声。不过，从我和他的接触中，我看到的却是一个活生生的人：他也喝大酒，但酒后会把醉倒的哥们儿扛起来，扛上二楼的卧室。他爱发火，不愿意让别人安排日程，在上海他硬是从总统套间搬到普通双人间，也不参加别人安排好的活动。

　　有一次他来北京，接近半夜了，他也不和我们一起出去消遣，说要等女儿的电话，等不来哪儿也不去。他是一个有感情、讲义气的人，可是又是这种义气害了他，后来他几乎和所有的好朋友都闹翻了，说他们欺骗了他。你这么幼稚，谁会不欺负你呢？谁又不想利用你来挣钱呢？而你又是个没有条理、不会算账和算计的人。

1994年世界杯上，马拉多纳因为药检阳性被驱逐出赛事，成为众矢之的。

西行着魔

梁熙明

对于马拉多纳，很可惜的是，过度的放纵颓废导致他的身体受到严重损害，大大消耗了他的球场生涯，乃至大大减少了他的寿命，使球迷没能见证他更多夺目的光芒。

在难以胜数的足坛风流人物中，马拉多纳是最富有魅力的一个，这方面甚至可以去掉"之一"。除了他超然的天赋球技，他放荡不羁的个性以及他对足球刻骨的热爱，是他得以傲然于世、为大众膜拜的根由，也是他与其他足坛巨星最独特的区别。

世纪之交，国际足联曾经举办过一次"世纪最佳"投票，其以为贝利当选必然十拿九稳，然而没想到网络投票却是马拉多纳第一。最终官方不得不含糊其词，分设线上、线下投票，实则仍希望将贝利推为第一。正因如此，"贝利和马拉多纳谁第一"一度成为网络热门话题，就连当事人也各自不服，上节目见面也要彼此口舌论战一番。除了马拉多纳，没有任何球星享受过这等待遇，会介入"与贝利孰高"的争论。

从人文角度看，马拉多纳与贝利是不可比拟的——这无关竞技，而在于贝利身上只具备了神性，而马拉多纳是神与魔的高度对立统一。贝利的球场人生是人类理想的典范，他的比赛就是神对凡人的纯粹碾压，他的球技表演就是神的圣光。马拉多纳的球场人生，则充斥着各种争斗非议：与对手斗、与队友斗、与主帅斗、与权贵斗、与媒体斗……其乐无穷！

马拉多纳最传世的两大经典战役——1986年世界杯大战英格兰队，1990年世界杯大战巴西队，留下世界杯历史上最伟大的进球和最伟大的助攻。这两场比赛，恰恰就是神与魔的有机结合——既有举重若轻的极致个人英雄主义表演，也有不容于人类社会的反道德不择手段。对英格兰队，他谈笑间连过5人直捣黄龙，同时又留下"上帝之手"，甚至在庆祝进球时，队友发问"你是不是手球了"，立刻呵斥"闭嘴"；对巴西队，他绝境中一剑封喉，同时又在场上假借给对手送水之际，在水里下蒙汗药，上演一出"智取巴西队"。

对于贝利，连他的退役都是符合传统智慧的急流勇退。对于马拉多纳，很可惜的是，过度的放纵颓废导致他的身体受到严重损害，大大消耗了他的球场生涯，乃至大大减少了他的寿命。马拉多纳只活了60岁，相比之下，贝利的身体好多了，活到了82岁，晚年几次入院也只是因为自然衰老。

马拉多纳去世前其实已多次拉响健康警报，数次出现胃出血、心律失常，甚至陷入昏迷。在39岁时，他就差点因为吸毒过量一命呜呼。在去世前不到一个月他因脑血肿动过手术，能在那次手术后挺过来，已经算是福大命大。根据尸检，马拉多纳死于急性肺水肿导致的心力衰竭。说白了，就是因为年轻时放纵过度，导致他日后身体恶化，使球迷没能见证他更多夺目的光芒。

这不是历史的巧合，贝利时代，南美的政治、经济实力足以抗衡欧洲，所以巴西人有底气拒绝欧洲，将国宝留在国内。贝利最光辉灿烂的演出全在巴西，直到职业生涯晚期，因为生意不顺需要钱，才去纽约宇宙发挥余热。马拉多纳登场的20世纪80年代，南美国家的整体国力急剧衰退，政治、经济、军事、文化全面被西方吞噬，足球再不复与欧美相抗之势，鸿沟在加速扩大，南美最终变成欧洲足球的"殖民地"和"原材料"（年轻优质天才球员）输出地。

如果在20世纪80年代，巴西人是绝对没有能力留住贝利的，他也一定会飞赴欧洲踢球。而马拉多纳去到欧洲，以其放荡不羁的天性，立即就坠入了这个花花世界，被毒品、酒精、美女包围。并非巧合的是，马拉多纳去世前，美国已经出现毒品合法化，华盛顿州与俄勒冈州宣布可卡因、海洛因这些毒品合法，而大麻已经在35个州合法了。欧洲则早已先行一步，允许开设吸毒室。

这正是整个西方几十年来嬉皮士的纵欲颓废文化侵蚀的结果。发源于20世纪60年代的西式纵欲颓废文化以嬉皮士为代表，打着反战、和平、爱的旗号，倡导毒品与滥交自由，自私自利、贪恋享乐，最终拉低全社会的道德底线，导致全民堕落。马拉多纳正是在南美衰退、难抗欧洲的大背景下进入西方世界的，其早衰早亡，正是西方纵欲颓废文化的牺牲品。

无论如何，在1986年6月22日阿兹特克球场，那一刻飞翔的迭戈，才是真正快乐与自由的。

超时空迭戈语言

王勤伯

迭戈·马拉多纳是一个多面的存在，或是足球明星，或是摇滚明星，他拥有大多数明星不具备的天才和魔力，能以最简单的方式把最复杂的事情搞清楚，就像球场上一人过掉对手全队，或者一脚传球洞穿对方两层防线。

可以有一千种纪念迭戈·马拉多纳的方式。

例如重温他那些神奇的技巧影像，任由青春年少时所有的激动与失落翻涌，让久违的热泪沿着麻木的脸庞滚落；例如再听一遍音乐家和球迷写给迭戈的歌曲，听着听着又听到了迭戈自己的歌喉，而迭戈这个名字本就是激烈交融的主体和客体，他从未完全是"他"，就像我们永远在品味不完整的"我们"；例如仅仅再听一遍他的声音，从"我的梦想是赢得世界冠军和第八等级（少儿比赛）冠军"，到"妈妈，我为你踢球"，再到"我亦曾犯错，但足球不容玷污"。

迭戈·马拉多纳是一个多面的存在，或是足球明星，或是摇滚明星，他也拥有大多数明星所不具备的天才和魔力，能够以最简单的方式把最复杂的事情搞清楚，就像球场上一人过掉对手全队（和其精心准备的技战术），或者一脚传球洞穿对方两层防线。

当你喜欢上迭戈·马拉多纳，你很难对他的语言能力无动于衷。世界足球历史上从未有过一个人物为后世留下如此之多的金句，且迭戈的语言有着令人惊叹的普世性，绝大多数名句不需要加入背景注解，一切问题都已经在字面上提出并已经在字面上解决。英国人莱因克尔既是他的对手也是他的友人和球迷，同时莱因克尔也是一个语言达人，是退役球员转行评论员中的佼佼者，但莱因克尔的语言和马拉多纳的语言比较起来，多了一些英伦风，少

1986年6月29日，随着巴西籍主裁判菲略一声长哨，马拉多纳高兴跳起挥动双臂，庆祝世界杯夺冠。

了一些格局和灵气。

1963年出生于布宜诺斯艾利斯的阿根廷著名作家斯佩琳曾在一段关于"马拉多纳语言"的点评中说："迭戈的智慧不可思议，他能够提供超越当下的回答，这些回答一年后被重复，两年后被重复，十年后被重复，二十年后仍被重复提起。"

就像1986年世界杯的"上帝之手"，一个短语在赛后瞬间就彻底改变了这个非体育行为的叙事模式和情感。是的，迭戈做了一个不合规范的举动，但是，人类啊，包括英国人在内的人类啊，上帝站在迭戈这一边，站在阿根廷人这一边！

多少年后，人们仍然在怀念"上帝之手"，歌唱"上帝之手"。是谁给"上帝之手"提供了最好的后续版本？是迭戈·马拉多纳本人，在去世前的最后一次采访中，迭戈告诉《法国足球》杂志："我梦想着再进英格兰队一个球，这次用右手。"

精灵迭戈！热爱足球的人类想念着你！

在此，我们荣幸地请到斯佩琳女士和中国读者聊一聊"马拉多纳语言"。

· · · ·

问：你曾盛赞过迭戈·马拉多纳的语言能力，关于他使用语言的天才和魔力，迭戈的"马拉多纳语言"提供的是一份怎样的遗产？

答：是对语言本身进行干预的可能性。"马拉多纳语言"是使用大众语言非常常见和亲切的表达方式来展现出新的含义。或者换句话说，通过情感的管控来修改语言本身。

问：迭戈那些神奇的表达方式和短语，例如"上帝之手"或者"足球不容玷污"，说出来那么轻松。您认为迭戈对作者群体能够提供一些启发吗？

答：是的，我认为他属于在某些社团中间已经存在的文化现象，例如摇滚乐手就经常自由地改变句子的含义，并把它们变成音乐、节奏、声响，在这一类词汇游戏中，你会发现，通过对词语的修改和剪辑粘贴，会呈现出一些隐藏的声音。例如作家卡萨斯、音乐家查理·加西亚、作家兼创作歌手玛丽娅·埃莱娜·沃什、音乐家卡林·约翰森，还有歌手"玻利维亚小姐"，他们都喜欢玩词汇游戏，拆解流行的、被熟知的语言。

问：迭戈的哪些话最让您感到好玩儿或者印象深刻？

答："乌龟跑掉了。"——非常、非常有表现力。因为你必须是呼呼大睡，乌龟才会完全跑掉，没法把它抓回来。

"击败河床就像妈妈在早晨用一个吻唤醒你。"——几乎是普鲁斯特句式，这句话包含着母子关系中的幸福，直指胜利的甜蜜。

"科波拉活得很好，在水底下抽着烟。"——在水下吞云吐雾很美。它描述的是一个快速、敏捷、狡猾的人，他实现了似乎不可能的事情。

"足球不容玷污。"——暗指足球就是足球。他在自己的个人生活中犯了错误，但从未玷污足球。这句话在阿根廷被用于很多场合。

"他们截掉了我的双腿。"——虽然这句话有一些"黑手党"的话风，但我认为需要看到话语背景是他被逐出1994年美国世界杯。他的感受如同被截肢的字面含义一样。我们阿根廷人的感受就是这样：被截断、被剥夺、无能为力。这句话的"黑手党"话风突出了事件的故意性，就像一次有预谋的攻击。我们阿根廷人觉得世界的财富和特权分配是不公正的，对手不想看到我们通过迭戈展现光芒。

问：迭戈的语言来自何方？除了他的天才、除了他的创造欲和与众不同的愿望，他如此丰富和生动的语言、简单又令人印象深刻的表达方式来自哪里？这与阿根廷的街区文化和语言有关吗？我这样问是想起其他那些出自下层的球星，要么太谦卑，要么过于俚语化，少有迭戈这样充满游戏和创造性的表达方式……

答：阿根廷球迷一直以发明非常高超、诙谐、有趣的加油口号而闻名。我把这个和帕亚达（Payada）联系在一起，这是一种19世纪末以来在阿根廷高乔人中间流行的即兴歌词创作对决。另外还有英国的打油诗、西班牙的诗歌和摇篮曲的影响。当下的花式饶舌也强调使用韵律、幽默、机智和即兴发挥。

问：马拉多纳和梅西在谈吐方式上的差异，是否影响了阿根廷人对这两位球星的感情？

答：马拉多纳既被神化，又被贬低和诋毁，特别是被霸权主义媒体如此对待。对于一小部分拥有特权的保守派精英来说，迭戈从贫民窟里闯出来，他的毒瘾问题、他的自由散漫和莽撞无礼、他的天才和社会敏感，都是无法被接受的。有过多次针对他的抹黑运动。而最开始的时候，梅西的良好言行似乎被视作为媒体和大生产机器的需求而存在。他们两人被对立起来。但在今天，梅西受人喜爱，迭戈也受人喜爱。

问：您在接受墨西哥作者马里奥·布拉沃·索里亚访谈时，曾提到阿尔特、博尔赫斯和奥斯瓦尔多·兰博基尼等阿根廷作家。您说："在我们和生活以及不幸的文字关系中，相反的一面总是更吸引我们：我们偏爱失败者。"我很喜欢这句话。当我得知迭戈的死讯时，我哭了，但与此同时，我的脑海中出现了另一个阿根廷作家索里亚诺的书名《悲伤、孤独和终结》。在我看来，是迭戈选择了自己的结局，就像他的生命其余部分一样，是文学性的存在。在今天的现实中，个体的文学性存在空间是否每天都在消失？

答：阿根廷文学涌现了阿尔特、博尔赫斯、科塔萨尔、西尔维娜·奥坎波和玛丽娅·埃莱娜·沃什等人物，它的力量和深度总是在翻新。迭戈去世后，人们感到一个集大众感召力、名人效应、我们的语言财富和诗歌的化身于一体的人死去了。而我是一个乐观主义者，我觉得，不，一旦走出哀悼的阴霾，这份精神遗产就会重建起来。虽然我们活在失败者的传统里，正如托尔斯泰所说，幸福的家庭都是相似的，不幸的家庭各有各的不幸。

问：最后一个问题是关于女权主义和迭戈。迭戈去世时，西班牙足球运动员保拉·达佩纳没有向马拉多纳表示敬意。她说："前几天是11月25日，国际消除对妇女的暴力日，我们正在为消除男性暴力而奋斗。同一天，马拉多纳也死了，我看到了很多人的虚伪，他们反对这种暴力，但同时又为他这样的虐待者辩护。"虽然她的指控与事实不符，但我想知道您作为女权主义活动家对此的看法。

答：马拉多纳总是会谈到克劳迪娅、达尔玛和贾妮娜。他的妻子和女儿们总是被放在第一位优先考虑。后来他又逐渐地承认了几个私生子，这说明他承认了自己作为父亲的责任，并承担起责任。我没有听到过有关迭戈任何虐待或性别暴力的故事，所以我不认为他是一个暴力男。他最为风光的20世纪90年代也是被大男子主义全面深刻统治的时代，我把他视作是那种文化的一部分。

问：能否再给我们讲述一下20世纪90年代的阿根廷，以及这和迭戈的生命路径是否存在关联？

答：在20世纪90年代，阿根廷经历了一个名叫"香槟配比萨"的新自由主义阶段。比萨是阿根廷的廉价食品，而香槟则是奢侈品。阿根廷比索和美元的汇率被人为固定在1比1，货币价值相同，让我们阿根廷人能够旅行（请脑补我们国家位于南美洲大陆的最南端）并去消费北半球国家的产品，这是我们以前无法想象的。

我们国家遭遇了重大的经济危机，然而这也是名流成为舆论焦点，体育、摇滚和演艺界明星展示奢华生活的时期。富豪文化开始占据阿根廷的《人物》等杂志封面，伊万娜·特朗普登上《名利场》封面，仅仅是因为她嫁给了一个亿万富翁，过着奢华的生活。

在阿根廷，可卡因在那段时期是娱乐产品，也是精英和摇滚的标志，来自各行各业的很多人都成了"瘾君子"。而在当时，这并不被人诟病。这就是为什么我说马拉多纳的毒瘾和他的大男子主义是许多同时代人所奉行的。他还说过另一句话："我什么榜样都不是。"他不想成为一个榜样，他只是和其他很多人一样玩进去了。

马戏人生

林良锋

马拉多纳是个幸福的人——凭借绝世才华摆脱贫困，成为足坛巨星，既享受了荣华富贵，也为之付出了代价。

> 马拉多纳在那不勒斯找到最适合自己的土壤，他也把那不勒斯足球带上了历史的顶峰。

马拉多纳集天才与缺陷于一身，他虽然不完美，却有着完美的一生。每个人看待马拉多纳这一生的角度不同，你可能羡慕他的成就，也可能感慨他的落魄，但马拉多纳最不需要你为他哀伤和痛苦。

有血有肉的"神"

马拉多纳和贝斯特在相隔15年的同一天（11月25日）驾鹤西去，绝非偶然，这是上苍的安排。两位巨擘有着相似的人生轨迹，相似的生活方式，相似的性格缺点。有一点毫无二致：他们从来没有后悔过自己的人生。贝斯特生前曾说:"我这辈子没什么好后悔的,该挣的钱挣到了,该拿的冠军我也有了,该泡的妞从不失手,我的人生丰富多彩。"

马拉多纳亦然。他到这世上走一遭,绝不是为了循规蹈矩做个"正常人"。他是来履行使命的——让凡夫俗子亲眼看看,神在人间是什么样儿的。他把该做的、不该做的事都做了,件件放大十倍。

马拉多纳成长在布宜诺斯艾利斯的贫民窟,父亲是印第安人后裔,母亲是意大利移民。他幼时的成长环境不仅艰苦,更充满危险和陷阱。有多危险?当地警方只能每天派人巡逻,不敢设置派出所。有什么陷阱?他还在蹒跚学步时,不慎跌入粪池,大人怕他被污水呛死,边捞边喊:"迭戈娃娃,把头抬起来!" 3岁时,长辈送给他一个足球,这个礼物仿佛神明的召唤,引领他踏上星途,他颠着球登上了人生巅峰。8岁时,阿根廷青年人的梯队"小洋葱头"的教练目睹他的脚法,惊为天人,直到看了出生证,才相信他没有谎报年龄。

又过了不到8年,马拉多纳代表阿根廷青年人亮相,成为该国职业足球历史上首秀最年轻的球员。从此,他就是阿根廷的精神寄托,是穷人摆脱困境的解药。有人说:"罗马人靠马戏团忘记烦恼,阿根廷人靠马拉多纳。"承载全国人民的期望,马拉多纳漂洋过海,赢了世青赛,拿了世界杯冠军。巅峰之后,马拉多纳的人生开始下行,最终因无法摆脱毒品退出足坛。

退役后的马拉多纳并未从我们的视野中消失,他也乐于成为焦点。尽管长期以来,有关马拉多纳的负面新闻居多,但恰恰因为他是马拉多纳,我们并不觉得有什么不妥,哪怕他拿气枪打记者,直播时面对镜头爆粗。马拉多纳深受球迷喜爱,因为他有血有肉,是他们中的一员。谁不梦想有他那样的人生?

独特的迭戈,真实的迭戈

为什么那么多人爱迭戈?因为他真实、爷们儿。有个段子:劫匪拦下贝利的豪车,会向"球王"道歉;如果车里的是加林查,会拉上他去喝一杯。这就是贝利和加林查在球迷心目中的差距,一个是敬而远之的神,另一个是可以在一起胡闹的哥们儿。但谁混得好?加林查和马拉多纳是一类人,他们并不觉得自己高高在上,身边多的是狐朋狗党、酒肉朋友,借他们的名气发财,没准还坑害他们一屁股债。马拉多纳没把自己当神,人前人后一个样。这样的人,足坛已经绝迹了。只有神才有资格这么潇洒。

马拉多纳的一生,棱面如此之多,荣誉和丑闻、奉献和放浪,太多太多。他太独特,独特到他能做的别人做不来。贝利三膺世界杯冠军,身边群星璀璨,你我如数家珍。马拉多纳夺冠时的队友,你能记得几个?"贝皇"和"克圣"三夺欧冠冠军,身边皆不乏水平极高的队友。梅西和C罗的冠军和金球奖拿到手软,皇马、巴萨的阵容都是"白金"铸就。那不勒斯阵容不弱,但与前二者远不在一个量级。足坛还有谁像马拉多纳一般,将一支非主流球队背上冠军的宝座?还是两次!

马拉多纳的冠军是靠身体拼出来的,货真价实。没有裁判袒护,没有媒体呵护,没有中间商赚差价。他是在被对手踢得连滚带爬之后,带着浑身瘀肿走上领奖台的。光是1986年世界杯，他就被踢了53次，4届世界杯，他共被对手犯规152次，让对手吃了12张红黄牌。拿他当时受的侵犯对比今天，不知该给多少张红牌。知道那个"毕尔巴鄂屠夫"戈伊科切亚吗？马拉多纳腿断了，这哥们儿连黄牌都没有。

活着，开心地活着

马拉多纳在1986年世界杯对英格兰队连过5人的进球，让很多阿根廷球迷当场昏死过去，不仅因为他带球狂飙60多米，涮了半支英格兰队，更因为之前的"上帝之手"。4年前，英国军队远征夺回马岛，阿根廷举国蒙羞，这球让阿根廷人无比解气：让拉姆塞怒骂"畜生"！半决赛对比利时队的第2球同为传世佳作——原地启动，正面突破，纯靠假动作击破了比利时队后防。

对英格兰队的两个进球，浓缩了马拉多纳的人生：既有千里走单骑的惊艳，也有手球使诈的顽劣。在他摧城拔寨的英姿背后，是他吸食毒品、耽于酒色的放纵。那不勒斯为马拉多纳配的专车司机兼职为他拉皮条，据这哥们儿说，马拉多纳在那不勒斯约过的美女有八千！他在效力巴萨期间就已经是"瘾君子"了，但总能设法在比赛前清理"痕迹"。

如果你觉得马拉多纳这么牛，一定像C罗、梅西那样富可敌国，那就大错特错了。马拉多纳没攒下钱，后来因为手头拮据，不仅经常上电视，还包了一个栏目专门卖笑。马拉多纳能赚钱，但也很败家，被人骗了不知多少次，但他从不计较。他不把自己当企业，从不将挣钱作为人生目标。

他只想开心地活着。他也的确开心。

像迭戈一样抗争

王勤伯

天才需要一支球队,精灵只需要一个足球。马拉多纳对于足球史的意义,在于他对足球本身的超越。他在快乐与悲伤之间的急速飞升与跌落,像是一部浓缩的古希腊悲剧,剧里的神话人物在海空之间回旋,却又像寓言一样,处处揭示着人类千百年不变的欲望与困境。

1990年世界杯半决赛,阿根廷队和东道主意大利队战至点球大战,马拉多纳第4个出场射入点球后激情奔跑庆祝,阿根廷队前4个出场的球员全部命中,随后戈耶切亚扑出了塞雷纳的点球,阿根廷队晋级决赛。马拉多纳在自己的"主场"那不勒斯,淘汰了东道主意大利队。

你可以不喜欢马拉多纳,但你永远无法对他无动于衷。你可以谴责他违反了你遵守的社会规则,却又可能在某个自我沦陷的时刻钦佩起他的奋争。你可以认定他的各种信条只是源自愚蠢,但当你在一个内卷化日益严重的时代被压抑得喘不过气来时,你不得不偷偷承认,是那些高于你的权力与资本,认定了千千万万个自作聪明又自投罗网的你生而愚笨。

对我来说,迭戈·马拉多纳从来不是一个球星的成长与毁灭、进球与助攻、成功和失败、光荣和丑闻。他更像是一部让人永远想要回看的电影,那些熟悉的情节、动作、语言和噪声中,包含着关乎存在的各种启示。

我读过比利时人图森写的齐达内,也读过匈牙利人艾斯特哈兹写的普斯卡什,见过音乐家维罗索给罗纳尔多献歌《三个人妖》，也见过音乐家西古·布阿尔克和罗纳尔迪尼奥、贝利的音乐情缘。但我从未见过有足球明星像迭戈·马拉多纳一样，给世界上众多的艺术家带来创作的灵感。

迭戈·马拉多纳走进导演库斯图里卡的电影，走进歌手马努·超的单曲《生活是个博彩机》，走到作家卡帕罗斯的笔尖，走过那不勒斯歌手吉吉·达莱希奥的童年。

他不是一个去娱乐圈走穴的体育明星，他无论去到哪里，总是在传播和分享激情。如果说贝利的身边总是少不了天才又充满激情的队友，例如加林查、托斯唐，身边只有巴尔达诺、布鲁查加的马拉多纳，则是一首永恒的激情独奏曲。他的每一片段都是那么引发爱恨却又终极孤独，或者说，马拉多纳引发的强烈爱恨，都和他单枪匹马的身影密切相关。我时常问，谁会像迭戈一样在自己的告别赛上说："我曾犯错，但足球不容玷污。"

他的言论或许常有夸张和惊世骇俗，并因此掩盖了他从不缺乏的真知灼见。但这就是马拉多纳，就像"上帝之手"和"世纪进球"发生在同一场比赛，面对一个最让阿根廷人在意的对手，他是魔鬼和精灵、小偷与大师、诡计与天才的结合体，这种混杂让人又爱又恨，却又无可奈何。

但马拉多纳从未兜售过"像我一样，你就可以成为迭戈"的概念，他更不乞求原谅和消解，相反，他时常主动加深身上的责难。在他的一生中，拥有无数次的机会以另一种方式去兜售成功故事和偶像人设，但他从未失去一个精灵的本分：站在所有既定轨迹的对立面。

我一直记得少年时在书店里翻到过的一句马拉多纳的话，至今我仍未找到原文的出处。他说，如果你来自贫穷，你的生命将注定只有：抗争，抗争，抗争。

很多年过去，我在物质上从未成为一个成功者，但我觉得从未孤独过，迭戈的话总在陪伴我。抗争不是一种口号，也不是一种成就，我有足球，我即富有。

街头艺术家乔里特在那不勒斯沿海一栋大楼的侧墙绘制了一幅马拉多纳巨型画像。

凡人的神

陈硕麟

马拉多纳元素充斥着那不勒斯集市区的每个角落。闹市斑驳的墙上,人们或用涂鸦,或用不知从哪里剪下来的迭戈的照片,宣扬着那不勒斯对于阿根廷"球王"的"主权"。

那不勒斯当地的主保圣人是圣詹纳罗,20世纪90年代之后,其又有了"圣迭戈"。事实上,马拉多纳元素充斥在那不勒斯集市区的每个角落。闹市斑驳的墙上,人们或用涂鸦,或用不知从哪里剪下来的阿根廷人的照片,宣扬着这座城市对于阿根廷"球王"的"主权"。小商贩的货架上,马拉多纳的小塑像出现的频率一定是最高的,而往往与之相映成趣的,是旁边印上尤文图斯队标或者贝卢斯科尼头像的厕纸,这种可爱的物件,也许只存在于那不勒斯。

这些街头文化日积月累,成了那不勒斯一张另类的文化名片,而其中一些文艺创作者的灵感,又给这些街头文化增添了大量光彩。

那不勒斯有两面马拉多纳涂鸦墙最为著名,第一面来自1990年,当年阿根廷人带队赢得了第二个意甲冠军。那不勒斯居民决定集体募捐,为马拉多纳绘制一幅涂鸦来纪念其功绩,最终一位居住在西班牙区的画师马里奥·菲拉尔迪成为创作者。他花了三天两夜,仅用一张马拉多纳的小照片作为底稿，在这个区域绘制了一幅两层楼高的马拉多纳画像。在策划阶段还有一群那不勒斯青年非常活跃，但到了实操阶段，菲拉尔迪独立完成了全部，其他人最多只能打打下手，帮忙递送颜料和夜间照明。

涂鸦完成之后，那不勒斯人在马拉多纳的画像下面办了一场庆典，当时还有几家国外的媒体前来采访，有意思的是，因为这幅画像的面部正好画在了二楼房间的窗户上，所以每当有人打开窗户，都会引起居民的集体不满，因为这破坏了他们心目中神祇的面貌。

随着时间推移，颜料逐渐风化脱落，又因为住户开关窗户不可避免地会对涂鸦造成破坏，这幅画像后来经历过两次翻新。第一次翻新时，画师萨尔瓦托雷重新按照轮廓，为画像上了新的颜料。等到2017年，马拉多纳的老乡，阿根廷艺术家博索莱蒂被那不勒斯邀请来做街头画作，他先是在马拉多纳涂鸦墙旁边画了一幅贞洁女神，然后又将马拉多纳的面部重新绘制，相较菲拉尔迪的原版，博索莱蒂画上了真实的面庞。现在游客去西班牙区参观的话，看到的也是这一幅更逼真的马拉多纳画像。这幅街头作品能保留延续30年，也多亏了后来二楼房间业主的配合：相较自己房间的采光和马拉多纳，他更介意后者的形象被损毁。

在博索莱蒂重新绘制这幅经典涂鸦的同一年，另一位来自那不勒斯的街头艺术家乔里特在那不勒斯市郊绘制了第二幅马拉多纳的巨型画像。菲拉尔迪绘制第一幅涂鸦的1990年，乔里特刚刚出生，马拉多纳在1992年就已经离开那不勒斯前往塞维利亚踢球，但这不影响随后成长起来的那不勒斯青年对这位阿根廷人的崇拜，乔里特亦是其中之一。

乔里特的绘制工程更浩大，他选择了那不勒斯沿海的一栋大楼，把整栋楼的侧面当成了画板。与当年的菲拉尔迪不同，乔里特没有选择马拉多纳球员时代的形象，而是画了一个走上教坛之后蓄起胡须的阿根廷人。在涂鸦底部，乔里特写了一句话："凡人的神。"后来接受媒体采访时，乔里特解释了自己的创作动机，马拉多纳在踢球时有如神助，而阿根廷传奇后来为弱势群体发声，对毒瘾和酒瘾的抗争，让他的人性更加丰满。

敬贝利，爱迭戈

小中

有人问马拉多纳："贝利和你，谁最好？"马拉多纳风趣地答道："我妈认为是我，他妈认为是他。"

2022年12月29日，贝利去世当天，阿根廷布宜诺斯艾利斯街头，一位路人在一幅贝利亲吻马拉多纳的涂鸦面前拍照。

只要有历史，只要有人类，就会发生"关公战秦琼"式的比较。环视国际足坛，放眼足球历史，最大的一桩公案是"贝利和马拉多纳谁最好"。在马拉多纳出现之前，贝利是公认的"球王"，无与伦比。20世纪80年代，马拉多纳大红大紫，被人誉为新"球王"。不过，刚开始人们的观点是：贝利是真正的"球王"，是足球历史上最伟大的球员，而马拉多纳是他的继承人。

1982年世界杯时，舆论争论的是济科与马拉多纳谁更接近贝利。1990年世界杯期间，贝利给《号角报》写专栏，阿根廷体育报纸对他的介绍是"足球历史上最伟大球员"。一直到1998

年，在媒体上还不见贝利与马拉多纳谁更好的争论。

到了2000年12月，国际足联评选20世纪最佳球员，贝利在专家评委投票中获胜，而通过网络投票的球迷则选择了马拉多纳。在颁奖典礼上，贝利上台领奖，他邀请马拉多纳也上台，可气愤的马拉多纳已经拍屁股走人。那个时候，两大巨星就结了梁子。

不过也有人说，贝利与马拉多纳之争，不是两个人在争，而是巴西和阿根廷两个国家在争。两国关于谁家巨星是"球王"之争，早在1958年瑞典世界杯时就产生了，一直到1970年世界杯贝利永久加冕"球王"。在马拉多纳出现之前，阿根廷人曾拿迪斯蒂法诺跟贝利比较。1978年世界杯，梅诺蒂本来可以招马拉多纳进队，但他却没有。如果马拉多纳参加了那届世界杯，17岁就夺冠，正好跟贝利1958年夺冠时的年纪一样。可是梅诺蒂嫌马拉多纳年纪太小、缺乏经验，即使招了马拉多纳，可能也不会给他上场机会。

巴西人认为，马拉多纳无法跟贝利相提并论。马拉多纳是个天才，但他只有一只灵活的左脚，不像贝利那样可以左右开弓；马拉多纳头球很弱，其他方面也不如贝利那样全面；马拉多纳不是天生的射手，而贝利球员生涯进了一千多个球。不过，巴西人也承认，马拉多纳也是绝代巨星，他俩都是一个人扛起了一支球队。贝利帮助桑托斯成为一支世界足坛强队，马拉多纳则改写了那不勒斯的历史。

不过，巴西人对贝利的爱比不过阿根廷人对马拉多纳的爱与崇拜。巴西人不允许拿任何人跟贝利相提并论，贝利就是历史上最伟大的球员，但巴西人并不是特别喜爱贝利，因为在他们看来，贝利跟权力走得太近。贝利在国外比在巴西国内更受喜爱，而马拉多纳在阿根廷成了民族英雄，成了"神"，成了"上帝"。

实际上，贝利与马拉多纳之间的关系，并非外界所说的那样充满敌意。作为足球历史上的两位巨星，他俩是惺惺相惜的。2005年，马拉多纳在阿根廷主持一档谈话节目，名叫"10号之夜"，他邀请了贝利，贝利欣然前往。在节目中，两人互赠了签名球衣，贝利还透露，20世纪90年代末他曾想把马拉多纳请到桑托斯，让临近职业生涯尾声的马拉多纳为自己的母队踢上一两年，尽管最终没成功，但贝利尝试了。

在那次节目中，兴之所至，贝利还弹起吉他唱起歌，他唱着："马拉多纳，我是谁？你是谁？你想成为我，我想成为你。"节目要结束时，有人问马拉多纳："贝利和你，谁最好？"马拉多纳风趣地答道："我妈认为是我，他妈认为是他。"二人之间其实没有太多敌意，敌意来自巴西与阿根廷两个国家，是两国的媒体与民众渲染夸大的结果。

2020年10月23日，贝利过80大寿，10月30日，马拉多纳过了60岁生日。两位足球历史上最伟大的10号都是10月份出生，不知是巧合，还是天意。马拉多纳过世，贝利表达了哀痛："多么令人悲伤的消息，我失去了一位伟大的朋友，世界失去了一个传奇。有一天，我希望我们能在天堂一起踢球。"2022年12月29日，贝利在与病魔进行了长期的战斗后与世长辞，他可以履行自己的约定，和迭戈一起在天堂踢球了。

年轻时的马拉多纳和父母在海边度假。

家人&佳人

朱森

马拉多纳生性不羁，在情感生活上也充分体现了南美人的浪荡。

马拉多纳自幼家贫，父亲一开始当船工，后来去一家骨粉加工厂打工，一家十口人全靠他微薄的工资养活。迭戈是家中第五个孩子，有四个姐姐（安娜、丽塔、艾尔莎、玛莉亚）、两个弟弟（劳尔、乌戈）和一个妹妹（克劳迪娅），两个弟弟后来都成了职业球员，乌戈还当过阿根廷队U16的教练。

由于是第一个男孩子，父母对迭戈特别疼爱，让他随了父亲的名字，也叫迭戈。老迭戈是印第安和西班牙混血，母亲达尔玛·萨尔瓦多拉·弗兰科则是意大利和克罗地亚混血。人们尊称马拉多纳的父亲为唐迭戈（Don Diego），母亲则叫唐娜托塔（Dona Tota）。

马拉多纳生性不羁，在情感生活上也充分体现了南美人的浪荡。1989年，他和相恋多年的女友克劳迪娅成婚，育有女儿达尔玛（1987年）和贾妮娜（1989年）。迭戈和克劳迪娅的婚姻持续了15年，两人虽在2004年正式离婚，但几经离合一直保持着"家人"的关系。贾妮娜后来与阿圭罗结婚，为马拉多纳添了第一个外孙本哈明，不过两人已在2012年离婚。除了两个女儿，马拉多纳还有为数不少的私生子女，足以组成一支足球队。

马拉多纳曾说："在法律上我只有达尔玛和贾妮娜两个女儿，其他（子女）都是我的金钱和错误的产物。"效力那不勒斯期间，他和当地模特克里斯蒂安娜·西纳格拉的交往产生了小迭戈（1986年），但马拉多纳一直不认这个儿子，直到2016年父子才正式相认。除了小迭戈，马拉多纳公开承认并被法院判定的还有三女儿哈娜（1996年）和小儿子费尔南多。哈娜的母亲瓦莱里娅是夜店员工，和马拉多纳有过一段露水情缘。2013年，马拉多纳的长期女伴维罗妮卡为他生下费尔南多，不过在她怀孕期间，马拉多纳就已经抛弃了她。

2000年去古巴戒毒期间，马拉多纳与一名少女马维斯相识。据马维斯后来自述，当时她只有16岁。2001年马拉多纳举行告别赛，马维斯前往阿根廷，马拉多纳安排她做了隆乳手术，20多天的行程结果待了两个半月。

2019年，媒体声称马拉多纳在古巴有3名私生子，他的律师对外表示，如果得到亲子鉴定确认，迭戈愿意"承担责任"。当时贾妮娜公开嘲讽父亲："再添3个就可以凑齐一支足球队了。你可以做到的！"后来媒体又陆续曝出，马拉多纳在古巴其实有4个儿子，另外还和两名阿根廷女子有过3个孩子。

晚年马拉多纳和子女的关系并不好，在2019年的一次家庭争吵中，他威胁要把自己的全部财产捐出去。2020年60大寿，没能把所有亲人聚在身边，据称马拉多纳感到非常沮丧，并患上了抑郁症，不久便撒手人寰。马拉多纳去世后，又有不少"私生子"冒出来，要求做亲子鉴定，甚至企图阻止火化马拉多纳的遗体，他们都希望从马拉多纳的遗产中分一杯羹。

迭戈的世界没有尽头

王勤伯

迭戈是我们生命中所能见到最完整的现代社会挑战者，他比艺术家更具感染力和感召力，比革命家更加革命，因为他革命的目的不是征服、统治和占领。

我是谁？迭戈又是谁？无论迭戈·马拉多纳活着还是死去，他的存在都没有人可以用文字去囊括和解释。

我不确信所有人都能在迭戈这个名字面前体会到一种深刻的谦卑，我知道他常常被评价他的人一分为二：球场里的马拉多纳让对手和观众齐折腰，球场外的马拉多纳又让批评者以为自己天生占领着道德制高点。

不是吗？哪怕是那些温和的批评，也会略带惋惜地说，如果马拉多纳更理性一点，如果马拉多纳懂得节制一些，他本可以不这样。

那么，如果不这样，我们想要马拉多纳怎样？就像那些让人终生难忘的电影或戏剧里的悲剧人物，当他们被改造成温和批评者想要的样子，这是好意还是阴谋？

迭戈·马拉多纳的伟大，并不仅仅因为他的脚法出神入化，让一个又一个对手倒下，乱军之中取上将首级。更重要的是，马拉多纳总是把比赛踢成永恒。他可以让多年后的我们和多年前电视镜头里的现场观众一样，瞬间就醉了酒，突然掉进古希腊的狄俄尼索斯节，只想不顾一切——沉醉、忘我、放纵、痴迷、癫狂。

足球让我们习惯站在胜利和失败的角度去探讨每一个教练和球员，例如瓜迪奥拉、克洛普、穆里尼奥、弗利克，或者巴乔、范巴斯滕、卡萨诺、巴洛特利。但马拉多纳的存在，早已超越了比分的胜败。

　　看过马拉多纳，你的人生即已体会过胜利，且又不止胜利。体会过失败吗？是的，不止失败。

　　马拉多纳和比他更早成名的巨星的一大不同，是丰富的影音资料足以让任何一个后来者欣赏到他的场内魔力和场外风采。我从20世纪90年代才开始看球，1994年世界杯前几乎没看过现场直播，但这并不影响我对马拉多纳有深入的认识。

　　马拉多纳就是一个世界，他是我们白日梦里最想成为的英雄，也是夜晚噩梦里最不想成为的争议人物。人们前赴后继想把马拉多纳一分为二地看待，却又永远是徒劳。马拉多纳就是夜晚的太阳，让热爱创造力和离经叛道的人哈哈大笑，让秩序和规范的推崇者惶恐不安。

　　迭戈·马拉多纳确实会被他的挚友一分为二，比如多年御用体能师西诺里尼说过这样一句话："和迭戈在一起，我愿意去世界上任何地方；和马拉多纳在一起，我连街角都不愿去。"

　　这是有血有肉的迭戈和公共人物马拉多纳之间的分裂。迭戈是一个好伙伴，快乐、大方、热情慷慨；马拉多纳是被公众关注又撕扯的人物，常常悲伤，充满焦虑、愤怒，甚至做出愚蠢举动。

　　但没有人可以真正在球场内外把迭戈·马拉多纳一分为二，他是我们生命中所能见到最完整的现代社会挑战者，他比艺术家更具感染力和感召力，比革命家更加革命，因为他革命的目的不是征服、统治和占领。

　　曾写下畅销书《黑手党》的那不勒斯著名作家萨维亚诺说，迭戈·马拉多纳让像他父亲一样出生在贫穷外省的人，突然感到自己不再是失败者、无能者。这也是迭戈·马拉多纳把人们引入的世界。

　　他的球队并不总是冠军，但他的技艺却如此浑然天成，你总是会认为，足球在迭戈的脚下即是自己的胜利，他就像武侠小说里身怀绝技的英雄，他的技艺让所有精心设计的套路和模式显得无比笨拙。

　　然而，马拉多纳不是虚构的。

　　迭戈·马拉多纳的代入感是普世的。足球在他人脚下是足球，在马拉多纳脚下却象征着命运。命运在迭戈脚下滚动，随他掌控，看着迭戈踢球，就像看到世界掌控在自己手中。不仅那不勒斯穷人这样感觉，全世界不同角落的很多人，无论贫富，无论老少，无论男女，都有类似的体会。

　　是什么让人不由自主地想把自己深度代入马拉多纳游戏人生的狂喜和亢奋中？

　　是工业社会的无孔不入和无穷设计，是个体虚假的身份感和真实的飘摇感，是现实生活中无可避免的挫败、不适、卑微和沮丧。迭戈·马拉多纳就是足球，而且是足球所能制造的最真实的体验：让你从生活的牢笼里被释放！

　　前文提到我在迭戈这个名字面前感到的深刻谦卑，当然不仅是因为足球技艺，还因为我知道，以迭戈一样的真挚去面对世界几乎不可能。有多少正在影响世界、掌控无数人命运的大人物，愿意像迭戈一样总是坦白承认自己往昔的错误？他们才是傲慢无礼的，迭戈不是。

Johan Cruyff

约翰·克鲁伊夫

1947—2016

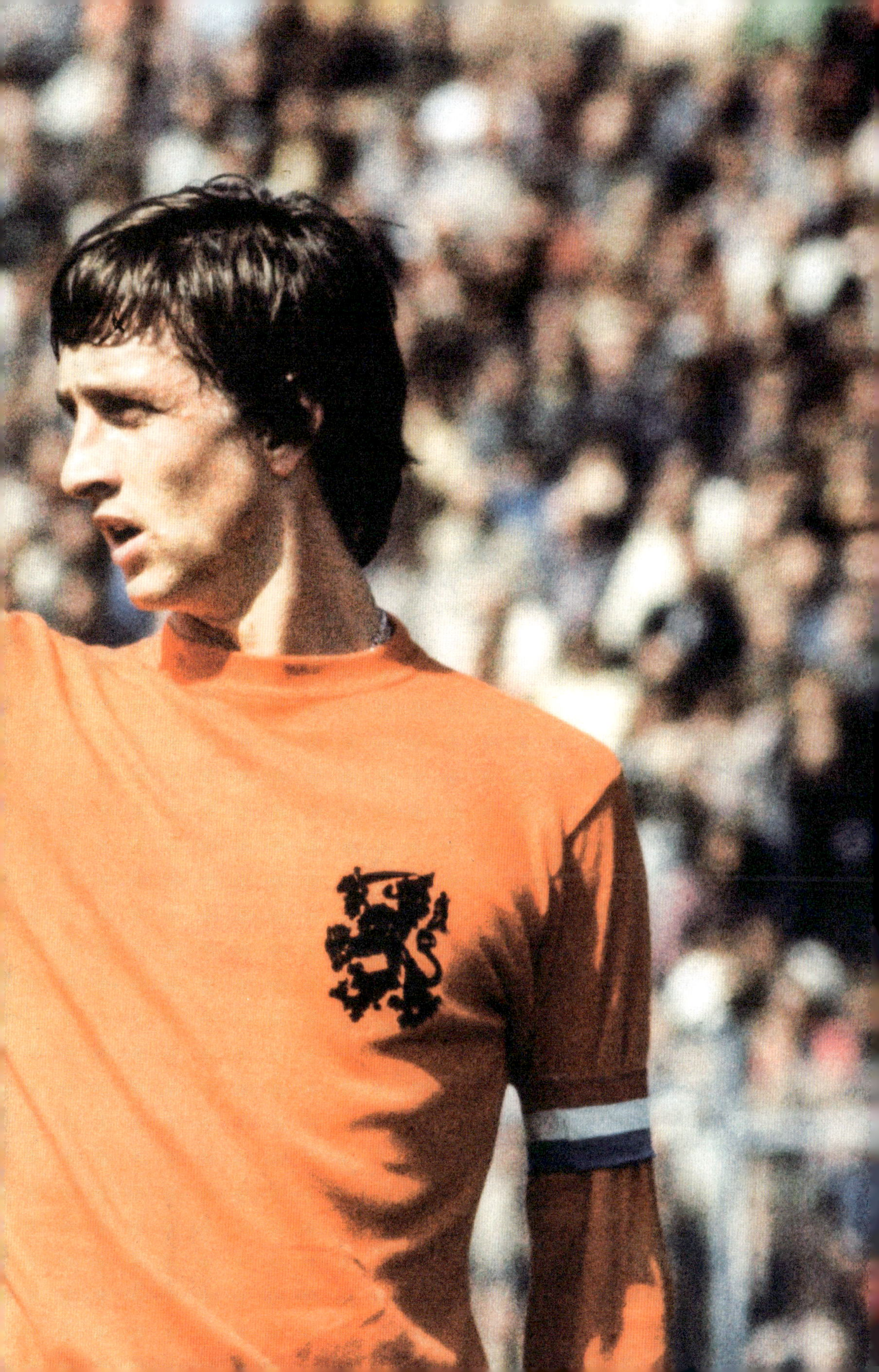

约翰·克鲁伊夫

生卒	1947年4月25日—2016年3月24日
国籍	荷兰
出生地	荷兰阿姆斯特丹
离世地	西班牙巴塞罗那
身高	1.80米
位置	前锋/进攻型中场

青年队生涯

1957—1964年	阿贾克斯	

俱乐部生涯

1964—1973年	阿贾克斯	329场257球
1973—1978年	巴塞罗那	227场85球
1979年	洛杉矶阿兹特克	26场15球
1980年	华盛顿外交官	26场10球
1981年	莱万特	10场2球
1981年	华盛顿外交官	5场2球
1981—1983年	阿贾克斯	46场16球
1983—1984年	费耶诺德	44场13球

国字号生涯

1966—1977年	荷兰队	48场33球

执教生涯

1985—1988年	阿贾克斯	胜率73.50%
1988—1996年	巴塞罗那	胜率58.14%
2009—2013年	加泰罗尼亚联队	胜率50.00%

执教荣誉

阿贾克斯
荷兰杯冠军×2
1985—1986、1986—1987赛季
欧洲优胜者杯冠军×1
1986—1987赛季

巴塞罗那
西甲冠军×4
1990—1991、1991—1992、1992—1993、1993—1994赛季
国王杯冠军×1
1989—1990赛季
西班牙超级杯冠军×3
1991、1992、1994年
欧冠冠军×1
1991—1992赛季
欧洲优胜者杯冠军×1
1988—1989赛季
欧洲超级杯冠军×1
1992年

个人荣誉

金球奖×3
1971、1973、1974年
荷兰年度最佳男运动员×2
1973、1974年
荷兰足球先生×3
1968、1972、1984年
荷甲最佳射手×2
1966—1967、1971—1972赛季
荷兰杯最佳射手×5
1966—1967、1967—1968、1969—1970、1970—1971、1971—1972赛季
欧冠最佳射手×1
1971—1972赛季
世界杯金球奖×1
1974年
世界杯最佳阵容×1
1974年
北美足球联赛最有价值球员×1
1979年
国际足联世界杯历史最佳阵容
1994年
20世纪世界最佳足球阵容
1998年
国际足联百大球星
2004年
劳伦斯世界体育奖终身成就奖
2006年
金球奖梦之队（第二阵容）
2020年
欧洲赛季最佳教练×1
1991—1992赛季

球员生涯团队荣誉

阿贾克斯
荷甲冠军×8
1965—1966、1966—1967、1967—1968、1969—1970、1971—1972、1972—1973、1981—1982、1982—1983赛季
荷兰杯冠军×5
1966—1967、1969—1970、1970—1971、1971—1972、1982—1983赛季
欧冠冠军×3
1970—1971、1971—1972、1972—1973赛季
欧洲超级杯冠军×1
1972年
洲际杯冠军×1
1972年

巴塞罗那
西甲冠军×1
1973—1974赛季
国王杯冠军×1
1977—1978赛季

费耶诺德
荷甲冠军×1
1983—1984赛季
荷兰杯冠军×1
1983—1984赛季

荷兰队
世界杯亚军×1
1974年
欧洲杯季军×1
1976年

14

克鲁伊夫踢球的时代，首发球员的球衣号码必须是1—11号，但1970年的一场荷甲比赛中，他把9号球衣让给了队友，从此开启身披14号的传奇人生。2007年，阿贾克斯在克鲁伊夫60岁生日时让该队14号球衣退役。

9

作为球员，克鲁伊夫在12个赛季里总共9次拿到荷甲冠军，该联赛历史上只有前埃因霍温的丹麦后卫扬·海因策曾经达到相同的夺冠次数。与此同时，在荷甲出场超过100场的球员之中，克鲁伊夫的出赛胜率最高，达到了80%。

7

足球历史上，总计有7位作为球员和主帅均拿到欧冠冠军的人物，包括米格尔·穆尼奥斯、特拉帕托尼、克鲁伊夫、安切洛蒂、里杰卡尔德、瓜迪奥拉和齐达内。只有最前面两位达成这一成就比克鲁伊夫更早。

3

克鲁伊夫是历史上第一位3次获得金球奖的球员。

200

1973年从阿贾克斯转会巴塞罗那，克鲁伊夫打破了当时的转会费纪录。其金额为600万荷兰盾，约合200万美元。

22+14

克鲁伊夫总计拿到过36座冠军奖杯，其中22座是球员时代的收获，挂靴从教之后，他又收获了14座。

33

克鲁伊夫代表荷兰队出赛48场打进33球，每当他有破门的时候，"橙衣军团"都不会输球——20场是胜利，平局有两场。

36

根据OPTA的统计，克鲁伊夫在1974年世界杯期间总计为队友创造36次机会，平均每场比赛5.1次。这一数据不仅仅远高于当届其他球员，与其他传奇球星在大赛中的表现相比也更为优秀——1970年世界杯的贝利是4.7次，1986年的马拉多纳是3.9次，2010年的哈维则为4.3次。

克鲁伊夫享有"球圣""荷兰飞人"等美誉。

全能"球圣"

闫羽

组织、突破、禁区抢点、头球、左脚、右脚……克鲁伊夫无所不能。虽然我们都知道这位"球圣"的伟大不仅仅源自他的球员身份,但荷兰人也确实把足球踢到了登峰造极的水准。

"革命性的人物""改变了足球",当我们回顾荷兰队传奇克鲁伊夫时,类似的形容总是不绝于耳。显而易见,这位划时代的巨星并不仅仅是"会飞"而已。那么,克鲁伊夫究竟是如何改变了足球?这个故事很长,也需要分成两大部分来说,因为他不仅仅是一位曾经站在顶点的球员,也是一位能够开宗立派的教练。

当然,人们脑海中那位飘逸潇洒的"克圣",他的舞台自然在绿茵场之上。

阿贾克斯精灵

"我的足球天赋从哪里来?这是一个谜题,肯定不是来自我的父亲或者爷爷,只有我的舅舅曾经代表阿贾克斯踢过几场球,司职左边锋。"在自传《克鲁伊夫:我的转身》中,荷兰人谈到了自己的"困惑"。与一些天资卓越、基因优秀的球员不同,克鲁伊夫并非"体育世家"的血脉,尽管他早逝的父亲对这项运动充满了热爱。灵感与天赋就像是上天的赏赐,正好砸在了这个出生于1947年的荷兰小子身上。

不过显而易见的是,环境对于克鲁伊夫的成长很重要,他生长在阿姆斯特丹的贝通多普地区,那里距离阿贾克斯的主场只有"扔块石头的距离"。依照克鲁伊夫本人回忆,小时候他的父母在距离球场几百米的地方开了一家果蔬店,这让他不会错过关于阿贾克斯的任何事情。"第一次进入座无虚席的球场,那对于我来说当然是难忘的记忆。当时我还不是球员,而是要在球门前用叉子松土来排水。当时我差不多也就8岁,那样的经历一辈子都不会忘掉。"

耳濡目染爱上足球,然后从阿贾克斯的青训体系开始足球之路,克鲁伊夫的传奇就这么拉开了序幕。加入阿贾克斯那天,正好是克鲁伊夫10岁的生日,在此之前,他其实已经在街头小有名气。到17岁时,克鲁伊夫开始为俱乐部的一线队出战,而那时的阿贾克斯并不太走运,1964—1965赛季球队仅位列荷甲第13名,一度有降级的风险——直到克鲁伊夫遇上他的"足球之父"米歇尔斯,一切才彻底转变。

从某种意义上来说,米歇尔斯和克鲁伊夫几乎是不可分割的,是前者的教导激发了"荷兰飞人"全能的才华,而后者也成就了米歇尔斯的足球哲学。"全能足球"即全攻全守足球,这一理论与早期足球体系不同,不再是防守与进攻分工鲜明,而是要求场上所有队员同时担当进攻和防守的任务。

1965年初,米歇尔斯接手阿贾克斯,到1965—1966赛季,18岁的克鲁伊夫就已经是队内的最佳射手,在23场各项赛事中打进了25球。那一年阿贾克斯时隔6年重夺联赛冠军,开启了又一段称霸荷甲的岁月。到1973年8月克鲁伊夫离开为止,球队8个赛季里6次夺得联赛冠军,只有2次屈居亚军。而在这8个赛季之内,克鲁伊夫一直是阿贾克斯的头号得分手。

欧洲之王

相比起整个足球生涯的辉煌,克鲁伊夫在荷甲内部的成绩不过是沧海一粟。他属于更大的舞台,在更广阔的空间里还有更突出的表现,比如欧冠。1966—1967赛季,阿贾克斯第3次参赛,尽管在1/4决赛中被淘汰,却已然震惊了欧洲足坛。彼时英格兰队刚刚夺得世界杯冠军,拥有大批名将的利物浦根本不把欧冠第2轮的对手阿贾克斯放在眼里,结果首回合却在阿姆斯特丹被打了个1比5。

名帅香克利赛后扬言要回主场7比0报仇,但最终次回合的结果却是2比2。克鲁伊夫在主场有过一粒进球,在安菲尔德又独中两元,把不可一世的利物浦淘汰出局。后来在评价这两场比赛时,米歇尔斯表示这是阿贾克斯在欧洲的起点:"这是我们第一次在欧洲战场上战胜豪门球队。对我来说,这就是阿贾克斯已经达到世界水平的证明。"而作为阿贾克斯的核心人物,克鲁伊夫也从此走向了世界。

不过那仍旧只是一个"小小的开始",其实1967年之后,阿贾克斯又连续征战两届欧冠,都只能算是在"积累经验",球队并没有立刻跻身欧洲豪门行列,直到20世纪70年代。从1970年

克鲁伊夫国家队生涯
1966—1977年

赛事	出场	进球
世界杯	7	3
欧洲杯	1	0
世界杯预选赛	12	10
欧洲杯预选赛	12	12
友谊赛	16	8
总计	48	33

1974年世界杯,荷兰队虽然决赛输给了联邦德国队,但克鲁伊夫的表演却永远被世界所铭记。

开始,米歇尔斯对球队进行了改造,从阵形变为"433"到鼓励中场和后卫球员参与进攻,这个荷兰教头把"踢球不拘泥于位置"的思想灌输到了每一名球员的脑海之中。

那个时候,阿贾克斯也汇聚了一批技术出众又能不惜体力快速奔跑的高手:内斯肯斯、瓦索维奇、阿里·汉、凯泽尔、苏尔比尔、克罗尔和穆赫伦……但最耀眼的还是克鲁伊夫,尽管年纪不大,克鲁伊夫却在队内拥有绝对的权威。他看似瘦弱的身躯里似乎蕴含着无穷的能量,以至于在球场的每个位置都能看见他。组织、突破、禁区抢点、头球、左脚、右脚……克鲁伊夫无所不能。

正是在"克圣"的引领下,阿贾克斯完成了欧冠三连冠壮举,即便米歇尔斯在1969—1970赛季夺冠后就转投巴塞罗那,主帅换成了罗马尼亚人斯特凡·科瓦奇。1970—1971赛季,伤愈复出后选择身穿14号球衣的克鲁伊夫,在欧冠决赛率队2比0击败希腊帕纳辛奈科斯后,风轻云淡地说道:"对手就像两年前的我们那般太过生涩,取胜理所当然。"仿佛一切早已注定。那一年,克鲁伊夫拿到了他三个金球奖中的第一个。

1971—1972赛季,克鲁伊夫与阿贾克斯继续高能输出。球队拿下欧冠、荷甲和荷兰杯的三冠王,克鲁伊夫也获得荷甲金靴奖,并在欧冠决赛对国际米兰时独中两元。当时荷兰媒体盛赞:克鲁伊夫只身一人就彻底摧毁了意大利的防守足球。再到1972—1973赛季小胜尤文图斯再度卫冕,阿贾克斯和克鲁伊夫无疑已稳稳站在了欧洲的顶点。

那一年阿贾克斯还曾在欧冠1/4决赛主场4比0大胜拜仁慕尼黑，将对手玩弄于股掌之间，克鲁伊夫也有一球入账。那场比赛在2005年曾被法国《队报》选为历史最佳欧战比赛，被称为"全攻全守足球最完美的展示"。

最好的亚军

算上职业生涯末年的两个赛季，克鲁伊夫总计为阿贾克斯的一线队效力了11个赛季。这里是他作为球员最成功的俱乐部，但并非唯一。1973年，由于在队内票选队长时失利，克鲁伊夫愤而出走转会至巴萨，很快就为该队带来了阔别14年之久的西甲冠军。再到1974年夏天，克鲁伊夫随"橙衣军团"出征世界杯，那又是一段令后世津津乐道的经历。

如果没有传说中的"赛前狂欢"，荷兰国家队能以更严肃认真的态度备战决赛的话，克鲁伊夫的王冠上也许还会增加一颗最亮的宝石。正如他本人在自传中所写："如果我们对联邦德国队能有对巴西队一半的重视，就会有不一样的结果。在2比0击败巴西队后，大家非常兴奋和满意，都没有人关心接下来的决赛了。"

然而即便饮恨决赛，"球圣"也在这一舞台上留下了永恒的经典：当开场哨响，荷兰人连续倒脚15次将球送到克鲁伊夫脚下，后者造成赫内斯在禁区内犯规并获判点球时，比赛时间只过去了不到1分钟，对手还没有碰到过足球。而在多年之后，克鲁伊夫也承认："总的来说，决赛失利没有让我多么悲伤，因为我们的足球风格振奋了全世界。"他还曾在接受采访时说过："我们是历史上最受欢迎的世界杯亚军。"

另外别忘了，1974年世界杯还有一个值得永远铭记的瞬间：在荷兰队对瑞典队的第一阶段小组赛较量中，克鲁伊夫于对方禁区左路面对瑞典队防守球员时，在背身被紧逼的情况下突然一个右脚扣球晃开对手，将速度、身体柔韧性和假动作完美地结合在一起，这一动作之后被誉为"克鲁伊夫转身"。

由于受1977年的绑架事件影响，克鲁伊夫在30岁就突然宣布退出国家队，因此没有参加1978年世界杯。而在1974—1975赛季跟随巴萨走到欧冠半决赛之后，克鲁伊夫也逐渐远离了这片舞台，当时的皇马太过强大，6个赛季5夺西甲冠军，让巴萨难以获得进入欧冠的机会。

到1977—1978赛季，克鲁伊夫在帮助巴萨拿到国王杯冠军之后，一度选择退役，但"退休生活"并没有持续太久。因为投资养猪场失败，克鲁伊夫损失了相当多的积蓄。他在1979年辗转到了美国，重新开始踢球直到1981年，中途还曾短暂加盟当时在西班牙乙级联赛的莱万特。

再后来，克鲁伊夫在34岁的年纪回到了阿贾克斯。在那个年代，这看上去绝对是落叶归根的养老选择，但"球圣"远非常人。他掀起的浪花不仅限于帮助阿贾克斯重夺荷甲冠军，还有在1983年转投死敌费耶诺德——就因为自己的老东家不愿意再给新合同。结果费耶诺德便在当赛季拿到荷甲和荷兰杯双冠王，克鲁伊夫则穿着另一种"红白球衫"正式退役，真是非常特殊的告别。

不过我们也知道，这仍然只是另一站的开始而已，克鲁伊夫之所以成为"球圣"，球踢得登峰造极只是原因之一。

克鲁伊夫俱乐部生涯

俱乐部	赛季	联赛			国内杯赛		欧战			其他		小计	
		赛事	出场	进球	出场	进球	赛事	出场	进球	出场	进球	出场	进球
阿贾克斯	1964—1965	荷甲	10	4	0	0	—	—	—	—	—	10	4
	1965—1966	荷甲	19	16	4	9	—	—	—	—	—	23	25
	1966—1967	荷甲	30	33	5	5	欧冠	6	3	—	—	41	41
	1967—1968	荷甲	33	27	5	6	欧冠	2	1	—	—	40	34
	1968—1969	荷甲	29	24	3	3	欧冠	10	6	1	1	43	34
	1969—1970	荷甲	33	23	5	6	博览会杯	8	4	—	—	46	33
	1970—1971	荷甲	25	21	6	5	欧冠	6	1	—	—	37	27
	1971—1972	荷甲	32	25	4	3	欧冠	9	5	—	—	45	33
	1972—1973	荷甲	32	17	0	0	欧冠	6	3	4	3	42	23
	1973—1974	荷甲	2	3	0	0	欧冠	0	0	0	0	2	3
	小计		245	193	32	37		47	23	5	4	329	257
巴塞罗那	1973—1974	西甲	26	16	12	8	联盟杯	0	0	—	—	38	24
	1974—1975	西甲	30	7	12	7	欧冠	8	0	—	—	50	14
	1975—1976	西甲	29	6	10	3	联盟杯	9	2	—	—	48	11
	1976—1977	西甲	30	14	9	6	联盟杯	7	5	—	—	46	25
	1977—1978	西甲	28	5	7	1	联盟杯	10	5	—	—	45	11
	小计		143	48	50	25		34	12	—	—	227	85
洛杉矶阿兹特克	1979	北美足球联赛	22	14	—	—	—	—	—	4	1	26	15
华盛顿外交官	1980	北美足球联赛	24	10	—	—	—	—	—	2	0	26	10
莱万特	1980—1981	西乙	10	2	0	0	—	—	—	—	—	10	2
华盛顿外交官	1981	北美足球联赛	5	2	—	—	—	—	—	—	—	5	2
阿贾克斯	1981—1982	荷甲	15	7	1	0	优胜者杯	0	0	—	—	16	7
	1982—1983	荷甲	21	7	7	2	欧冠	2	0	—	—	30	9
	小计		36	14	8	2		2	0	—	—	46	16
费耶诺德	1983—1984	荷甲	33	11	7	1	联盟杯	4	1	—	—	44	13
生涯总计			518	294	97	65		87	36	11	5	713	400

天生教父

闫羽

有些球星注定要走上执教之路改变世界。既是王者级超级巨星又是最顶尖帅才，而且对足球发展产生极深远影响，这样的人物有且只有克鲁伊夫。

"飞翔的荷兰人"在不飞的时候，也能极其深刻地影响足球这项运动。克鲁伊夫不仅仅是一位曾经站在最顶点的球员，也是一派宗师教练的楷模。某种意义上，"退居二线"的克鲁伊夫所获得的成就，或许比他在亲自冲锋陷阵时还要大，毕竟除了一大把的奖杯，荷兰人的足球哲学更是广为流传，恩泽后世。

克鲁伊夫是什么时候开始当教练的？只看资料，那就是1984年挂靴后，1985年在阿贾克斯

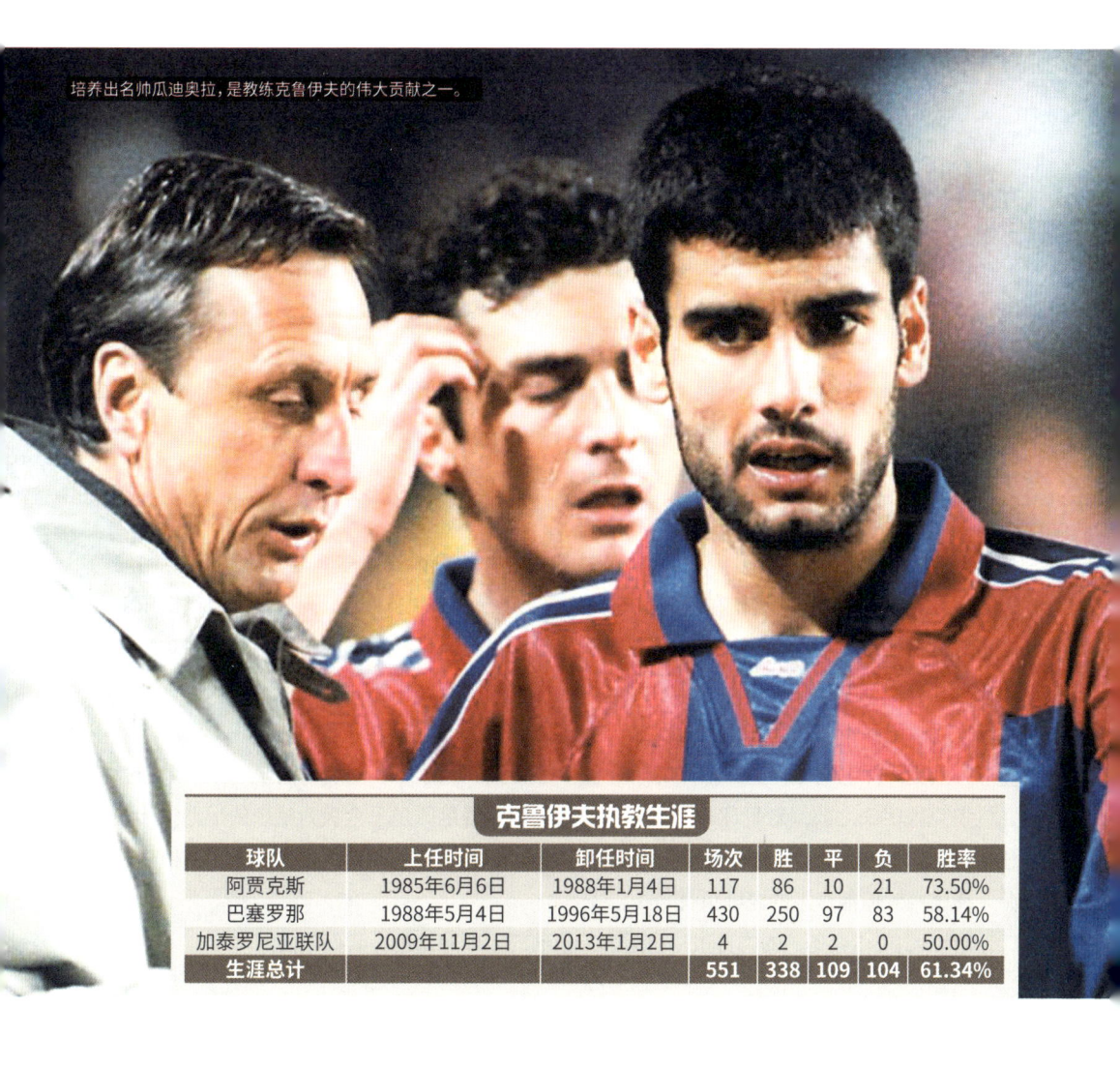

培养出名帅瓜迪奥拉，是教练克鲁伊夫的伟大贡献之一。

克鲁伊夫执教生涯

球队	上任时间	卸任时间	场次	胜	平	负	胜率
阿贾克斯	1985年6月6日	1988年1月4日	117	86	10	21	73.50%
巴塞罗那	1988年5月4日	1996年5月18日	430	250	97	83	58.14%
加泰罗尼亚联队	2009年11月2日	2013年1月2日	4	2	2	0	50.00%
生涯总计			551	338	109	104	61.34%

以新角色启航。但正如他不到10岁就展现出踢球天赋一样，克鲁伊夫的"执教才华"在他正式当上教练之前便已经显露——甚至可以追溯到他17岁的时候。据称第一次代表阿贾克斯一线队出战之时，克鲁伊夫就已经开始告诉队友，如何跑位才能更好地利用空间，而队友也真的会听这个瘦小少年的话，因为他确实说得没错。

等到阿贾克斯欧冠三连冠时，克鲁伊夫已然是球队当之无愧的"大脑"，尽管他并非主教练。克鲁伊夫当年的队友许尔斯霍夫曾回忆道："全队在一起讨论战术时，克鲁伊夫总在告诉我们，你应该往这儿跑，你应该站在那儿，什么时候都绝对不应该离开位置等。"而1980年下场"指点"阿贾克斯主帅本哈克那一幕，更是克鲁伊夫必然走上执教之路的最佳体现。

由于对足球有着极其深刻的理解，并且从年轻时就善于思考和表达，转行的克鲁伊夫果然成就卓越。1991—1992赛季他率领巴塞罗那拿到队史上第一座欧冠奖杯是最让人津津乐道的，那支拥有斯托伊奇科夫、罗纳德·科曼、大劳德鲁普和瓜迪奥拉等明星的球队后来也被称作"梦之队"。而在那之前，克鲁伊夫其实在阿贾克斯就已经带队夺得过3座杯赛奖杯，包括两届荷兰杯和1986—1987赛季的欧洲优胜者杯。

值得一提的是，克鲁伊夫曾经两度"无证执教"。最初在阿贾克斯时，他是以俱乐部技术总监的身份出现在场边的，直到1987年才拿到教练证。而到1988年接手巴塞罗那时，他又没有西班牙足协认可的证书，最终是足协临时举行了一次全体会议来投票确定是否赋予克鲁伊夫教练资格。"克圣"曾就此批驳道："请告诉我那些（教练培训班的）教师能教会我什么有效的战术？我不在意证书，是因为我对那些授课考试不感兴趣。"

作为最伟大的球员之一，也是最伟大的足球思想家之一，克鲁伊夫确实不需要凡人的证书来证明自己。球员时代他就玩转全攻全守，当上教练后更是大开脑洞创造出更多花式：中场控制、边路逆足、无锋……这类在如今看来仍然非常时髦的词汇，不少都是"球圣"从教时期的贡献。而除了自己动脑，克鲁伊夫也总是鼓励球员用脑子踢球："过去教练总爱让球员奔跑再奔跑，但我认为没必要跑那么多。足球是用头脑踢的，你应该做的是在正确的时间出现在正确的地点上，不要过早也不要延误。"

相比起20年的球员生涯，克鲁伊夫的执教时间并不算很长，在率领巴萨拿到包括4座西甲冠军奖杯和1座欧冠冠军奖杯在内的11座奖杯之后，荷兰人在1996年便结束了担当俱乐部主帅的历史，后来只友情指挥过加泰罗尼亚联队，但这也已经足够播下成功的种子。在拉马西亚青训营，克鲁伊夫早已注入了自己的哲学，让孩子们从小熟悉控球、传递以及用技术瓦解对手的足球理念，巴萨青训也因此不断涌现出天才选手，为后来的多次欧冠夺魁打下了基础。

影响更为深远的是，克鲁伊夫的战术思想造就了如今的名帅大师。瓜迪奥拉曾说过："我在认识克鲁伊夫之前，对足球一无所知。他让我们懂得足球是一个极为复杂的运动，而教练的任务就是学会控制它。"这位传控流足球的代表人物曾经向许多前辈取经，比如阿根廷的贝尔萨、梅诺蒂，但他真正的老师只有一个。

所以现在，"克圣"的肉身虽早已远去，但他的足球理念仍在我们眼前。

全能源代码

黄荣基

不少足球踢法并非克鲁伊夫独创，但他能以精湛的技术和意识将其演绎得出神入化、前无古人，而教练克鲁伊夫与球员克鲁伊夫又是一脉相承。

对大多数球迷而言，球员克鲁伊夫只存在于黑白视频集锦中，教练和教父克鲁伊夫则模糊地显现于铺天盖地的形而上讨论里。克鲁伊夫踢球时引领了20世纪70年代的全能足球潮流，那他在球场上到底是一个怎样的角色？克鲁伊夫安坐教练席时，他视线中的巴塞罗那球员又是怎样用传球和跑动肢解对手的？

组织中锋

"25岁的克鲁伊夫有着一个20世纪70年代的典型形象：嬉皮士一样的长发、天蓝色的眼睛和忧郁的眼神。克鲁伊夫的身形在荷甲联赛显得格格不入，1.80米却只有60公斤，感觉像是混淆了年代和国家——本来应该有一阵风把这粒冠军种子吹到高低起伏而且肥沃的拉丁土地上，但他却生长在更讲究身体和整体的平坦的荷兰低地。这就好比设想贝利在不求细腻的德甲中苦苦拼搏。"这是1971年克鲁伊夫第一次获得金球奖时，《法国足球》对他形象的描述。

20世纪70年代初，克鲁伊夫和阿贾克斯的队友带着全能足球席卷整个足球世界，在1971—1973年间接连斩获三座欧冠奖杯。但全能足球的概念时至今日依然显得新鲜，因为自20世纪70

年代的阿贾克斯和荷兰国家队后，已经没有哪支球队能完全重现这种革命式的打法。

如果说克鲁伊夫是现代传控足球的教父，那米歇尔斯就是克鲁伊夫的教父。就像牛顿和莱布尼茨同时发明了微积分，米歇尔斯和苏联的洛巴诺夫斯基也悟出了同样的足球之道。在他们看来，足球事关空间和如何控制空间：控球时让球场变大，有利于保持球权；不控球时让球场变小，增加对方保持控球的难度。这就是全能足球的精髓。

克鲁伊夫的中卫队友许尔斯霍夫说："全能足球的意思是进攻的某个球员也能参与防守，只是他得有能力这么做，这就够了。你创造空间，进入空间，如果球还没到，你就离开这片空间，另一名球员会进去。"反映到具体战术当中，米歇尔斯鼓励球员频繁交换位置，依靠队友提供协防保护；强调控球，整体阵形压得非常靠上；依赖富有侵略性的造越位战术防止对手反击……而在这一切当中，压迫是关键。所有这些，日后都能在瓜迪奥拉的球队中找到影子。

米歇尔斯的改革从"424"阵形开始，这一阵形由1954年的匈牙利队和1958年的巴西队发扬光大。在米歇尔斯执教阿贾克斯的首个完整赛季（1965—1966赛季），克鲁伊夫逐渐成为主力，他打的是中锋，穿9号球衣，从1966—1967赛季到1971—1972赛季，他每个赛季都排在荷甲射手榜前三，两次获得荷甲金靴奖。但克鲁伊夫身体瘦削，像他自己所说，唯一的出路是靠技术和头脑，就像20世纪50年代匈牙利队的希代古提——名义上是中锋，但常常从箭头的位置后撤参与组织，既能吸引防守为队友创造空间，自己也有一击致命的能力。

全能足球缩影

当年联邦德国队的中场大将奥夫拉特曾如此回忆对阵克鲁伊夫的感受："贝肯鲍尔是自由人，我是进攻组织者，席勒是射手，可是约翰能将这些工作一个人完成。"

从1970年开始，米歇尔斯把球队阵形变为"433"。克鲁伊夫也因为一次长期伤病，把9号球衣让给了队友穆赫伦，复出后改穿14号。变阵后球员的换位更容易了，因为阵形结构改善了，沿着边路和中路都可以换位。而在荷兰国家队，这一幕也得到了复制，并在1974年世界杯决赛圈中震惊世人。

1972—1973赛季，在阿贾克斯的最后一个完整赛季，克鲁伊夫的进球数大幅减少，创下了成为球队主力以来的个人单季最低值。但这不是因为荷兰人状态变差了，而是因为他承担了更多组织任务。同赛季欧冠1/4决赛首回合，阿贾克斯迎战贝肯鲍尔的拜仁，是役克鲁伊夫完成了三重防守任务，先是堵截贝肯鲍尔的组织；然后带着贴身盯防他的罗特靠近贝肯鲍尔，为队友创造空间；中场队友压上的时候，克鲁伊夫则回防保护。最终阿贾克斯4比0大胜，中场球员阿里·汉梅开二度，穆赫伦打进一球，克鲁伊夫锦上添花。

1973年转会巴萨时，加泰罗尼亚球队已经14年没有尝过联赛冠军的滋味。同期离开阿贾克斯的主教练斯特凡·科瓦奇说："克鲁伊夫带去的不仅仅是个人价值，有他在，其他球员的表现也会好起来。"赛季后半段，马西亚尔、阿森西和雷克萨奇等队友全面开火，巴萨领先上届冠军马竞8分夺冠（2分制），巴萨还在伯纳乌取得了5比0的大捷。

克鲁伊夫的进球少了，场上的影响力却与日俱增，为了躲避对手的贴身盯防和凶狠防守，克鲁伊夫的活动位置变得越来越靠后，范围也越来越大。尽管他是名义上的中锋，但经常回撤到中后场要球，然后组织进攻或者直接加速过人直插对手禁区。1974年世界杯决赛的第一球就是最典型的例子：开场不到1分钟，克鲁伊夫中场要球，加速盘球过贴身盯防他的福格茨，被赫内斯铲倒博得点球。可惜领先后的荷兰队却有点不思进取，最后被联邦德国队逆转夺冠。后来国际足联的赛事技术报告认为，克鲁伊夫本场过于后撤躲避福格茨的盯防，而与前场球员失去联系，是荷兰队进攻失去火花的重要原因。

中锋后撤组织进攻并非克鲁伊夫独创，但就以精湛的技术和意识把这一打法演绎得出神入化这一点，"球圣"却是前无古人。而拿起教鞭后，克鲁伊夫也多次在球队中复制这一打法，从劳德鲁普到罗马里奥，我们都能在他们身上找到克鲁伊夫自己当年的影子。当然，从能力与巨星魅力的角度讲，人们常常把"克圣"比作迪斯蒂法诺，而后来一度在巴萨叱咤风云的"MSN"组合：梅西—苏亚雷斯—内马尔，也容易让人联想到荷兰队的克鲁伊夫—凯泽尔—雷普。

传控之父

1980年11月，克鲁伊夫还没有挂靴的时候，就已经公开展露出了成为一名教练的潜质：阿贾克斯主场对阵特温特，不到半小时1比3落后，这时克鲁伊夫不声不响地从看台走到教练席，径直坐在时任主帅本哈克的身边，开始指指点点"指挥比赛"，最后的结果则是阿贾克斯5比3逆转取胜。

后来宝刀未老的克鲁伊夫又在荷甲踢了3个赛季，收获了3个联赛冠军，1984年才在费耶诺德挂靴。1985年克鲁伊夫在阿贾克斯正式成为教练，执教母队3年，没有拿过联赛冠军，但赢得两座荷兰杯奖杯和一个优胜者杯奖杯。第一赛季，阿贾克斯34轮打进120球，85个净胜球，却排在埃因霍温之后屈居第二。这似乎与克鲁伊夫的激进战术有关，他在传统"433"的基础上更进一步，把阵形升级为"343"。三名位置灵活的中卫外加一名活动范围较大的拖后中场——里杰卡尔德或丹尼·布林德——组成主要防守力量。中场两侧是两名控球型中场，前端是一名类似二前锋的攻击手。锋线是两名拉得很开的边锋，中间配以一名范巴斯滕那样的射手。

在门将的用人上，克鲁伊夫也很大胆，他选择了脚下技术出众的斯坦利·门佐，并鼓励他在球队压上时主动出击充当清道夫，算是"门卫"的先行者——日后巴萨的巴尔德斯和拜仁的诺伊尔的踢法与此一脉相承。这种菱形中场"343"阵形一直影响到范加尔率阿贾克斯夺得1994—1995赛季欧冠冠军——里杰卡尔德担任拖后中场，两侧是西多夫和戴维斯，锋线箭头是利特马宁。

1988年，克鲁伊夫以教练身份回归诺坎普，1978年他离队前建议主席努涅斯建立的拉马西亚青训营开始结出硕果。在巴塞罗那，克鲁伊夫的足球理念有了更宽广的舞台，在他的"343"系统中，几乎每名球员的定义都与过去不一样。菱形中场的底端一开始由防守稳健、长传能力绝佳的罗纳德·科曼担任，1990—1991赛季克鲁伊夫在拉马西亚发掘了身材瘦削的瓜迪奥拉，从此巴萨的中场几乎清一色地变成矮个子的天下：阿莫尔、欧塞维奥、戈耶科切亚、巴克罗等等都是1.70米出头，再到日后的德拉佩纳、哈维、伊涅斯塔都是一个路数。

科曼后撤到后卫线的居中位置，两侧是助攻能力出色的费雷尔和南多。锋线上左脚将斯托伊奇科夫常常在右路活动，便于内切射门，出于同样原因，右脚将贝吉里斯坦居左，劳德鲁普担任名义上的中锋，实则和克鲁伊夫当年类似，经常后撤到中场活动。逆足边锋内切射门不是克鲁伊夫首创，但系统地安排两侧逆足边锋和中锋的联动配合，克鲁伊夫绝对算教祖。

值得一说的是，克鲁伊夫也并非中锋之友，他上任的第一赛季常要求莱因克尔后撤或拉到边路为队友创造空间，但一个赛季后英格兰人便被卖走了。替代者先是劳德鲁普，然后是罗马里奥——巴西人既是彻头彻尾的"禁区之狐"，具备良好的脚下技术，又能后撤吸引防守并参与组织。

出于球员身体素质、足球文化等各种原因，克鲁伊夫在巴塞罗那不可能照搬当年阿贾克斯的极端压迫打法，但很多元素从米歇尔斯掌印巴萨以来便植根下来，并在克鲁伊夫任下得到系统性加强。此后瓜迪奥拉时期的梅西假中锋踢法、前场失球第一时间围抢、造越位战术、以犯规破坏对手反击等，都是全能足球潜移默化的结果。

教练克鲁伊夫与球员克鲁伊夫一脉相承，但执教阿贾克斯很难生搬硬套，因而到了巴塞罗那，全能足球的哲学加入了更多控球元素，节奏也相对变慢。阿贾克斯的前锋斯瓦特说过："我们能进行60分钟压迫。从来没见过别的队能做到，哪儿都没有。"虽然随着营养学和运动科学的进步，球员的体能和围抢能力早已越来越强，但克鲁伊夫和他的球队却能在几十年前做到如此程度，着实有开天辟地的感觉。从各个层面上来说，克鲁伊夫也是今日"传控大师"瓜迪奥拉的造就者。

哲思圣言

程征

他，
赞美足球，
也敢于嘲笑整个世界。

身为时代先锋，克鲁伊夫一生中有不少精辟言谈和绝妙论述。而作为足球界的哲学家，他时而简单到令人费解、时而复杂到"荒谬"的论点，不知启发了多少同样善于思考、勇于创新的人走上足球的革新之路。

足球世界观

- 踢足球很简单，但踢简单足球最困难。
- 简洁的打法最可贵。你何时见过一记40米的长传只踢20米就够的？方案越简单，实现起来越难。
- 如果身边有5米空间，谁都会踢球。
- 如果你4比0领先而比赛还剩10分钟，最好打几次门柱让观众发出"哇哦"的叫声。我特别喜欢听到球狠狠击中门框的那个声音。
- 要踢充满魅力的足球，要踢攻势足球，永远要当最出彩的。
- 如果我们控制着球，对方就不可能进球。
- 如果你脚下有球就没必要防守，因为场上只有一个球。
- 上场踢球就要享受足球。相比1比0，我更喜欢5比4。
- 意大利人没法赢球，但你能输给他们。
- 在一场轻松比赛中最难办的就是：让很弱的对手踢得很差。
- 如果你能一脚触球，非常好；如果两脚，还不错；三脚，差劲。
- 人们总是把"速度"和"预判"混为一谈。如果我比其他人先开始跑，就好像我的速度更快。
- 想要球队踢得好，就需要好球员。但好球员大多都有效率低的问题。他们总想干一些实际需要之外的漂亮事。

足球方法论

- 球要这样踢：就像你从来不会犯错，而且一旦犯错也不会被吓到。

- 我的前锋只要跑15米就好，那样他们既不会变傻，也不会睡着。

- 所有教练都在讲跑动，要拼命跑。我说没必要跑那么多。足球要用头脑去踢，要在恰当的时间出现在恰当的地点，不能太早，也不能太晚。

- 我希望球员在小范围内进行决定性的跑位，所以需要他们尽可能地少浪费体力，将能量用到关键动作上。

- 球员应该具备踢场上所有位置的能力。所以在进行战术讲解时，所有人都必须认真听。讲右后卫时，左边锋绝不能睡觉。

- 如果对手球队中有一个很聪明的球员，总是能摆脱盯防，那我们的对策就简单了：谁也不盯他，那样他就没得可摆脱。

- 如果对手有两个好前锋，一个9分，另一个8分。一般人会让本方的9分后卫去盯那个9分的，让8分去跟防8分的。我们不这么办。我们让最好的后卫去防那个8分的前锋，立刻少了一个问题。

评己论人

- 某种意义上讲，我大概是不朽的。

- 我有点奇怪，是个职业理想主义者。你们也该这样看待我。

- 我从不犯错，因为我有不会犯错的毛病。

- 我们向世界证明：作为球员可以笑着去享受，可以活得很精彩。我代表一个时代，证明足球非常有趣，且在娱乐的同时能够赢得荣誉。

- 当代足球有个大问题，领导们懂得太少。

- 钱应该花在场上，而不是存在银行里。（谈巴萨主席在冬窗不投入）

- 没有哪支球队跑得比巴萨更少。球队总在控制球，控制着比赛节奏，决定该怎么踢。因为球只有一个，所以控球的人说了算。

- 不存在所谓世界最佳球员，因为有那么多不同位置……很难说谁是最好的。（在巴萨）梅西是最出彩的，最好的球员是哈维。

- 也许穆里尼奥私下里人很好，而且是个很好的教练，可他展现给大家的并非如此。

处世哲学

- 如果谁打算用约尔迪（其子小克鲁伊夫）来对抗我，那他得做好准备。我会带上手枪，因为光带刀似乎不够用。

- 任何劣势都有它的优势。

- 在盲人国，斜眼的人是国王。但他终究还是斜眼。

14号，14件轶事

抽烟、唱歌、养猪……除了踢球，克鲁伊夫还有不少故事。

闫羽

关于克鲁伊夫的故事，你也许知道很多，但每当重读起来，也总是难免有所触动。这里就列出伟大14号的14件轶事，让我们重温一番这位大师生前的点滴。

1. 与烟草的斗争

克鲁伊夫因肺癌而去世，尽管其病因并未被详细披露，但多年的吸烟史无疑是最可能的病因。年少时克鲁伊夫就开始吸烟，成为职业球员后也并未中断。到执教巴萨时，克鲁伊夫也经常叼着烟卷出现在教练席，直到心脏出现问题。后来克鲁伊夫一度用棒棒糖替代香烟，帮助自己戒烟。在他去世后，有不少球迷在自发悼念时也为他送上了棒棒糖，以表哀思。

2. 钟情14号的原因

对于克鲁伊夫偏好14号一事，一直有一些不同的说法。其队友穆赫伦表示，当时阿贾克斯新换了衣篮，自己的7号球衣找不到了，结果刚刚伤愈复出的克鲁伊夫对他说："穿我的吧（9号），我穿14号。"从那以后，14号就逐渐成了"克圣"的标志。这看起来像是一次巧合，但多年后克鲁伊夫在自传中表示，其人生中有关日期和数字的决定，都是在他深思熟虑后决定的。

3.小克鲁伊夫的名字

1974年，克鲁伊夫的儿子出生时，正为巴塞罗那效力的他希望给儿子取"Jordi"这个加泰罗尼亚名字。当时西班牙正处在佛朗哥时期的高压统治下，新生儿被禁止取加泰罗尼亚名字，不过最终，克鲁伊夫还是成功地将其子命名为"Jordi"，原因则是小克鲁伊夫拥有荷兰和西班牙双重国籍。

4.教巴尔达诺"做人"

皇马名宿巴尔达诺曾回忆称，在自己20岁效力西乙阿拉维斯期间，曾与效力于巴萨的克鲁伊夫有过一次"对峙"。在一场杯赛较量中，克鲁伊夫制造点球后胳膊夹着球指挥队医进场治疗队友。而在此之前防守荷兰人的巴尔达诺则颇为不服，上前揶揄反遭克鲁伊夫回呛。身高不过1.80米的荷兰人把手搭在1.88米的巴尔达诺肩膀上，同时盛气凌人地说道："克鲁伊夫20岁时，大家都已称呼他为'您'了。"

5."选举"失利促成牵手巴萨

早在加盟巴萨的两年前，克鲁伊夫就同巴萨有过接触，但其高昂的身价和当时西甲的外援限令使转会操作困难重重。1973年，克鲁伊夫在阿贾克斯队内的队长投票选举中失利，这成为他下决心离开的重要因素。在时任巴萨主席蒙塔尔的运作下，克鲁伊夫最终以创当时转会纪录的身价来到巴萨。

6.世界杯穿特制球衣

1974年作为队长率领荷兰队出战世界杯时，克鲁伊夫的球衣袖子上有"两条杠"，而他队友的球衣则是阿迪达斯标志性的三根平行线。这是为何？因为阿迪达斯是荷兰国家队的赞助商，而克鲁伊夫的个人赞助商又是彪马。两家公司没能达成协议，克鲁伊夫也不打算彻底屈服，甚至曾以"退出国家队"相逼，于是乎就有了这件特制的比赛服。

7.狂热赌徒

这是西班牙《马卡报》透露的一个故事。据称执教巴萨期间，克鲁伊夫曾与弟子斯托伊奇科夫打赌，若保加利亚前锋在对阵特内里费的比赛中没能取得进球，就要输给克鲁伊夫600欧元。结果巴萨主帅赢了，那一场克鲁伊夫在半场结束后就换下了斯托伊奇科夫。

8. 因绑架事件缺席世界杯

克鲁伊夫在1977年10月宣布退出国家队，参加了世预赛却缺席了1978年世界杯，这件事给"橙衣军团"乃至世界足坛都留下了无尽遗憾。多年以后，克鲁伊夫吐露心声，表示自己真正的缺席原因是担心家人的安全。他和他的家人在1977年遭到了绑架，虽然匪徒很快被制服未能真正得逞，但在后来的好几个月里，克鲁伊夫一家人都需要生活在警察的保护下。

9."指点"主帅本哈克

1980年11月的一场比赛，由本哈克指挥的阿贾克斯1比3落后于特温特，看台上观战的克鲁伊夫有些坐不住了，遂走下看台为球队主帅"建言献策"——当时刚刚结束又一赛季的美国之行，还没有彻底回到欧洲踢球的阿贾克斯前队长直接坐到了教练席上。而在克鲁伊夫的"参与"下，那一战阿贾克斯最终以5比3逆转。后来克鲁伊夫果然成了一位名帅，1988年他入主巴塞罗那之时，本哈克正好是皇马主帅。

10. 紧急撤回的换人指令

1991—1992赛季欧冠决赛，巴萨与桑普多利亚激战整场，在比赛还剩10分钟时，主帅克鲁伊夫原本希望将科曼换下。但在此时，巴萨获得前场任意球，科曼大力施射破门，为巴萨取得了1比0的领先。进球后，克鲁伊夫第一时间撤销了换人请求，巴萨也在那场决赛中笑到了最后。

11."球圣"也唱歌

1969年，克鲁伊夫曾录制推出过一首名为《Oei Oei Oei (Dat Was Me Weer Een Loei)》的单曲唱片，曲名大意为"哦，哦，哦，又是一击"。该单曲由荷兰语摇滚音乐的开创者彼得·库勒韦因谱写，也是克鲁伊夫发行过的唯一一首歌。据唱片的制作人事后透露，克鲁伊夫最初怎么也唱不好，因为他没有节奏感，也显得相当紧张。后来是在酒精的帮助下才放松下来，完成了录制。

12. 退役被猪坑

作为球员，克鲁伊夫踢到了37岁，但他原本的计划是在31岁时挂靴。在1978年离开巴塞罗那之后，克鲁伊夫在一位邻居的"劝说"下投资了养猪场，结果血本无归。"球圣"后来在自传中写道："有时候非得有人指出你是在自欺欺人，你才会意识到自己有多愚蠢，然后必须承认自己的错误：你对猪根本不感兴趣。"在那之后，克鲁伊夫便重返了足球老本行。

13. 索要门票收入

1981年加盟西乙莱万特时，克鲁伊夫仍需要资金来填补此前的投资亏空，而莱万特在其加盟时也曾向荷兰人许诺给予门票收入分成。据称在一场客战阿拉维斯的比赛后，克鲁伊夫还向对方球队主席索要一半的门票收入，但遭到了拒绝。

克鲁伊夫曾有很大的烟瘾，戒烟时变成了用棒棒糖代替。

14.偷懒有高招

"我踢球的时候尤其痛恨跑步训练，只要进入树林里，我想的就是不要完成全部跑步距离。我会躲在树后面，希望不要有人在跑步的时候点人头。"在效力阿贾克斯期间，克鲁伊夫也会在训练时偷懒，躲起来等到队友跑完一圈回到原地时再加入队伍。后来这一把戏被当时的主帅米歇尔斯发现了，体能训练要求严格的后者便惩罚克鲁伊夫在假期内的一天大清早去跑步——不过由于当天太冷，米歇尔斯还是放过了爱徒。

足球因他不同

林良锋

单是功成名就，克鲁伊夫充其量不过是一时之王，但他却将全能足球的理想化为信仰，为日益功利的足坛留下宝贵的纯粹遗产。

他是足坛的灯塔。

克鲁伊夫早已远去，我们再也无法聆听大师的教诲，只能从语录中体会他对足球的热爱和布道，从片段中领略他高超的技巧和超凡的意识。看贝利和马拉多纳踢球，你欣赏的是人体驾驭足球的终极能力；看尤西比奥和贝斯特踢球，你会为他们身上的野性感到震撼；看克鲁伊夫踢球，让你惊叹足球竟会思考。你可能不懂伦勃朗，欣赏不来梵高，但这个星球上有20亿人知道克鲁伊夫。他不仅让你因他的胜利喜悦，更让你因他胜利的方式陶醉。

足球的涅槃

克鲁伊夫的足球生涯传奇而纯粹，能力、成就、创造、传承样样不缺，连与世界杯失之交臂这样的缺憾也充满了美感。试问谁跻身世界杯决赛空手而回，却能像他那样被世人铭记？尽管大赛失意，克鲁伊夫却收获了足坛的敬意和球迷的感激，是他将种子播撒在有志献身这项运动的年轻人心中，是他用童趣感染了酷爱这项运动的普罗大众。大师踢球出神入化，"有场面而无成绩毫无意义，有成绩却无场面则十分无聊"，更在执教上将足球带到新的境界，"踢球很简单，想把球踢得简单却极难"。克鲁伊夫超越了踢球和执教，他是足球的化身，是足球的涅槃。

克鲁伊夫生于欧洲战后重建的艰难岁月，住址距阿贾克斯老德梅尔球场咫尺之遥。他的童年在街头和同学们踢球中度过，因母亲在阿贾克斯当清洁工，克鲁伊夫自小受该队风格的熏陶。父亲去世后，他立志成为一名职业球员告慰父亲在天之灵。克鲁伊夫身材瘦削，却极有运动天赋，速度、弹跳、平衡、球感，尤其是视野和想象力，无一不是同龄人中的翘楚，17岁便代表阿贾克斯在荷甲上演处子秀，首秀便有进球。

从此，进球便是克鲁伊夫职业生涯的符号，而进得美妙是他的招牌。从记载他在荷甲、西甲、世界杯上摧城拔寨的影片中，人们为他极富观赏性的技术动作屏息折服，凌空、倒钩、弧线、重炮、单刀、妙传、轻柔刚劲、张弛缓急，如华彩的乐章，如节日的礼炮。

你能做到的，他做到极致。还记得他在世界杯对巴西队的那一脚凌空铲射吗？你做不到但能想到的，他做得鬼斧神工。还记得西甲巴萨对马竞，他在左路纵身一跃，凌空用右脚将传中球踹进大门吗？你做不到甚至想不到的，比如那个世界杯上大转身（这个动作后来以他的姓氏命名），他做得妙到毫巅。荷甲阿贾克斯对埃因霍温，他在边线处将一记长传球连停带过化为单刀球，随即抽射死角一气呵成。就连罚个点球，他也能灵机一动，玩出配合的花招来。正是这些充满画面感的进球，拉近了克鲁伊夫和球迷心灵间的距离，令人为大师的倾情演出深深感动。

全攻全守信仰

如果只有惊世骇俗的进球（职业生涯400球）和摄魂夺魄的盘带，克鲁伊夫难成一代"球王"。所谓王者，有功勋、有征服、有霸气，缺一不可。他是历史上第一位三膺金球奖的巨星，9次荷甲冠军、1次西甲冠军、欧冠3连冠，勋绩等身。转会巴萨第一个赛季，便为该队夺得暌违14年的西甲冠军，让全能足球在此扎根。

有部荷兰人拍的专题纪录片《人生此时》，记述了克鲁伊夫如何俘获加泰罗尼亚人的心，对马竞的那粒进球以及客场对皇马的5比0大胜，都镌刻在巴萨球迷心中。在链式防守窒息进攻的年代，克鲁伊夫代表的阿贾克斯两次在欧冠决赛击败意大利球队，全能足球开疆拓土，点燃了欧洲，照亮了世界。克鲁伊夫拿球，总以摧枯拉朽之势闯关，甩掉一个、两个、三个直至球门前。光是那分豪情，足以让世人顶礼膜拜——回传？开玩笑！

即使功成名就，克鲁伊夫充其量不过是"球王"，他将全能足球的理想化为信仰，为日益功利的足坛留下宝贵的纯粹遗产，让"球王"升华为"球圣"。球踢得好的人比比皆是，但将正道普及教化，是功德无量的善举。很多退役球员说起来天下无敌，教起来无能为力。大师不仅执教一流，带阿贾克斯和巴萨都硕果累累，还在异国他乡推行独树一帜的打法，为后世发扬光大全能足球奠定了坚实的基础。

他带巴萨夺得历史上第一座欧冠奖杯，是控球和空间完美的结晶，也为后来该队独步天下播下种子，其弟子瓜迪奥拉亦为一代宗师。更值得世人赞同的，是克鲁伊夫不以金钱定义成功："为什么你不能击败更有钱的俱乐部？我从未见过一口袋钱能进球！"他以百年树人的仁心，教诲后世栽培新秀。在他的倡导下，拉玛西亚成为足坛青训的楷模，人才辈出，芝兰玉树，梅西便是皇冠上的明珠。

克鲁伊夫贵为"球圣"，却不虚伪拜金，珍惜羽毛，不出卖良知牟取私利，真性情，有爱心。儿时清贫，他深知财政独立的重要性，球员时代维护自身权利毫不谦让，喊出了"我不愿从自己口袋偷钱"的口号；不满国家队出访时比赛球员坐经济舱，而足协官员坐头等舱，促成全体代表团一视同仁；当个人和国家队赞助商利益冲突，毫不犹豫捍卫前者，世界杯上就他一人不穿国家队赞助商提供的装备。

当家人的安危受到威胁，他又放弃了第二次代表荷兰队出征世界杯的机会，名利在家庭面前总是次要的。封鞭后，克鲁伊夫创办了个人名义的基金会和运动学院，帮助穷人的孩子借足球拥有完整的人生，帮助有志青年求学上进。桃李不言，下自成蹊，克鲁伊夫的足球理想泽被后世。

大师追求简单的足球，简单的足球却并不容易，"如果我想让你明白，会解释得更透彻"。这句名言也许最能诠释克鲁伊夫充满魅力的传奇一生。

> **克鲁伊夫14条**

在每一座克鲁伊夫捐助或者以其名义修建的训练场边,都会有"14条"标识,内容由"球圣"本人制定,包含了踢球与做人的准则。

1. 团队合作者:当要完成任务时,你们必须一起完成。
2. 责任:把所有事都当作是自己的事情一样好好对待。
3. 尊重:互相尊重。
4. 融合:让他人参与你的活动。
5. 主动性:敢于尝试新事物。
6. 指导:在团队内部始终互相帮助。
7. 个性:做你自己。
8. 社会参与:互动是至关重要的,无论是在体育还是生活中。
9. 技术:了解基本知识。
10. 战术:知道该怎么做。
11. 发展:体育能强健身体和灵魂。
12. 学习:尝试每天学习一些新的东西。
13. 一起玩:任何游戏的一个重要部分。
14. 创造性:为运动带来美感。

Alfredo Di Stéfano

阿尔弗雷多·迪斯蒂法诺

1926—2014

生卒	1926年7月4日—2014年7月7日
国籍	阿根廷/西班牙
出生地	阿根廷布宜诺斯艾利斯
离世地	西班牙马德里
身高	1.78米
位置	前锋/进攻型中场

青年队生涯

1940—1943年	进步者联盟	
1944—1945年	河床	

俱乐部生涯

1945—1949年	河床	75场55球
1945—1946年	飓风（租借）	27场10球
1949—1953年	百万富翁	111场93球
1953—1964年	皇家马德里	396场308球
1964—1966年	西班牙人	60场14球

国字号生涯

1947年	阿根廷队	6场6球
1957—1961年	西班牙队	31场23球

执教生涯

1967—1968年	埃尔切	胜率20.00%
1969—1970年	博卡青年	胜率64.00%
1970—1974年	瓦伦西亚	胜率47.65%
1974年	里斯本竞技	胜率54.00%
1975—1976年	巴列卡诺	胜率40.74%
1976—1977年	卡斯特利翁	胜率35.70%
1979—1980年	瓦伦西亚	胜率40.00%
1981—1982年	河床	胜率39.47%
1982—1984年	皇家马德里	胜率59.26%
1985年	博卡青年	胜率39.30%
1986—1988年	瓦伦西亚	胜率43.75%
1990—1991年	皇家马德里	胜率38.90%

球员生涯团队荣誉

河床
阿甲冠军x2
1945、1947年
拉普拉塔河杯冠军x1
1947年

百万富翁
哥伦比亚甲级联赛冠军x3
1949、1951、1952年
哥伦比亚杯冠军x1
1953年
小世俱杯冠军x1
1953年

皇家马德里
西甲冠军x8
1953—1954、1954—1955、1956—1957、
1957—1958、1960—1961、1961—1962、
1962—1963、1963—1964赛季
大元帅杯（国王杯）冠军x1
1961—1962赛季
欧冠冠军x5
1955—1956、1956—1957、1957—1958、
1958—1959、1959—1960赛季
拉丁杯冠军x2
1955、1957年
洲际杯冠军x1
1960年
小世俱杯冠军x1
1956年

阿根廷队
美洲杯冠军x1
1947年

注：小世俱杯是一项1952—1975年在委内瑞拉举行的洲际赛事，每年由4支欧洲和南美俱乐部参加。随着欧洲冠军杯和洲际杯的创办，小世俱杯逐渐式微并停办。拉丁杯是1949—1957年由法国、意大利、西班牙、葡萄牙这4个西南欧国家联合举办的一项俱乐部赛事，每赛季由4个国家的联赛冠军参加，共举办了8届，西班牙球队4次夺冠，皇马和巴萨各2次。1955年欧洲冠军杯创办后，拉丁杯逐渐失去了存在意义。

1
迪斯蒂法诺是《法国足球》超级金球奖的唯一得主。该奖于1989年颁发，表彰之前30年最杰出的球员，克鲁伊夫和普拉蒂尼分列二三名。

35
迪斯蒂法诺在35岁（1961年7月）以后代表皇马出场99次，是35岁以后在皇马出场最多的球员。

40%
据称皇马当年为了签下迪斯蒂法诺，花了俱乐部年收入的40%。

5
迪斯蒂法诺在皇马5夺欧冠冠军，他是在5场欧冠决赛都有进球的唯一球员。

7
迪斯蒂法诺和皇马队友普斯卡什，是在欧冠决赛进球最多的球员，各7球。

2
迪斯蒂法诺在1957年和1959年两次夺金球奖，是第1位两次夺得金球奖的球员，直到1974年才被3次夺奖的克鲁伊夫超越。

19
迪斯蒂法诺职业生涯35次面对巴萨，巴萨是与他对阵次数最多的球队，也是他进球最多的对手（19球）。有意思的是，当初巴萨一度先于皇马签下迪斯蒂法诺（和河床签约），但在多方角力后，巴萨最终决定有偿放弃迪斯蒂法诺的"一半所有权"，玉成了皇马的"开元盛世"。

个人荣誉

金球奖x2
1957、1959年

超级金球奖
1989年

欧冠最佳射手x2
1957—1958、1961—1962赛季

西甲最佳射手x5
1953—1954、1955—1956、1956—1957、1957—1958、1958—1959赛季

阿甲最佳射手x1
1947年

哥甲最佳射手x2
1951、1952年

国际足联特别功绩奖
1994年

国际足联百大球星
2004年

欧足联主席奖
2004年

欧足联50周年最佳西班牙球员
2004年

西班牙年度最佳运动员x4
1957、1959、1960、1964年

执教荣誉

博卡青年
阿甲冠军x1
1969年
阿根廷杯冠军x1
1969年

河床
阿甲冠军x1
1981年

瓦伦西亚
西甲冠军x1
1970—1971赛季
欧洲优胜者杯冠军x1
1979—1980赛季

皇家马德里
西班牙超级杯冠军x1
1990年

注：1967—1985年间，阿甲分为大都会锦标赛和国家锦标赛（类似于后来的春秋季联赛），其赛制几经更易，异常混乱。迪斯蒂法诺在1969年下半年带领博卡夺得联赛制的国家锦标赛冠军；1981年下半年他带领河床夺得采用小组赛+淘汰赛制的国家锦标赛冠军。

1956年6月13日，皇马在首届欧洲冠军杯夺冠，赛后迪斯蒂法诺在更衣室和俱乐部主席伯纳乌（右二）一起捧起奖杯。

"金箭"创世纪

武一帆

迪斯蒂法诺是最全能的足球运动员，他可以同时是防线的支柱、中场的导演，以及进攻中最危险的射手。他是足球历史上第一位真正意义上的超级球星，皇马主席弗洛伦蒂诺说："他是皇马历史上最重要的球员，也是足球历史上最好的球员。"

1926年7月4日，一个面庞俊俏的男孩降生在布宜诺斯艾利斯市巴拉卡斯区的一户意大利移民家庭。户主阿尔弗雷多·迪斯蒂法诺以自己的名字为这个孩子命名，希望他能继承意大利南方人的传统，在这片满是移民和机遇的地方站稳脚跟。他没想到的是，"阿尔弗雷多二世"不但超越了父亲，还成为影响足球发展进程的关键人物。"迪斯蒂法诺"这个姓氏将被永远载入足球史册，超过所有望子成龙的父母的最高期盼。

英雄出少年的"金箭"

　　在这一切发生前，小阿尔弗雷多不过是首都南区街头上一名普通的孩子。巴拉卡斯区曾是布宜诺斯艾利斯的富人区，但二十世纪初，大批来自意大利和德国的移民改变了这里的人口结构，也带来了旧大陆的文化潮流。而能让新旧大陆交融的重要元素就是足球。1940年开始，迪斯蒂法诺跟自家兄弟图利奥一起在进步者联盟俱乐部接受专业培训。这是一支当时的地区劲旅，凭借一支战斗力超强的青年军连续夺得北部联赛冠军。到了1943年，17岁的阿尔弗雷多和15岁的图利奥已是队内的小明星，并帮助球队再次赢得冠军。

　　某天在午餐餐桌上，还沉浸在喜悦中的迪斯蒂法诺从母亲手中接过一张电报单："河床的人在车站等你，你得去试一试。"和那个时代千百个打算去强队"试一试"的少年人一样，迪斯蒂法诺踏出了迈向成功的关键一步。不过河床并没有立即让迪斯蒂法诺进入一线队，而是打发他去了青年队，直到第12轮对飓风才给他首秀的机会。

　　对河床而言，坊间赐予的"天才"称号没有任何价值，阿根廷的天才球员实在太多了，能帮助河床取得联赛冠军的才是好球员。不过另一家球队盯上了迪斯蒂法诺，就是在场上与他交过手的飓风。第二年，球队如愿从河床租借到了这位新秀，并直接让他打了主力。迪斯蒂法诺没有让球迷失望，他在第4轮就取得处子球，全年出场25次，打进10球。这对于一个不满20岁的年轻前锋而言难能可贵。

　　飓风费尽心机想留下迪斯蒂法诺，但俱乐部拿不出一大笔转会费。况且职业球员对涨薪的态度越来越强硬，甚至有大罢工的风险。河床回收迪斯蒂法诺并没有浪费天才，将他安排进一队。但谁也没想到，这个小伙子很快就顶替此前的主力射手佩德内拉，成为河床的新偶像。当赛季他在30场比赛中打进27球，荣膺金靴奖的同时帮助河床夺得联赛冠军。

　　这颗耀眼的新星没理由被阿根廷国家队错过。只不过当时各大俱乐部之间矛盾很深，选国脚往往陷入立场之争。在足协任职的飓风主席杜科提议民选投票，选出5名前锋参加当年在厄瓜多尔举行的美洲杯，其中当然有他心仪却不可得的迪斯蒂法诺。

　　当时阿根廷队的更衣室仍由莫雷诺、庞托尼把持，大红大紫的迪斯蒂法诺和河床队友内斯托尔·罗西只能算是"毛孩子"，不被允许同桌喝啤酒。地位最终还是要靠实力去争取，第2场对弱旅玻利维亚队，迪斯蒂法诺替换受伤的庞托尼登场，在第63分钟打进当场第7球。虽然只是锦上添花的一球，但却打开了新世界的大门。迪斯蒂法诺在随后对阵哥伦比亚队的比赛中完成帽子戏法，在5场比赛中打进6球，一举将阿根廷队送上冠军宝座。知名体育记者诺伊贝尔格被这个金发青年的球技所折服，给他取了"金箭"的绰号。然而世事难料，一场波折正等着初露锋芒的新"球王"。

1949年，阿根廷职业球员大罢工让整个国家的各类赛事陷入瘫痪。大批精英球员为了维持生计横渡大西洋前往欧洲，或是北上前往哥伦比亚和墨西哥。迪斯蒂法诺和好朋友罗西加盟了哥伦比亚的百万富翁俱乐部。当时的哥伦比亚"职业足球联盟"不受足协管辖，也不对国际足联负责，是个完全商业化的联赛。参与者不遵守各国的转会协议，所有自愿加盟的球员无论身上是否绑定合同，都可以来踢球。迪斯蒂法诺在百万富翁踢了4年，拿到3次联赛冠军，在300场比赛中打进267球，真正成为享誉南美大陆的大明星。

不过最初的狂热消退后，这个无法无天的"大联盟"开始走下坡路。球队开始没完没了地接单打友谊赛以维持开支。迪斯蒂法诺受不了整天坐飞机，因为当时飞越天气恶劣的安第斯山风险极大，不少名人葬身于此。此外，他和心爱的邻家姑娘结婚并生了两个孩子，父亲也购置了一处庄园，足够全家人安享生活。这让迪斯蒂法诺萌生退意。于是在1952年的圣诞节，他借球队出访的机会，偷偷溜回了阿根廷，告诉百万富翁他不会再回去了。

巴萨玉成皇马大时代

彼时，在国际足联的调停下，"大联盟"与各国足协签订了《利马协议》，要求"叛逃"的球员在1954年10月15日后都要回到原俱乐部。迪斯蒂法诺没有履行完现有合同，就带着预支的4000美元工资开溜了。不过他作为"少庄主"的悠闲日子没过几天，巴萨两名代表就登门拜访，请他出山。原来赛季开始不久，巴萨头号球星库巴拉就肺结核发作，只得长期疗养。巴萨听闻过迪斯蒂法诺的名声，也了解他的苦衷，表示在西班牙打比赛很少坐飞机，并承诺安顿好他的家人。

说服了当事人，巴萨又向河床支付了200万比塞塔作为转会费，买断了球员在1955年1月1日后的所有权。不料迪斯蒂法诺抵达巴塞罗那之后没多少日子，就发现被骗了。重返赛场的库巴拉依旧生龙活虎，帮助球队拿到了联赛冠军。主教练同时也是库巴拉内兄的道奇克对俱乐部引进的阿根廷人兴趣不大。

皇马看准了这个机会。其实前几年与百万富翁打友谊赛时，皇马就有意签下迪斯蒂法诺，但对方没有处置球员的权力。这次趁着巴萨与百万富翁谈判破裂，迪斯蒂法诺感觉上当并心浮气躁之际，皇马果断花大价钱从百万富翁手中买下了现有合同，并向球员本人表达了极大诚意。巴萨骑虎难下，既无法立刻让"金箭"完成转会和注册，也没法将预支的款项要回。为了挽回损失，巴萨甚至想过把迪斯蒂法诺处理给尤文图斯。

更复杂的状况出现了。西班牙足协的"闭关"政策进入倒计时，很快将禁止引进外援。双方为了避免人财两空的窘境，一起上书请求特赦。足协虽然最终允许迪斯蒂法诺加盟西甲，但关于球员所有权依然无法做出判定。此时前西班牙足协主席穆尼奥斯甚至拿出"皇马先用2年，巴萨再用2年，4年后再商量"的调停方案。总之，别耽误大好青春。

让皇马和巴萨分享球员也算颇具想象力和勇气，不过这起旷日持久的合同纠纷最终以巴萨收到上方压力被迫放弃而告终。佛朗哥政府的意思大概是：之前已经让你们签了库巴拉，为何这次还纠缠不清？于是在1953—1954赛季一场国家德比之后，巴萨极不情愿地以440万比塞塔将迪斯蒂法诺出售给了皇马。巴萨主席恩里克·马蒂因在这桩交易中赔了夫人又折兵引咎辞职。

那不是一场意义普通的国家德比，皇马在比赛中5比0痛殴巴萨，迪斯蒂法诺首开纪录，并在比赛即将结束时打进近乎羞辱对手的一球。现场观战的巴萨高层此时才明白，自己犯了无法挽回的错误。极力主张签下迪斯蒂法诺的巴萨经理萨米铁尔非常失望，他曾畅想迪斯蒂法诺和库巴拉并肩作战的美妙场景。而现在身穿一袭白衣的迪斯蒂法诺，身边是里亚尔、科帕、普斯卡什和亨托。迪斯蒂法诺曾回忆起那决定他命运的几个月时间，并为自己的选择感到骄傲："我最终选择皇马而不是巴萨，因为我是个赢家，不是输家。"

大半年没正经踢球的迪斯蒂法诺一回到球场便如游龙遇水，立刻大显神威。他在联赛首轮对桑坦德竞技的比赛中首发并打进一球，此后便一发不可收拾。事实上，直到普斯卡什加盟皇马之前，迪斯蒂法诺几乎一人包揽了联赛金靴奖。1953年至1959年间，迪斯蒂法诺在6个赛季间5次荣膺最佳射手奖，其间只是被突然爆发的塞维利亚名宿胡安·阿尔萨打断过连续记录。更重要的是，迪斯蒂法诺不仅让皇马的竞技水准提高到全新的档次，更一举改变了皇马的运数。

皇马费尽心思得到迪斯蒂法诺的第1年，便捧回了阔别22年之久的联赛冠军。之前10年，西甲奖杯在巴萨、马竞、毕尔巴鄂和瓦伦西亚几家之间反复易手。皇马此间只获得过寥寥数次的杯赛冠军，连联赛亚军位置都很难占到。客观来说，彼时的皇马甚至都称不上是西班牙的豪门，皇马对巴萨的比赛更达不到国家德比的程度。但随着迪斯蒂法诺的到来，联赛冠军来了，紧接着欧洲冠军杯也诞生了。皇马在之后11个赛季取得了8座联赛冠军奖杯，成了欧冠的常客。又因为有迪斯蒂法诺这样的超级球星存在，欧冠常客成了"常胜将军"。

连续5届欧冠决赛破门！

不夸张地说，迪斯蒂法诺是足球历史上第一位真正意义上的超级球星。随着各国强队参与到欧冠竞争中，越来越多的观众，无论是到现场观战的还是通过媒体获知赛况的球迷，都对其他国家的足球文化和代表人物有了深入了解。迪斯蒂法诺这位生长于南美足球热土的天才球员，此刻作为皇马乃至西班牙足球风格的代表，吸引着万千球迷。他对足球的掌控能力令人惊诧，能在高速奔跑中随时决定球的去向。作为对手如果不能想办法让迪斯蒂法诺远离禁区，就得目送他完成致命一击或一传。

即便名声传遍整个南美大陆，在西班牙名噪一时，但初登欧冠舞台的迪斯蒂法诺也是"只闻其名，未见其人"的新秀。直到首届欧冠决赛过后，皇马捧起冠军奖杯，全球媒体都在宣传皇马是一支实力如何强大的球队，只有一部分人意识到这个强大群体中有一个特别的人始终主导着局面。

首届欧冠的金靴奖被贝尔格莱德游击队的射手米罗什·米卢蒂诺维奇（中国国家队前主帅米卢的兄长）获得，甚至连亚军兰斯两个法国射手的进球数也比迪斯蒂法诺和里亚尔这对阿根廷拍档要多。但最终皇马在一场进球大战中4比3击败兰斯，首次称霸欧洲，靠的不仅是超级球星，更是迪斯蒂法诺放下球星身份，兑现作为球队一分子的承诺。

《世界体育报》这样描述"金箭"在这场决赛的表现："迪斯蒂法诺从比赛第1分钟就投入

迪斯蒂法诺为皇马五夺欧冠冠军立下了赫赫战功。

全力。他将个人光辉隐藏起来，竭力帮助防线上的队友。迪斯蒂法诺此时此刻忘了进过多少个球以及自己在国际上的声誉几何，只是将自己当成皇马集体中的平常一员，脚踏实地，踏实肯干，终成正果。"

对于这种必要时刻牺牲个人表现机会，成就集体的精神，迪斯蒂法诺自己也有非常直白的见解："任何球员个体都不可能好过一个整体。"回顾历史，在"华尼托精神"被纳入皇马球员的必修课之前，其实已经有"迪斯蒂法诺精神"存在。这种精神确保了一个集体的凝聚力和战斗力，也让皇马在很短的历史时期内崛起，从西班牙地区水平的强队一跃成为欧洲足坛的霸主。

要成为霸主只靠一座冠军奖杯是远远不够的。事实上，皇马从一开始就达成了其他俱乐部难以企及的目标：欧冠五连冠。如果说欧冠初年有很多意外因素，比如参赛者并非实力最强劲的球队，或是大家对这项赛事的认识和准备不充分，但接下来几年，当所有人发现认真起来还是会输给皇马时，一段传奇就诞生了。

欧冠不但是皇马名片上最重要的一行记录，也是迪斯蒂法诺职业生涯最辉煌的勋章。在他为皇马效力的11个赛季中，总共打了9个赛季欧冠，其中只有1个赛季没有取得进球。而在那接连捧起冠军奖杯的5个赛季，他甚至在5场决赛中都取得过进球，包括1959—1960赛季对阵法兰克福完成帽子戏法。放眼今日，不要说5场决赛和5个冠军，有哪个超级巨星能带领球队连续

3个赛季闯入决赛并都取得进球?

　　由于历史变迁和赛制沿革,古今球员很难通过对比数字来分出高下。即便如此,迪斯蒂法诺在皇马的进球纪录也维持了半个世纪才出现挑战者。自1953年加盟皇马至1964年离开伯纳乌球场,迪斯蒂法诺在396场正式比赛中打进308粒进球,场均达到0.78球。308球的纪录直到2009年才被劳尔超过,后来居上的还有C罗和本泽马。若论进球数量和进球效率,也只有葡萄牙人全面占优。而当年那个被称为"小小罗"的小伙子,也是从皇马名誉主席迪斯蒂法诺手中接过7号球衣,开始一段神奇之旅的。

　　那几年由迪斯蒂法诺领上伯纳乌草坪并授予球衣的新援数不胜数,但真正了解这位矮小且秃头的老人当年是如何凭借球技改变足球世界的人却少之又少。迪斯蒂法诺的传帮带不仅限于晚年为新援亮相站一站台。球员时代的他就独具慧眼,且勇于担责。

　　1953年,与迪斯蒂法诺同时来到皇马的,还有桑坦德竞技的年轻边锋亨托,但半个赛季后,他就被扔上替补席。皇马看中了亨托的速度和爆发力,可是对他相对粗糙的技术和时常发热的头脑感到失望。伯纳乌主席听从建议打算放弃亨托,迪斯蒂法诺站出来劝说道:"他有速度,射门像开炮一样有力,这都是与生俱来的天赋,后天没法练的。把他留下,我们来教他其他东西。"历史证明迪斯蒂法诺是对的,而且他还将南美人对球的天生触感以及多年来积累的经验倾囊相授,帮助亨托最终成为皇马一代传奇球员。

世界杯,一生之憾

　　伯纳乌主席曾经视迪斯蒂法诺为珍宝,也得到了丰厚的回报。但这家俱乐部的"国王"只有一个人,正如后来历任主席都会在某个特别时刻对功勋卓著的球员和教练下逐客令。迪斯蒂法诺最终未能在皇马结束辉煌的职业生涯,表面原因说来很简单。1963—1964赛季,皇马在欧冠决赛1比3不敌国际米兰,痛失冠军。伯纳乌看到36岁的普斯卡什尚可在联赛打进21球,而37岁的迪斯蒂法诺已然失去领军人的气质。赛后,主席将阿根廷人叫到办公室,委婉地表示球队需要一个强势的总经理,他可以保留现在的工资,还可以指定自己喜欢的教练。然而迪斯蒂法诺此时只想继续踢球,靠自己的双腿,靠进球延续足球生命。

　　"金箭"最终选择了逃离皇马。他知道一旦拒绝这位霸道总裁,意味着不可能在这家俱乐部还有好日子过。其实在此之前,伯纳乌已经对迪斯蒂法诺一些场外行为表达过不满。阿根廷人收到著名时尚品牌伯克希尔的邀请,代言一款女士长筒丝袜。皇马巨星就这样堂而皇之地穿着丝袜、摆出妖娆的造型拍了一个现在看来都十分前卫的广告。

　　皇马高层的批评来得很快:下身穿丝袜,上身却穿着皇马球衣,这有损球队一直在宣扬的男子气概,成何体统?俱乐部高层要求迪斯蒂法诺退钱撤掉广告,但迪斯蒂法诺拒绝照办,按照他的理论:这也是我凭双腿赚来的!皇马历史上,敢和伯纳乌主席当面叫板的,也只有这位独一无二的超级巨星。

　　迪斯蒂法诺挺着高傲的颈项来到西班牙人俱乐部,在这里继续踢了2个赛季。在巴塞罗那——他最先踏足的西班牙城市,曾经的超级巨星收获堪称惨淡,2年的进球数抵不上在皇马的

迪斯蒂法诺俱乐部生涯

俱乐部	赛季	赛事	联赛		国内杯赛		外战		小计	
			出场	进球	出场	进球	出场	进球	出场	进球
河床	1945	阿甲	1	0	0	0	0	0	1	0
飓风(租借)	1946	阿甲	25	10	2	0	0	0	27	10
河床	1947	阿甲	30	27	0	0	2	1	32	28
	1948	阿甲	23	13	1	1	6	4	30	18
	1949	阿甲	12	9	0	0	0	0	12	9
	小计		91	59	3	1	8	5	102	65
百万富翁	1949	哥甲	14	14	0	0	0	0	14	14
	1950	哥甲	29	23	2	1	0	0	31	24
	1951	哥甲	34	31	0	0	0	0	34	31
	1952	哥甲	24	19	8	5	0	0	32	24
	小计		101	87	10	6	0	0	111	93
皇家马德里	1953—1954	西甲	28	27	0	0	0	0	28	27
	1954—1955	西甲	30	25	0	0	2	0	32	25
	1955—1956	西甲	30	24	0	0	7	5	37	29
	1956—1957	西甲	30	31	3	3	10	9	43	43
	1957—1958	西甲	30	19	7	7	7	10	44	36
	1958—1959	西甲	28	23	8	5	7	6	43	34
	1959—1960	西甲	23	12	5	3	6	8	34	23
	1960—1961	西甲	23	21	9	8	4	1	36	30
	1961—1962	西甲	23	11	8	4	10	7	41	22
	1962—1963	西甲	13	12	9	9	2	1	24	22
	1963—1964	西甲	24	11	1	1	9	5	34	17
	小计		282	216	50	40	64	52	396	308
西班牙人	1964—1965	西甲	24	7	3	2	0	0	27	9
	1965—1966	西甲	23	4	4	1	6	0	33	5
	小计		47	11	7	3	6	0	60	14
生涯总计			521	373	70	50	78	57	669	480

最后一年,2年间都是拼尽全力才确保球队惊险保级。这与之前带队连年争冠的情景天差地别。

最终让迪斯蒂法诺决定挂靴的不只是廉颇老矣的竞技状态和心气,还是女儿的一句话。一天他换好衣服站在镜子前,听到女儿说:"爸爸,秃头配短裤不好看。"他尴尬地摩挲了一下稀疏的头顶,"金箭"已然成了"秃箭",没必要再固执下去了。1966年4月3日,世界上最好的球员宣布挂靴。不过时隔1年多后,他又穿上皇马的球衣,参加了一场为他举办的告别赛,对手是凯尔特人。第13分钟,迪斯蒂法诺将队长袖标交给年轻的拉蒙·格罗索,完成了交接仪式,并接受全体皇马球迷的欢呼掌声,迪斯蒂法诺的足球生涯就此谢幕。

初代"球王"离开职业足坛带着巨大的遗憾:迪斯蒂法诺从来没踢过世界杯。他青年时代为阿根廷队出战美洲杯,加盟皇马后归化成为西班牙球员,甚至在哥伦比亚时还受邀为该国打了几场非正式比赛,然而却完美错过了4届世界杯。首先在1950年,阿根廷足协由于与巴西足协交恶,干脆退出了在邻国举办的大赛,连带将随后的美洲杯和1954年世界杯也拒之门外。

其实1953年迪斯蒂法诺已加入西班牙籍,但没能及时获得国际足联的注册,因此错过了世

迪斯蒂法诺国家队生涯		
阿根廷队（1947年）		
赛事	出场	进球
美洲杯	6	6
总计	6	6
西班牙队（1957—1961年）		
赛事	出场	进球
世界杯预选赛	8	4
欧洲杯预选赛	2	3
友谊赛	21	16
总计	31	23

界杯。1958年是迪斯蒂法诺的职业黄金时代，但西班牙队却意外在预选赛便遭淘汰。1962年，西班牙队勉强通过附加赛进入智利世界杯决赛圈，但迪斯蒂法诺却在热身赛中受伤，只是挂名随队参赛却不能出场。而到了1966年，万事俱备，"金箭"却提早2个月退役了。看看后来的足球王者，几乎必然要以世界杯作为人生最重要的舞台，只能说世界杯历史少了迪斯蒂法诺，给球迷带来的遗憾甚至要大过他本人。

超一流球星
准一流教练

武一帆

论踢球和执教的综合水平，或许只有克鲁伊夫比迪斯蒂法诺更高一筹。并不是谁都能在新旧大陆均带队拿到冠军，还让河床和博卡这样的死敌一同纪念他的功绩。

  选择挂靴后的迪斯蒂法诺并没有真的远离赛场，相反，他已经计划好以另一个身份重新回到球迷的视界中。1967年9月，他出现在西班牙人的萨莉亚球场，一年前他就是在这里宣布退役的。这次他不是来叙旧，而是以教练身份带着埃尔切来打客场。迪斯蒂法诺在新领域的起步并不顺利，只带队半个赛季就下课了。埃尔切在15场联赛里只取胜3场，后半段是靠巴萨前主帅道奇克救火才奇迹般保级。他的巨星光环太耀眼了，一边招来很多嘲讽，一边让各大强队禁

和球员时代不一样，迪斯蒂法诺执教生涯最高光的时段基本在瓦伦西亚度过。

不住诱惑，甚至包括当年的死敌。

博卡青年主席阿曼多早就想请迪斯蒂法诺来当经理，利用他的影响力来运作转会。最终糖果盒球场迎来的是一位有着鼎鼎大名的新教练。怀疑迪斯蒂法诺执教水平的人大有人在，尤其是当他完全颠覆原有战术体系和球员定义之后，反对声音更大了。但这就是俱乐部高层乃至阿根廷足协想要的效果。

1966年阿根廷队在世界杯1/4决赛折戟，给人们的信念带来了巨大的冲击。一些足球人开始寻找变革的方向，其中就包括引进欧洲足球理念。迪斯蒂法诺作为在欧洲取得巨大成功的阿根廷人，确实是合适的人选。他不喜欢过去慢吞吞的倒脚，推崇更快节奏的攻防转换和更垂直进攻的踢法。博卡青年很快踢出了与众不同的足球，当赛季获得了阿根廷国家锦标赛冠军以及新创立的阿根廷杯冠军。

博卡这座联赛冠军奖杯是力压河床拿到的。为何出自河床的迪斯蒂法诺对自己的母队如此刻薄？只能说时机来得晚了些。1981年，迪斯蒂法诺出现在了纪念碑球场，此时距离他接到那封改变人生的电报已过去了近40年时间。此时的迪斯蒂法诺早在西甲执教多年，取得过几座冠军奖杯，已跻身成功教练行列。他这次来顶替了老队友安赫尔·拉布鲁纳的职位。

河床当赛季取得了国家锦标赛冠军，但在上半年的大都会锦标赛只排名第4。河床球迷非常崇拜迪斯蒂法诺，但对球队的表现没太大感觉。因为河床之前连年夺冠，没必要为了争冠牺牲场面打防守足球。次年河床成绩一路下坡，迪斯蒂法诺没能坚持到赛季结束便交出帅印。

"金箭"球员时代的巅峰在皇马度过，作为教练的光辉岁月则是在瓦伦西亚度过。1970年，从阿根廷回转西班牙的迪斯蒂法诺已不是2年前那个菜鸟教练，而是有双冠头衔的成功人士。然而瓦伦西亚的开局非常不妙，首战不敌皇马，在前5轮联赛只取得1胜。不过自第6轮依靠阿尼瓦尔在最后时刻的进球艰难击败希洪，瓦伦西亚突然觉醒了。直到倒数第2轮，迪斯蒂法诺率队在24场联赛中只输给了塞尔塔和马竞。

也难怪，瓦伦西亚在之前的夏天刚刚进行阵容换代重组，要让一群年轻球员在几周里就形成强大的战斗力殊为不易。联赛争夺持续到最后一轮，瓦伦西亚只需打平西班牙人即可夺得阔别24年的联赛冠军。结果球队在最紧张的时刻意外翻车，输给了道奇克率领的西班牙人。此时只要巴萨和马竞之间的对决分出高下，胜者就是新冠军，巴萨先取得进球，但胜利的欢呼没持续几分钟，就被马竞前锋阿拉贡内斯的进球压了下去。

迪斯蒂法诺通过广播听到比分，向场内高举两手食指，鼓励球员不要放弃。另一场最终打成1比1，脆弱的平衡保持到了终场，瓦伦西亚与巴萨同分，凭借对战优势（1胜1平）夺冠。联赛收官，战场转移到杯赛。瓦伦西亚与巴萨冤家路窄会师决赛，一直打到加时赛才分出胜负，巴萨凭借阿尔方塞达的进球惊险胜出，击碎了瓦伦西亚加冕双冠王的野心。

迪斯蒂法诺在博卡和瓦伦西亚接连成功，令球迷对一个传奇球员华丽转身为传奇教练的剧情期待不已。但是之后几年，瓦伦西亚的成绩连年下滑，终于到了说分手的时候。双方再次重逢已是1979年，之前的赛季，瓦伦西亚在复杂的局面下取得了国王杯冠军，得以参加优胜者杯。迪斯蒂法诺接手后重新激活了阿根廷王牌射手肯佩斯，让他走出了低迷。

不过在欧战赛场却是另一种思路，肯佩斯回忆："教练让我站桩，吸引对方中卫，好为其他队友创造空间。我踢得太差了，还踢丢了点球。但球队最终赢了。"这场在海瑟尔球场举办的决赛，瓦伦西亚与阿森纳战至点球大战，最终凭借门将卡洛斯·佩雷拉的神勇发挥，捧得了俱乐部历史上第一座真正的欧战奖杯。

而那也是迪斯蒂法诺在欧战舞台上的最后一次闪光。1986年，他第3次接手瓦伦西亚的教鞭，帮助困境中的球队取得西乙冠军，重返顶级联赛。第2个赛季，瓦伦西亚在29轮过后堪堪处在降级区外，俱乐部无奈之下让迪斯蒂法诺下课。62岁的"金箭"感觉累了，一番思虑之后决定淡出一线赛场，经历了半生风云激荡，终于实现当年庄园主的愿望。

不过他没有再回到阿根廷，而是定居在西班牙。2000年11月5日，新任皇马主席弗洛伦蒂诺给这位俱乐部历史上第一位超级巨星呈上聘书，邀请他担任俱乐部荣誉主席。几天后，迪斯蒂法诺出现在罗马，代表皇马领取了国际足联颁发的"20世纪最佳俱乐部"奖杯。从此，每一位皇马新援都要接受这位初代传奇球星的祝福和指导，直到2014年他溘然离世。

1957年，迪斯蒂法诺首次获得象征足坛最高个人荣誉的金球奖。

偶像们的偶像

武一帆

足球界习惯将迪斯蒂法诺与贝利、克鲁伊夫和马拉多纳并列，并不是信口开河，而是其他三位"超巨"都亲口承认"金箭"是最好的，是自己的偶像。

如今追忆"球王"贝利绿茵驰骋的岁月，都要靠模糊的黑白电视影像资料，对于比贝利还大十几岁，早一个时代的迪斯蒂法诺，又该如何去了解和评价他的球技水准呢？以"无图无真相"的当代标准，那些活跃在电视时代之前的巨星好比上古诸神，只是一段传说。不过"传说"也分是谁在传和说。足球界习惯将迪斯蒂法诺与贝利、克鲁伊夫和马拉多纳并列，并不是信口开河，而是其他三位"超巨"都亲口承认"金箭"是最好的，是自己的偶像。

年轻的贝利和迪斯蒂法诺同场竞技过，克鲁伊夫现场看过"金箭"的比赛，马拉多纳可能对老前辈有些模糊的印象。说来有趣，贝利和马拉多纳在晚年不约而同地提出"迪斯蒂法诺比我更强"。听起来，与其说是捧足坛前辈，不如说是抬出上古大神来压对方一头。贝利在2009年的一次公开活动中说："人们一直争论我和马拉多纳谁更强。在我看来迪斯蒂法诺是最好的，技术水平全面得多。马拉多纳确实很棒，但右脚和头球都不行。他进的唯一的'头球'是用手进的。"

贝利的评价多少带点调侃的意思，马拉多纳也不遑多让，他曾表示："我不知道自己是否强过贝利，但我可以毫不犹豫地说，迪斯蒂法诺肯定比贝利更强。我谈及这个名字的时候总是充满自豪。贝利如果在欧洲踢球可能会很失败，但迪斯蒂法诺在哪儿都能踢得很好。你可以说马拉多纳不如贝利，但必须承认迪斯蒂法诺是世界最佳。"

相比之下，克鲁伊夫的言辞中没有那么多"最好"和"更好"，但充满了尊敬和崇拜。他回忆道："本菲卡和皇马在阿姆斯特丹踢的那场决赛（1961—1962赛季欧冠），尤西比奥对迪斯蒂法诺。我高兴极了，迪斯蒂法诺是我的偶像，是世界最佳之一。我最欣赏他，不光因为他那些漂亮的技术动作，更因为他全心全力为球队付出。皇马本身实力强大，但迪斯蒂法诺作为个体，是全体球员的榜样。有些人在某个时代算得上出色，而迪斯蒂法诺的风采纵跨几个时代，可以说是毕生荣耀了。"

迪斯蒂法诺确实获得了官方授予的"终身成就奖"。1989年，《法国足球》将"超级金球奖"授予过去30年欧洲最出色的球员，候选者包括克鲁伊夫、普拉蒂尼、贝肯鲍尔、凯文·基冈和鲁梅尼格等拿过不止1次金球奖的传奇人物，但最终获此殊荣的是一个"非欧洲人"。在某个层面上看，迪斯蒂法诺很幸运，金球奖在1994年之前只颁发给拥有欧洲国籍的球员，因此其他大洲的球员无论多强多有影响力，都与此无缘，比如贝利和马拉多纳。而如假包换的阿根廷人迪斯蒂法诺在西甲"闭关"之前加盟并入籍西班牙，得以及时进入赛道。

但同时迪斯蒂法诺又不太走运。现在，金球奖是衡量一名球员历史地位最重要的参考标准，既然迪斯蒂法诺这么强，为何只拿过2次？西班牙资深媒体人雷拉里奥给出的解释是："金球奖创办于1956年，当时迪斯蒂法诺已经30岁了。首次金球奖竞选，41岁的斯坦利·马修斯以微弱优势击败迪斯蒂法诺获奖（47比44），凭的是英格兰队对巴西队那场精彩比赛的影响力。迪斯蒂法诺率领皇马夺得首届欧冠冠军，显然更出色。当然这里或许也有拉拢英足总参加欧洲杯的场外因素。"

1957年的第2届金球奖，迪斯蒂法诺毫无悬念地获奖了。又过了一年，皇马第二度夺得欧冠冠军，而欧冠的影响力也越来越大，但组委会却将迪斯蒂法诺排除在了候选人名单外。原因是考虑到"已经获过奖的不宜再入选"，因此把奖颁给了同在皇马的法国人科帕。这多少反映出当时的评奖标准和目的还不十分明确。1959年，迪斯蒂法诺再次获奖时已经34岁。因此1989年将"超级金球奖"颁给迪斯蒂法诺，多少有些补偿的意思。

考虑到当时的信息传播途径，一名球员想获得其他国家媒体的认可，并不是件容易的事情。由于没有太多的商业广告和经纪运作，球员都是靠真本事赢得名声。当时，欧洲大陆球员之间的交流机会不多，偶然通过新生欧冠与皇马交手过的英国球员，对迪斯蒂法诺的评价都很高。

英格兰传奇博比·查尔顿亲历了1比3输给皇马的比赛，他说："迪斯蒂法诺是我见过的最出色的球员。我无法将目光从他身上移开，不停地想'那究竟是何方神圣'。我曾梦想过像他那样踢球，一个人统御整个比赛。当时的教练巴斯比去提前探班皇马的比赛，回来却一言不发。我后来明白，他要是说在那边看到了前所未见的好球员，那比赛不用踢我们就输了。"

"如果这就是迪斯蒂法诺30岁的水平，那他年轻时得强成什么样子？"查尔顿不禁感叹道。其实不用同行赞美，对于自己的足球造诣，迪斯蒂法诺本人也知道不必假装谦虚。他曾有过这样一句名言，堪称传世经典："进球就像做爱，大家都知道该怎么做，但没人比我做得更好。"

迪斯蒂法诺作为后世"球王""球圣"和"球神"的偶像，其实执教水平也在一流行列。论踢球和执教的综合水平，也只有克鲁伊夫更高一筹。并不是谁都能在新旧大陆都带队拿到冠军，还让河床和博卡这样的死敌一同纪念他的功绩。

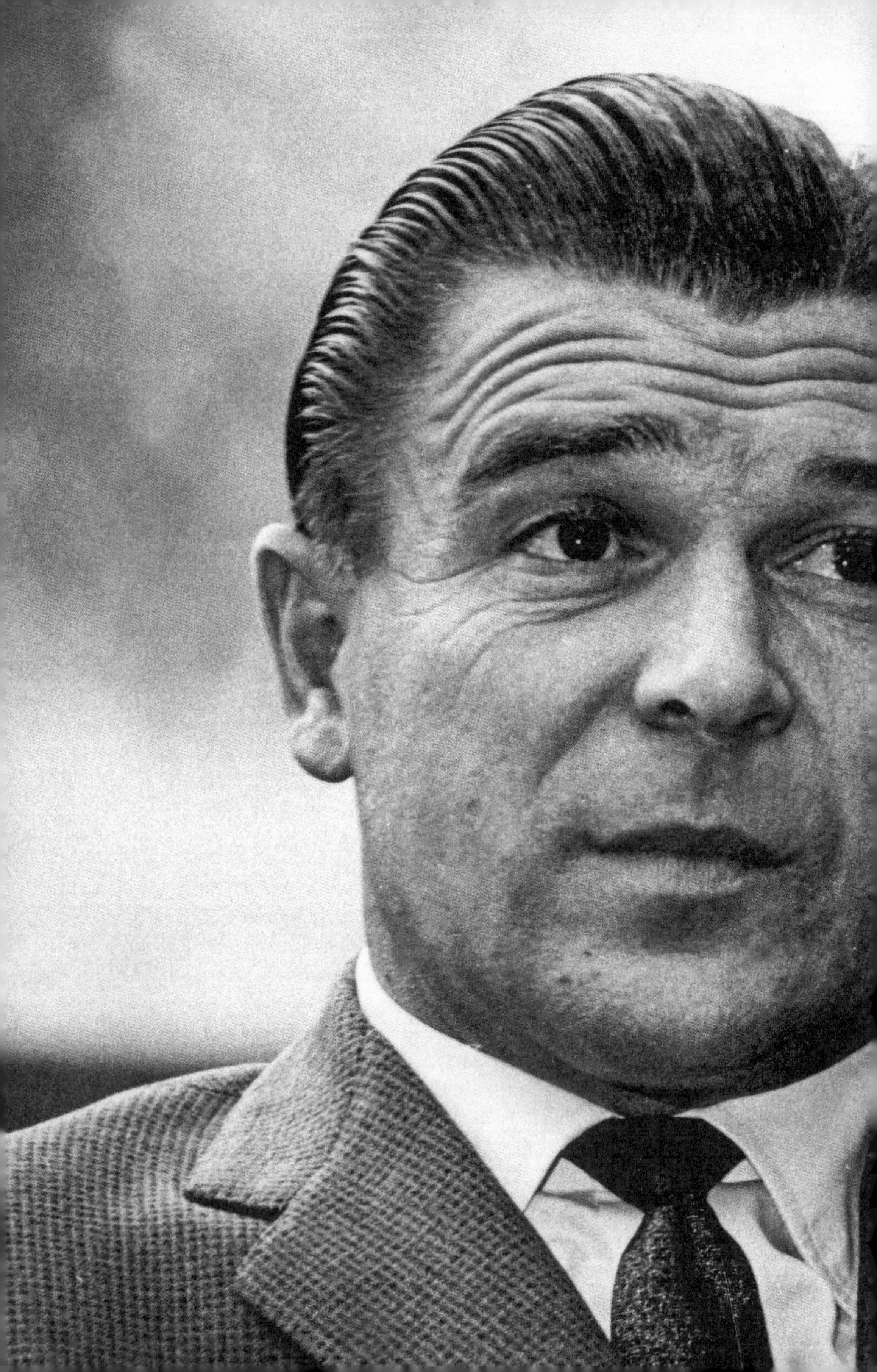

Ferenc Puskás

费伦茨·普斯卡什

1927—2006

费伦茨·普斯卡什

生卒	1927年4月2日—2006年11月17日
国籍	匈牙利/西班牙
出生地	匈牙利布达佩斯
离世地	匈牙利布达佩斯
身高	1.72米
位置	中锋/二前锋

青年队生涯
1940—1943年	吉斯佩斯特

俱乐部生涯
1943—1956年	布达佩斯洪韦德	367场383球
1958—1966年	皇家马德里	262场242球

国字号生涯
1945—1956年	匈牙利队	85场84球
1961—1962年	西班牙队	4场0球

执教生涯
1966—1967年	大力神	胜率23.53%
1967年	金门狂风	胜率不详
1968年	温哥华皇家	胜率不详
1968—1969年	阿拉维斯	胜率39.47%
1970—1974年	帕纳辛奈科斯	胜率64.12%
1974—1975年	穆尔西亚	胜率31.82%
1975—1976年	沙特阿拉伯队	胜率31.25%
1977年	科洛科洛	胜率不详
1978—1979年	雅典AEK	胜率61.29%
1979—1982年	马斯里	胜率不详
1985—1986年	美洲太阳	胜率不详
1986年	波特诺山丘	胜率不详
1989—1992年	南墨尔本	胜率不详
1993年	匈牙利队	胜率25.00%

个人荣誉

匈牙利足球先生×1
1950年

中欧国家杯最佳射手×1
1948—1953赛季

匈甲最佳射手×4
1947—1948、1949—1950、1950、1953赛季

西甲最佳射手×4
1959—1960、1960—1961、1962—1963、1963—1964赛季

欧冠最佳射手×2
1959—1960、1963—1964赛季

世界杯最佳球员×1
1954年

世界杯最佳阵容×1
1954年

国际足联百大球星
2004年

球员生涯团队荣誉

布达佩斯洪韦德
匈甲冠军×6
1949—1950、1950、1952、1954、1955、1956赛季

皇家马德里
西甲冠军×5
1960—1961、1961—1962、1962—1963、1963—1964、1964—1965赛季

国王杯冠军×1
1961—1962赛季

欧冠冠军×3
1958—1959、1959—1960、1965—1966赛季

洲际杯冠军×1
1960年

匈牙利队
奥运会金牌×1
1952年

执教荣誉

帕纳辛奈科斯
希甲冠军×1
1971—1972赛季

欧冠亚军×1
1970—1971赛季

美洲太阳
巴拉圭甲冠军×1
1986年

南墨尔本
澳大利亚足球联赛冠军×1
1990—1991赛季

澳大利亚联赛杯冠军×1
1989—1990赛季

多克尔蒂杯×2
1989、1991年

806 729

普斯卡什被认为是足坛历史最高产的射手之一。由于年代久远、数据统计标准不一等因素,普斯卡什的正式比赛进球数据存在着多个版本。按照纪录·体育·足球统计基金会(RSSSF)的统计,普斯卡什在足坛正式比赛总进球榜排名第7位,数据为793场806球。而按照国际足球历史和统计联合会(IFFHS)的数据,普斯卡什以729球位列正式比赛进球数历史总榜第5位,仅位居于C罗、梅西、贝利与罗马里奥之后。

514 84

普斯卡什凭借514粒联赛进球,在欧洲顶级联赛历史射手榜上排名第2位,仅次于职业生涯年代更早的高产射手比灿(518球)。

普斯卡什代表匈牙利队出场85次,攻入84球,位列匈牙利队历史射手榜首位。后来普斯卡什加入西班牙国籍,代表西班牙队出战了世预赛和世界杯,但没有收获进球。

4 7

普斯卡什在1959—1960赛季欧冠决赛中上演"大四喜",与完成帽子戏法的迪斯蒂法诺一起,帮助皇马7比3战胜法兰克福,皇马就此完成欧冠五连冠伟业,普斯卡什则成为迄今在欧冠决赛攻入4球的唯一球员。1961—1962赛季欧冠决赛普斯卡什上演帽子戏法,皇马3比5负于本菲卡未能夺冠。不过普斯卡什还是以7球与迪斯蒂法诺并列排在欧冠决赛射手榜榜首。

加盟皇马之前,普斯卡什在布达佩斯洪韦德俱乐部同样有着极高的效率,出战350场匈甲攻入358球,位列匈甲历史射手榜第5位。在1949年的一场比赛中,普斯卡什曾单场攻入7球,这至今仍是匈牙利顶级联赛的单场进球纪录。

39岁 15天

加盟皇马时普斯卡什已经31岁,直至39岁挂靴,普斯卡什共为皇马出战262场比赛,攻入242球。年过而立却保持着如此状态,普斯卡什的高龄与高效即使在当今足坛也并不多见。效力皇马的最后一个赛季,普斯卡什创造的两项球队历史纪录,至今仍未被后辈改写:39岁15天,最年长进球者;39岁36天,最年长正式比赛出场球员。

他为进球冠名

武一帆

作为匈牙利队"黄金一代"的代表,普斯卡什在职业生涯巅峰期因变故而长期远离主流赛场。归来时年过而立又体重超标,但这并未阻止他在伊比利亚半岛继续"进球生涯",开启又一段传奇岁月。

1952年赫尔辛基奥运会,匈牙利队在决赛中战胜南斯拉夫队,获得男足金牌,普斯卡什代表球队站上领奖台。

一名伟大的球星往往有个伴随其一生的响亮绰号,譬如迪斯蒂法诺的"金箭",或是贝肯鲍尔的"恺撒(皇帝)"。但很少有人像普斯卡什这样,一生改过两次名字,还有好几个叫得响亮的绰号。他的个性算得上拘谨严肃,这么多的外号并非源自他活泼风趣的性格,而是充满困苦和机遇的人生。普斯卡什在每个人生阶段都凭借无与伦比的球技征服着不同国家和阵营的球迷。以至于他过世后,国际足联还以这位匈牙利传奇球星的名字命名了年度最佳进球奖。这实在是因为他这一生进了太多球,创造了太多次旁人只能在梦中实现的神奇进球。

足球革命先驱

1927年4月,费伦茨·普斯卡什出生在匈牙利布达佩斯城郊吉斯佩斯特镇(位于今首都圈第十九区)。普斯卡什家是匈牙利德国裔家庭,原本姓"普尔切尔德",后顺应社会浪潮改成了

足坛历史射手榜TOP10

排名	球员	球队	国家队进球	俱乐部进球 联赛	俱乐部进球 国内杯赛	俱乐部进球 外战	总进球	生涯跨度
1	C罗	葡萄牙队	118	506	51	152	827	2002年—今
2	梅西	阿根廷队	98	493	71	137	799	2004年—今
3	贝利	巴西队	83	604	49	26	762	1957—1977年
4	罗马里奥	巴西队	64	544	93	54	755	1985—2007年
5	普斯卡什	匈牙利队/西班牙队	84	514	76	55	729	1943—1966年
6	约瑟夫·比灿	奥地利队/捷克斯洛伐克队	32	518	129	41	720	1931—1955年
7	吉米·琼斯	北爱尔兰队	12	332	301	2	647	1947—1964年
8	盖德·穆勒	联邦德国队	68	405	92	69	634	1964—1981年
9	尤西比奥	葡萄牙队	41	422	97	59	619	1957—1978年
10	班布里克	北爱尔兰队	21	348	247	0	616	1926—1943年

注：数据来源为国际足球历史和统计联合会（IFFHS），截至2023年3月4日。进球来源仅限IFFHS认可的顶级赛事。由于年代久远、统计标准不一等因素，部分数据与本书其他数据或有差异。

更具马扎尔民族特色的"普斯卡什"。小费伦茨继承了父亲的名字，也继承了父亲的职业。老普斯卡什年轻时就在吉斯佩斯特俱乐部踢球，二战后又以教练身份继续在这里工作。他的儿子因此顺理成章地进入了俱乐部的梯队。不过梯队实在容不下天赋异禀的普斯卡什，为了能签下正式合同又不违反最低年龄的规定，他化名为"米克洛什·科瓦奇"在队效力。一起并肩作战的还有他最亲密的伙伴博日克。1943年，将满17岁的普斯卡什完成了职业首秀，并被球迷亲切地称为"Ocsi（小子）"。

残酷的世界大战仍在进行，大批匈牙利平民死在炮火下和集中营里，足球成了人们生活的慰藉和动力。随着普斯卡什这群年轻球员不断精进技巧、积累经验，吉斯佩斯特也从原本的保级队一跃成为争冠热门。普斯卡什得到前辈的言传身教，不到20岁就成了队内的头号射手。他在1945—1946赛季打进35球，虽然还比不上当时匈牙利家喻户晓的两个"约瑟夫"——戴阿克和苏索（两人当年分别打进66球和45球），但也足够使他赢得声誉并入选国家队了。接下来的一个赛季，普斯卡什依然保持着高昂的状态，打进32球。在教练古特曼指挥下，球队历史性取得联赛亚军。

古特曼原本可以在此成就大事业，但美妙的合作总是一波三折。吉斯佩斯特队内矛盾公开爆发，古特曼在比赛中打算自行"罚下"一个不听话的球员，但遭到年轻队长普斯卡什的公然反对。这位脾气固执的教头连集中营的日子都挺过来了，自然不受这份气，索性甩手不干了。在这之后，吉斯佩斯特队再次发生巨大变化。这家俱乐部被匈牙利国防部相中，与同时期很多体育协会一样进了政府或军队的编制，更名为布达佩斯洪韦德（布达佩斯国防体协）。队内所有球员都被授予军衔，但端上"铁饭碗"的同时也失去了职业球员的自由。普斯卡什成了匈牙利国防军的一名少校。"飞驰的

普斯卡什国家队生涯

匈牙利队（1945—1956年）

赛事	出场	进球
世界杯	3	4
奥运会	5	4
友谊赛	77	76
总计	85	84

西班牙队（1961—1962年）

赛事	出场	进球
世界杯	3	0
世界杯预选赛	1	0
总计	4	0

少校"这个绰号也成了他人生第一个黄金时期的真实写照。

更名后的这支球队仿佛受到了某种加持，立刻突破之前的天花板，攀上巅峰。球队先是获得了1949—1950赛季冠军，又在1950年联赛改制后成功卫冕。事实上，从1949年到1956年的8届全国大赛，布达佩斯洪韦德共6次夺魁，只有2次失手输给了属于警察系统的MTK布达佩斯（当时名为"红旗俱乐部"）。普斯卡什在布达佩斯洪韦德获得过4次联赛最佳射手奖，改制后的第1个赛季，他在15场比赛中打进25球，场均进球数达到恐怖的1.67个，超越之前单赛季32场50球的场均进球数。更夸张的是，布达佩斯洪韦德还嫌不够好，利用当时便利政策签下了国内最好的球员，让齐博尔、柯奇士、布代、法拉戈和普斯卡什一道组成了可能是有史以来最强的阵容之一。而这批球员也成为匈牙利"黄金一代"的骨干。

普斯卡什领衔的那支匈牙利队普遍被认为是历史上最重要的球队之一。这不仅是因为他们创下了一系列后人难以超越的纪录，更是因为这支球队首次提出了全能足球（Total Football）的成功理念，在足球技战术领域掀起了一场革命，其造成的巨大影响一直持续到现在。1950年至1956年，匈牙利队在50场比赛中取得43胜7平的惊人战绩，在国际足球ELO评分体系下获得了2231分，至今仍是历史第1。1952年赫尔辛基奥运会是"黄金之队"第1次在大赛中展现恐怖实力，球队以摧枯拉朽之势一路闯入决赛，击败南斯拉夫队摘得金牌。普斯卡什在每场比赛几乎都有关键进球，决赛更是先拔头筹。

要成为王者，首先要击败王者。1953年，匈牙利队前往温布利球场挑战自诩为"现代足球鼻祖"的英格兰队，此前骄傲的英格兰队从未在主场输给过欧洲大陆球队。然而这场被称为"世纪大战"的巅峰对决以匈牙利队取得压倒性的胜利告终。普斯卡什和希代古提在30分钟内各入2球，提前终结悬念，匈牙利队6比3战胜英格兰队。匈牙利队还嫌一次狂胜不过瘾，1954年两队再次相遇。在布达佩斯，匈牙利队7比1彻底打服了英格兰队，促使对手重新审视足球技战术的发展，引发了一场革新运动。在这种势头下，不用匈牙利人自己发声，各大媒体在世界杯开始前就替球队发出了明确的信号：夺得冠军。

谢拜什率领的匈牙利队不仅是头号夺冠热门这么简单。不幸与其相遇的对手不是想着该怎么取胜，而是想尽办法不输掉尊严。

匈牙利队成为"伯尔尼奇迹"的背景板。带着失落与不甘，普斯卡什与联邦德国队队长弗里茨·瓦尔特握手，并向其表示祝贺。

小组赛中，匈牙利队以9比0横扫韩国队，又在强强对话中以8比3击败联邦德国队。然而这场胜利的代价太大，对手后卫利布里希在普斯卡什的脚踝上狠狠踢了一脚，赛后普斯卡什被确认为骨折，错过了后来2场比赛。但缺少队长的匈牙利队依然势头强劲，接连挫败了上届亚军巴西队和冠军乌拉圭队，在决赛再次与联邦德国队碰面。

匈牙利队的势头随着一个个强敌的倒下也在衰减。与乌拉圭队鏖战至加时赛，导致球队错过了既定行程，只能在一个喧闹的村庄里过夜，队员身体和精神状态不佳，而伤势稍见好转的普斯卡什要求出战。这场后来被称为"伯尔尼奇迹"的决赛有太多细节值得回味：大雨、逆转、判罚和阿迪达斯的鞋钉。而谢拜什是否应该让普斯卡什出战（当时没有换人规则，落子无悔）也成为后世争论的焦点。有研究者认为，尽管普斯卡什开场6分钟便破门，但他的身体状况实际拖累了全队，无法发挥全攻全守的威力。这场比赛终结了匈牙利队33场连胜和其称霸欧洲的时代，也改变了足球的历史。试想，如果普斯卡什帮助匈牙利队捧得世界杯奖杯，他还会不会有后来的职业轨迹？他的历史地位又该如何定义？犹未可知。

消失的两年

尽管经历了如此惨痛的失利，匈牙利队带着余威继续统治国际足坛一年多时间。此间，"黄金一代"击败了当时的强队苏格兰队和苏联队。普斯卡什继续与布达佩斯洪韦德称霸本国联赛，但因复杂的社会因素缺席了首届欧冠。第2年，匈牙利人看到皇马捧起欧冠奖杯，终于意识到这项新生赛事的重要价值。1956—1957赛季，布达佩斯洪韦德首次在欧战赛场亮相就对上了西甲冠军毕尔巴鄂竞技。这原本是另一段伟大征程的起点，却成为这家伟大球队迅速衰落的开端。球队启程前往毕尔巴鄂时，"匈牙利十月事件"已经爆发。没有一个匈牙利人能置身事外，社会的动荡让球员无心恋战，首回合2比3输掉比赛。

更重要的是，鉴于局面的复杂性，布达佩斯洪韦德经过内部讨论决定暂不返回匈牙利，而是前往比利时，将海瑟尔体育场当成主场完成了次回合比赛。普斯卡什打进了本队第3球，但无法挽回球队以总比分5比6被淘汰的命运。匈牙利球队的首次欧冠之旅就这样在一片忙乱和不安中结束了。随后，布达佩斯洪韦德开始了一段流浪之旅。球队边旅行边打友谊赛，途径意大利、西班牙和葡萄牙，甚至还跨洋去了巴西，沿途受到极大关注和支持。在马德里，布达佩斯洪韦德与皇马—马竞联队进行了一场友谊赛。马德里双雄的精英球员并肩作战，勉强与这群流落在外的球员打个平手，比赛水平之高为世人所惊叹。普斯卡什和他的伙伴展现了许多前所未见的踢球技巧，他们在这种情况下的足球精神深深打动了在场的人。

匈牙利政局趋于稳定，到了该回家的时候。但包括普斯卡什在内的几位明星球员有了别的想法。事件爆发时，有电台声称普斯卡什在街头枪战中丧生。虽然谎言最终被揭穿，但他的名字已经和反抗者联系在一起。而整个布达佩斯洪韦德的流浪故事也在国际社会造成很大影响，这时候回去多半没有好果子吃。普斯卡什和队友柯奇士、齐博尔决定留在其他国家。在国外的这段时间，他们对足球世界有了全新的认识，况且之前已有前辈库巴流亡成功的先例。普斯卡什联系了妻女，将她们接到了维也纳，位于市中心玛利亚希尔大街的一家酒吧成为他的新家。普斯卡什在这里会见其他流亡在外的同胞，接待媒体讲述自己的经历，并思考接下来的去向。

很快，普斯卡什开始跟队训练，保持身体状态以便尽快重返赛场。然而在另外一边，匈牙利官方判定普斯卡什几人"叛国"。虽然一天前线都没上过，但身为"国防体协"的球员终究是军人身份。这不但断了普斯卡什的退路，也断了流亡球员的前途。AC米兰和尤文图斯都表达了极大诚意，想花大价钱签下当时欧洲最强得分手，曼联也想接收这批球员。但在匈牙利足协的干预下，国际足联不但否决了所有发给布达佩斯洪韦德的转会申请，还判定流亡球员2年内不许在欧洲任何国家踢球。普斯卡什在失望中离开奥地利，举家迁至意大利北部小城博尔迪盖拉。在这里，他一边以业余球员身份打一些友谊赛，一边给报社撰稿以养家糊口。然而直到禁赛期满，也没见意大利任何一家俱乐部像以前那样发来邀请。

感受到世态炎凉的普斯卡什转而投向西班牙。由于特殊的政治背景和国际地位，西班牙当局并不在乎匈牙利方面向国际组织施加的压力。尽管当时西班牙已颁布"禁止外援"的政策，政府和足协还是给几个流亡的匈牙利球员开了绿灯，准许他们注册。柯奇士和齐博尔加盟了巴萨，普斯卡什距离加盟西班牙人只有一步之遥。1958年8月11日，皇马主席伯纳乌邀普斯卡什会面。伯纳乌对2年前那场3比3的友谊赛念念不忘，非常希望皇马能签下这位当年英姿飒爽的锋线杀手。然而皇马的技术秘书萨米铁尔表示反对，他曾非常欣赏普斯卡什，此前在巴萨担任经理时也和库巴拉一道说服另外2个匈牙利人在解禁后入伙。但这一次，他本着对工作与对老朋友伯纳乌负责的态度坦诚说："普斯卡什已经31岁，而且严重超重，不值得。"

2年禁赛时光不仅让普斯卡什白白浪费了职业生涯中最好的年华，同时消磨了他的身体和意志。不仅仅是长期缺乏系统性训练，在意大利一天吃三顿面条更是让原本精壮的匈牙利人身材发福。倒不是普斯卡什贪嘴，而是二战后长期的物资匮乏和他一家人拮据的生活，不允许他有更多、更丰富的蛋白质摄入。面对这种状况，连普斯卡什本人都有点灰心了。在皇马主席办公室，语言不通的两人比画着探讨彼此的疑虑。普斯卡什指了指自己的肚子，表示自己超重了。伯纳乌放下雪茄，拍拍他的肩膀："这是你的问题，你得自己解决。其他的你不用担心。走吧，

匈牙利队历史射手榜TOP10

排名	球员	国脚生涯	出场	进球	场均进球
1	普斯卡什	1945—1956年	85	84	0.99
2	柯奇士	1948—1956年	68	75	1.10
3	施洛瑟	1906—1927年	68	59	0.87
4	拉约什·蒂希	1955—1971年	72	51	0.71
5	哲尔吉·沙罗希	1931—1943年	62	42	0.68
6	希代古提	1945—1958年	69	39	0.57
7	费伦茨·拜奈	1962—1979年	76	36	0.47
8	久洛·任盖莱尔	1936—1947年	39	32	0.82
8	蒂博尔·尼洛希	1975—1985年	70	32	0.46
10	弗洛里安·奥尔贝特	1959—1974年	74	31	0.42

三天后回来。"普斯卡什回到巴塞罗那,让妻女收拾行李:"走,去马德里。"一段传奇之旅就此展开。

超重神射手

实际上反对普斯卡什加盟的不只是萨米铁尔,还有教练卡尔尼利亚。阿根廷人此前带队赢得欧冠冠军,阵容战术已经非常纯熟,实在没必要硬往里塞人,何况来的新援完全不符合他要求的竞技状态。联赛开始后,卡尔尼利亚一连让普斯卡什坐了好几场板凳。就在人们逐渐淡忘这个匈牙利人的存在时,伯纳乌现身训练场,当面告诉卡尔尼利亚:"普斯卡什是个好球员,他必须上场比赛。"接到命令的卡尔尼利亚只得安排他首发。结果这个身材严重走形的球员依然像他以前的绰号那样,是个健步如飞的球场指挥官。皇马5比1大胜希洪竞技的比赛,普斯卡什完成帽子戏法,技惊四座,从此势头一发不可收拾。

31岁、超重且退隐2年的球员要想在首发阵容中占有位置,势必要挤掉另一个人的出场机会。很受器重的年轻球员赫苏斯·埃雷拉受到影响,而此前大放异彩的拉蒙·马萨尔意外被手术事故葬送运动生涯。但普斯卡什用进球证明一些牺牲是值得的:他在1958—1959赛季西甲打进21球,仅次于全队核心迪斯蒂法诺的23球。而此前这么多年,皇马还没出现过同赛季有2名球员的进球数都超过20个的情况。迪斯蒂法诺的最佳拍档里亚尔在巅峰状态时也没能做到。卡尔尼利亚最终也收回了自己的反对意见。赛季最后几轮,刚刚退役的米格尔·穆尼奥斯接替了他的帅位,并从1960年起开始了一段长达14年的执教之旅。

作为当时皇马阵中的头牌球星,迪斯蒂法诺(中)大方地接纳了普斯卡什,并帮助他融入还有亨托(左)等球星存在的更衣室。

作为皇马历史第一教练，穆尼奥斯对普斯卡什有着独一无二的认知。即便"黄金一代"已经成为历史，匈牙利足球的技战术理念依然超越时代。穆尼奥斯经常会让普斯卡什一同参加战术研讨会，甚至连西班牙国家队主帅埃斯卡丁也会旁听。正式代表皇马出场后的6个赛季，普斯卡什每个赛季都能确保在联赛至少攻入20球。匈牙利人毫无悬念地捧得了4个赛季的西甲金靴奖奖杯。西班牙的球迷当然没见过10年前鲜衣怒马的普斯卡什怎么踢球，但他们觉得10年后这个白马雕弓的普斯卡什简直是人间奇迹。

然而很快，人们发觉两位超级球星的角色转换了。自普斯卡什到来的第2年起，迪斯蒂法诺的联赛进球数便很难再达到20球以上。匈牙利人更是从一开始就获得了点球主罚权。穆尼奥斯调整了战术架构，迪斯蒂法诺不再是进攻终结者，而是真正的技术核心。这等于变相剥夺了"金箭"主要得分手的资格，这对任何一名前锋都很不公平。但迪斯蒂法诺一点都不恼怒，也不怪罪自己的搭档，相反，他可能是全世界最理解和欣赏普斯卡什的人，还积极帮助他的搭档融入更衣室。普斯卡什晚年患上阿尔茨海默病，迪斯蒂法诺不止一次去看望他。当老友去世的消息传来，"金箭"表示："普斯卡什是个既慷慨大度又正直的好人，度过了精彩的一生。"

皇马球迷给普斯卡什起了很多绰号，其中"潘乔"（Pancho，很酷的家伙）在队友间叫得最多。因为"费伦茨"在西班牙语里就是"弗兰西斯科"，昵称是"帕科"，但当时皇马已经有了一个"帕科"（亨托），于是人们就按照阿根廷的方式叫他"潘乔"。球迷和媒体不大再提及他原来"少校"的绰号，那属于过去的普斯卡什。现在的他是"砰砰小炮"（Canoncito Pum），因为他的左脚射门和开炮一样有力且精确。然而对于很多守门员而言，他们面对的是一门真正的"大炮"。1959—1960赛季，在痛失联赛冠军后，皇马将目标锁定在国内外两线杯赛上。普斯卡什在5、6月间的4场比赛中打进22球，2个"扑克戏法"（大四喜），2个帽子戏法。其中一副"扑克"在欧冠决赛中发给了对手法兰克福。赛后，普斯卡什与迪斯蒂法诺争夺比赛用球当作纪念。"获胜"的匈牙利人最终大方地将球让给了前来讨要的德国前锋施泰因，"因为这家伙进了2个球却输了比赛，我也只能这样安慰他了。"

伯纳乌当初的专权，让普斯卡什开启了第二段黄金生涯。恐怕连皇马主席自己也没想到，31岁才登陆西甲的匈牙利人能在接下来7年时间里一直发光发热。皇马所爱的便是巴萨所恨的。1959—1960赛季欧冠半决赛上演西班牙国家德比。普斯卡什在两回合打进3球，助皇马双杀巴萨过关，最终夺冠。1963年，普斯卡什在跨赛季的2场国家德比中都上演了帽子戏法，让平日里言辞尖酸的加泰罗尼亚媒体都只留下满篇的赞叹。然而英雄终有迟暮时，当性格同样刚强的阿曼西奥出现在队内、利用普斯卡什养伤的时机占据主力位置时，主帅穆尼奥斯知道，到了换代的时候了。可即便在皇马效力的最后一个赛季，普斯卡什依然在14场比赛中打进10球，效率高得惊人。难怪迪斯蒂法诺在老友离世后这样感叹："后世无人能当'小普斯卡什'。"

普斯卡什俱乐部生涯

俱乐部	赛季	联赛			国内杯赛		外战			小计	
		赛事	出场	进球	出场	进球	赛事	出场	进球	出场	进球
布达佩斯洪韦德	1943—1944	匈甲	18	7	—	—	—	—	—	18	7
	1945	匈甲	20	10	—	—	—	—	—	20	10
	1945—1946	匈甲	33	35	—	—	—	—	—	33	35
	1946—1947	匈甲	30	32	—	—	—	—	—	30	32
	1947—1948	匈甲	32	50	—	—	—	—	—	32	50
	1948—1949	匈甲	30	46	—	—	—	—	—	30	46
	1949—1950	匈甲	30	31	—	—	—	—	—	30	31
	1950	匈甲	15	25	—	—	—	—	—	15	25
	1951	匈甲	21	21	2	4	—	—	—	23	25
	1952	匈甲	26	22	—	—	—	—	—	26	22
	1953	匈甲	26	27	3	12	—	—	—	29	39
	1954	匈甲	20	21	—	—	—	—	—	20	21
	1955	匈甲	26	18	6	4	中欧杯	4	4	36	25
	1956	匈甲	13	5	—	—	欧冠	2	1	15	6
	小计		340	350	11	20		6	5	357	375
皇家马德里	1958—1959	西甲	24	21	5	2	欧冠	5	2	34	25
	1959—1960	西甲	24	26	5	10	欧冠	7	12	36	48
	1960—1961	西甲	28	27	9	14	欧冠 洲际杯	2 2	0 2	41	43
	1961—1962	西甲	23	20	8	13	欧冠	9	7	40	40
	1962—1963	西甲	30	26	7	5	欧冠	2	0	39	31
	1963—1964	西甲	25	20	0	0	欧冠	8	7	33	27
	1964—1965	西甲	18	12	4	4	欧冠	3	2	25	18
	1965—1966	西甲	8	4	3	1	欧冠	3	5	14	10
	小计		180	156	41	49		41	37	262	242
生涯总计			520	506	52	69		47	42	619	617

布道全球

武一帆

普斯卡什与其说是在找一份教练的工作，不如说是在利用执教的机会四处云游，探访学习的同时传播匈牙利足球理念，他的足迹遍布全球。

2006年11月17日，普斯卡什在布达佩斯去世，享年79岁。匈牙利人为这位伟大射手举办了不亚于国葬的告别仪式。

　　1965—1966赛季欧冠决赛，皇马击败贝尔格莱德游击队，第6次夺魁。39岁的普斯卡什坐在替补席上，灌了好几杯啤酒，随后肚子鼓了起来。他向记者抱怨："我在马德里度过9年，有7年没碰啤酒。"趁着酒劲，他更加认清现实，"我爱足球，但上不了场真的让人生气。那帮年轻人像疯了一样跑，把我晾在一边。"

　　退役前普斯卡什就开始了几项生意，包括一款以他的绰号"砰砰小炮"命名的香肠和一个毗邻皇马主场的豪华餐厅，后者是以他另一个绰号"潘乔"命名的。不过与他在球场上表现出的精明和刚强不同，商场上的普斯卡什太过固执且慷慨。他公司生产的香肠坚持用匈牙利风味的配方，但西班牙人不喜欢辣椒粉的味道，因此就算说什么"吃了它就能拥有金左脚"也没人买账。他的餐厅变成了匈牙利人联谊的固定场所，老板时不时请客招待同乡和其他社会名流，自然也赚不到什么钱。

普斯卡什终于还是回到了球场，在西甲开始了自己的执教生涯。有趣的是，当年流亡在外时他没能去成曼联，一是因为国际足联不放行，二是因为他不想学英语，但在退役后没有"刚需"的情况下，普斯卡什主动学习英语，并将执教的下一站定在了北美。不得不说，学习英语为普斯卡什打开了一扇全球旅行而非流亡的大门。1967年，普斯卡什来到旧金山执教金门狂风，但由于联赛的组织问题，俱乐部很快就解散了。但他没有立刻返回欧洲，而是就近去加拿大温哥华找了份工作，没有浪费这难得的长见识的机会。

按理说，凭借这样的执教履历是很难在高手如云的欧洲足坛找到好工作的。然而强者往往有不错的运气，1970年，普斯卡什接到了希腊强队帕纳辛奈科斯的聘书。该队刚拿到上一个赛季的联赛冠军，众人对高层高调聘请昔日巨星执教的做法怀有疑虑。不过经过几次谈话，球员逐渐认识到曾经的足坛巨星确实能带来不同寻常的理念。当时球队的主力射手安东尼亚季斯说："普斯卡什要我们把眼光放长远，既然对手也和我们一样是两条腿，那就没什么可怕的。而且真正决定比赛的不是天才球员的多寡，而是职业素养和对战术的执行力。"

当然，说几句漂亮话谁都能做到，光凭这些很难真正让球员信服。于是普斯卡什没事就露点绝活给这群"没见过世面"的球员开开眼。安东尼亚季斯亲眼见证了这样的一幕："下雨的时候我们会在篮球馆训练，普斯卡什把球放在中圈，然后一脚射进了篮筐里。"除了秀脚法，普斯卡什毕竟是匈牙利队"黄金一代"的代表，对足球技战术和科学训练都有深刻的理解。他利用自己的关系把球队拉到皇马的训练基地去打季前赛。这让帕纳辛奈科斯的球员大开眼界："我们之前不知道还能这样训练和比赛。普斯卡什彻底改变了俱乐部的发展方向，也改变了希腊足球。"

真正激动人心的时刻还在后边。帕纳辛奈科斯在1970—1971赛季欧冠赛场上一路过关斩将，在正赛首轮击败布拉迪斯拉发。希腊球队不但赢了比赛，还赢得了尊重，在赛后获得对方列队祝贺的礼遇。而后凭借顽强的防守，帕纳辛奈科斯击败埃弗顿，又在半决赛首回合客场1比4落败的情况下，次回合主场3比0取胜，凭借客场进球优势晋级，淘汰贝尔格莱德红星。这是希腊任何一家俱乐部至今唯一一次打入欧战决赛。当夜上街欢庆的不仅有穿绿色球衣的帕纳辛奈科斯球迷，甚至穿红色球衣的死敌奥林匹亚科斯球迷也放下成见，一同庆祝希腊足球的崛起。

不过，普斯卡什的小伙子们在温布利球场的决赛现场面对的是克鲁伊夫领衔的阿贾克斯。一场以命相搏的恶战后，荷兰球队以2比0带走了欧冠奖杯，留给希腊足球一个永远的幻影和无尽的遗憾。尽管未能带领帕纳辛奈科斯上演奇迹，但这仍是普斯卡什执教生涯的最高光时刻。

普斯卡什与其说是在找一份教练的工作，不如说是在利用执教的机会四处云游，探访学习的同时传播匈牙利足球理念。之后20年，他的足迹遍布欧洲、南美、中东甚至大洋洲。普斯卡什曾带领巴拉圭的美洲太阳队和澳大利亚的南墨尔本队夺得冠军，但比得到冠军更让他高兴的是，他终于能够回到祖国匈牙利定居，后来还短暂执教国家队。30多年的时光宛如一场梦，普斯卡什梦想的起点在布达佩斯，人生的终点也在布达佩斯。2006年，匈牙利人为本国历史上最伟大的射手举办了不亚于国葬的告别仪式，贝利、贝肯鲍尔、博比·查尔顿和亨托都到场致哀。只有他们明白，世间再也不可能有这样踢球的人。

经历过真正的巅峰与令人绝望的低谷，普斯卡什凭借着纯粹而强大的技艺步入足坛圣殿。

人间奇迹

○ 武一帆

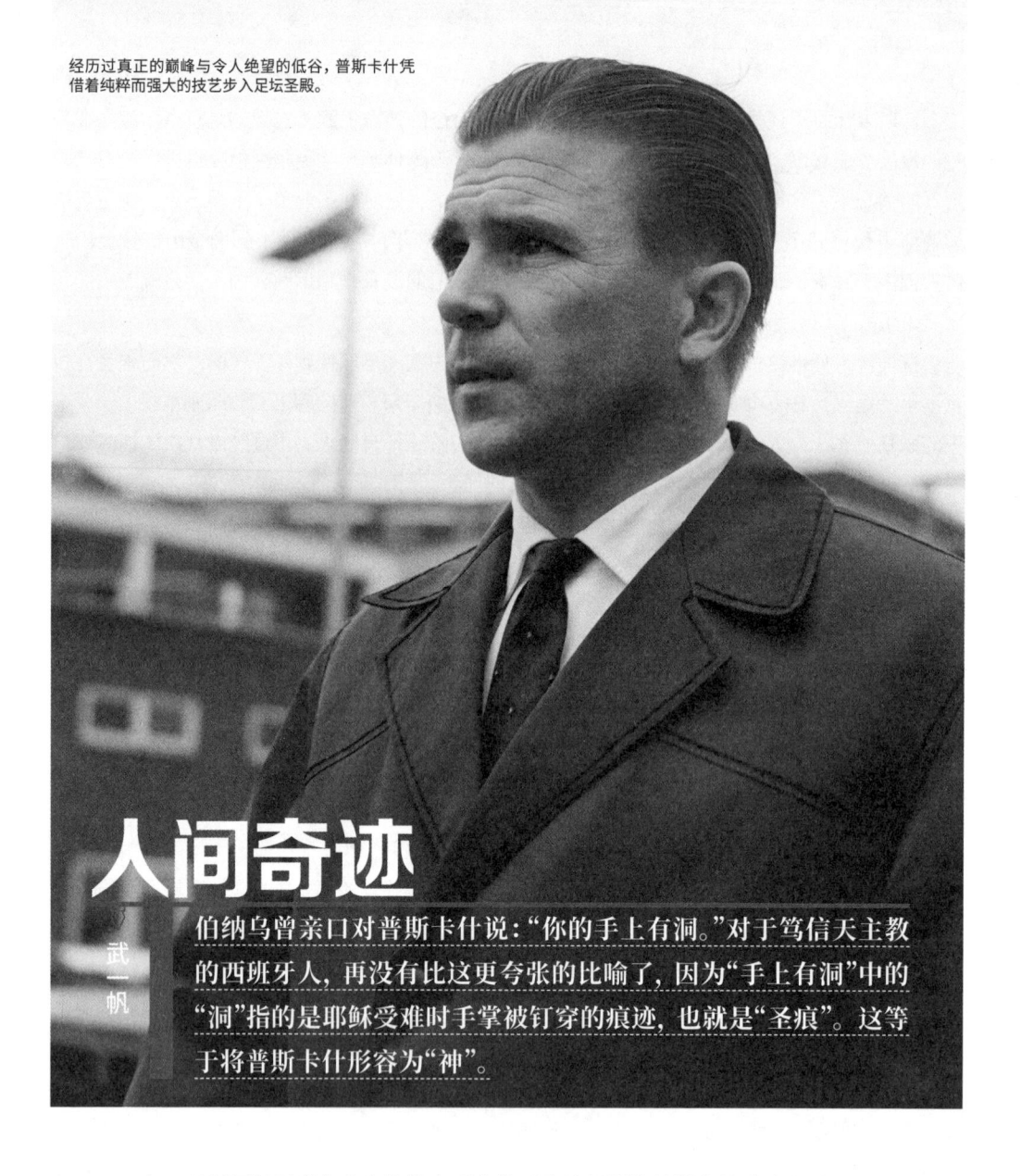

伯纳乌曾亲口对普斯卡什说："你的手上有洞。"对于笃信天主教的西班牙人，再没有比这更夸张的比喻了，因为"手上有洞"中的"洞"指的是耶稣受难时手掌被钉穿的痕迹，也就是"圣痕"。这等于将普斯卡什形容为"神"。

2009年，时任国际足联主席布拉特参观完位于布达佩斯的普斯卡什学院之后，提出要设立一个以这位传奇射手命名的奖项。与国际足联或金球奖评选的其他奖项不同，"普斯卡什奖"的评选标准首要突出的不是客观公正，而是绝对的赏心悦目。而且评选时不计较进球者的国籍、性别和竞技水平，只要求进球好看。普斯卡什在天之灵应该会很开心，他这辈子的进球数连他自己都很难数清，要专业人士进行调研和审核才能得出结论。而他的精彩进球也太多了，不只是观众和队友，甚至对手都会为现场欣赏到如此精妙的射门技巧而感到激动。

如果普斯卡什的人生能像他射门进球那样轻松就好了。他在20多年的职业生涯中经历了真正的巅峰和低谷，而且是两次巅峰和一次近乎毁灭的打击。他的人生经历就是一部励志教材，让有天赋和理想但缺乏信心的球员找到人生的方向：不一定始终向上，但总要向前。作为匈牙利队"黄金一代"的中流砥柱，他在赛场上展示过究竟什么是真正的技巧，以及无视胜负法则、纯粹征服一切的足球。经过几年的困苦挣扎，他又将这种技巧从多瑙河畔带到了伊比利亚半岛，帮助西班牙足球继续领先世界。

然而真正让普斯卡什在"天堂足球队"留有一席之地的，还是他无与伦比的足球技艺。这一点仅从留存于世间的影视资料难以窥其一斑，但同时代人的见解可供参考。普斯卡什在皇马的第一堂训练课，尽管迪斯蒂法诺等球星都听过他的名字，但还是很好奇这个大腹便便的匈牙利人究竟厉害在哪。半小时后，迪斯蒂法诺向队友惊讶地说："这家伙用左脚操控球比我用手还灵活！"有人吹毛求疵，说普斯卡什只会用一只脚踢球，匈牙利人每次听到这话都会用满是脏词的西班牙语反讽说："我要是同时用两只脚踢球，那先着地的就是屁股了！"

以速度见长的亨托在迪斯蒂法诺的帮助下精进控球和传球技术，当然也不会缺少向大师学习的机会。他回忆起看普斯卡什展现球技的场景："我每次训练完都特意去看他踢球。他击球的方式堪称绝妙，清爽、有劲儿又精准。洗澡时，我把肥皂扔给他，这位老兄就拿左脚开始颠肥皂！"但问题是，超重那么多的普斯卡什在赛场上是如何跟上"快马"亨托的？当时皇马后防的中流砥柱桑塔马里亚给出了答案："别看他胖，他前10米的启动速度非常快。"

更何况普斯卡什很快经由艰苦的训练恢复到比较正常的体形。2年远离主流赛场，上来就能代表皇马这样的冠军球队踢西甲和欧冠，可以说是一个奇迹。"人间奇迹"这个词不是随便造出来的，而是出自伯纳乌主席之口。他当年亲口对普斯卡什说："你的手上有洞。"对于笃信天主教的西班牙人，再没有比这更夸张的比喻了，因为"手上有洞"中的"洞"指的是耶稣受难时手掌被钉穿的痕迹，也就是"圣痕"。这等于将普斯卡什形容为"神"，和后来者将罗纳尔多形容为"外星人"是一个道理。

如果不谈足球技巧，只说数据，普斯卡什仍有几项纪录让后来者难以企及。据统计，普斯卡什自1943年在匈牙利联赛亮相，到1966年在西甲挂靴，共在530场联赛中进514球，在欧洲顶级联赛历史射手榜上排名第2位，仅次于更早的高产射手比灿。而且考虑到当时的匈牙利足球水平，和皇马随后的连冠时代，普斯卡什这500多球的数据含金量相当惊人。C罗在前往沙特踢球前，留下了498球的伟大成就，而梅西目前与普斯卡什的纪录还有一点距离。但普斯卡什有一项成就，是两位当世超巨几乎无法复制的：他是欧冠历史上唯一一位两次在决赛上演帽子戏法的球员。不过，他的两次戴帽只拿回一个冠军——1961—1962赛季决赛，皇马3比5不敌本菲卡。

是否该将普斯卡什定义为"足球历史上最伟大的前锋"？这恐怕又要引发争议。但对于这样一个追求极致技巧，追求射门力量、精度和脚法完美结合的人，只能用独一无二来形容。毕竟不是谁都能像普斯卡什那样，在训练中将6个球摆在禁区外，宣称要连续踢中6次横梁。随着他的踢中，旁观者开始数"1次、2次……"，一直数到6次，然后齐声惊呼。那是个没有绿幕特效的时代，所以应该不是假的。

Eusébio
尤西比奥
1942—2014

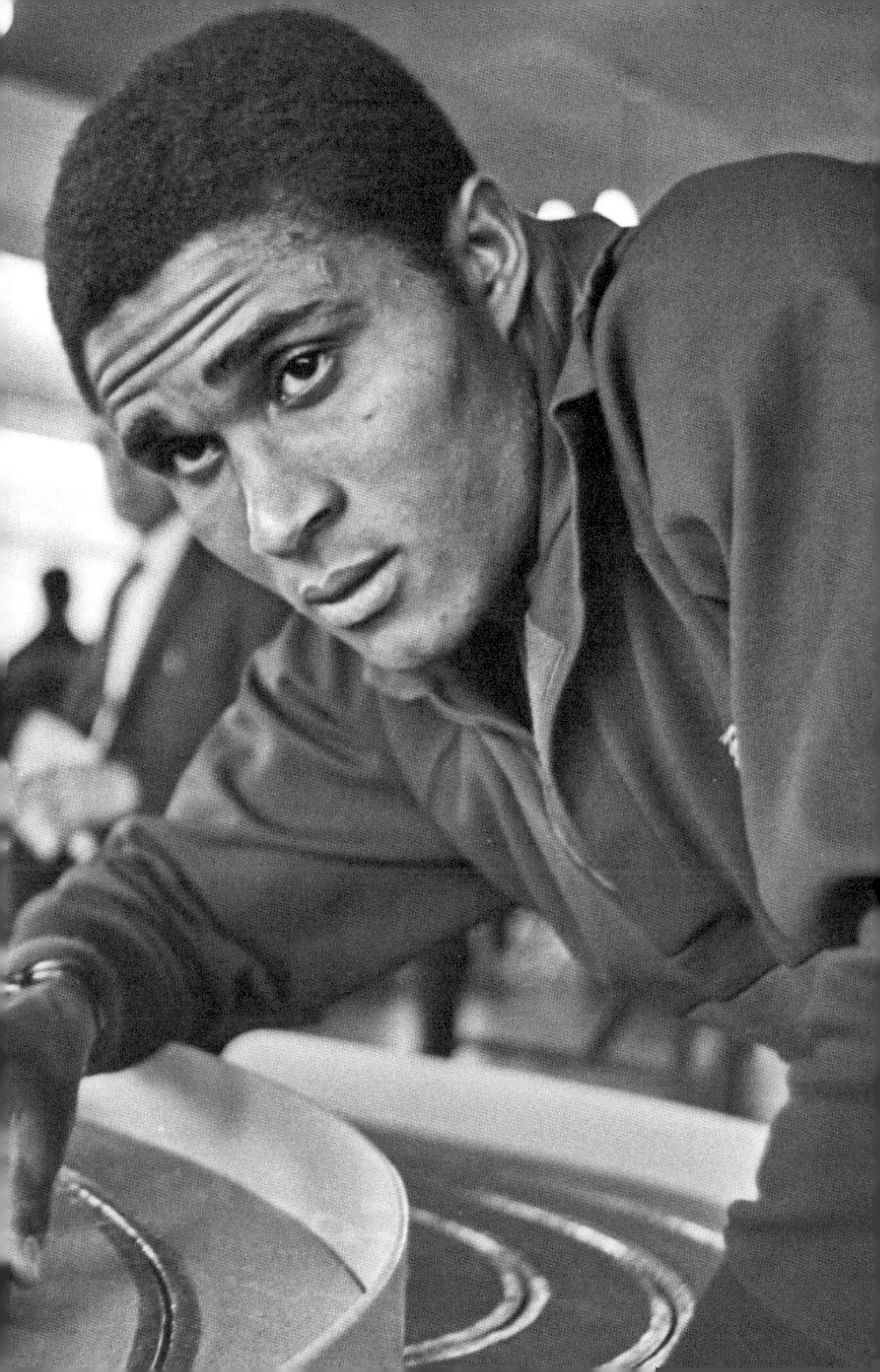

尤西比奥

生卒	1942年1月25日—2014年1月5日
国籍	葡萄牙/莫桑比克
出生地	葡属莫桑比克洛伦索—马贵斯（现莫桑比克共和国马普托）
离世地	葡萄牙里斯本
身高	1.75米
位置	中锋/进攻型中场

青年队生涯

| 1957—1958年 | 洛伦索—马贵斯竞技 | |

俱乐部生涯

1957—1960年	洛伦索—马贵斯竞技	42场77球
1961—1975年	本菲卡	440场473球
1975年	波士顿民兵	7场2球
1975—1976年	蒙特雷	10场1球
1976年	多伦多克罗地亚	21场16球
1976—1977年	贝拉马尔	12场3球
1977年	拉斯维加斯银速	17场2球
1977—1978年	托马尔联	12场3球
1978—1979年	新泽西美洲人	9场2球

国字号生涯

| 1961—1973年 | 葡萄牙队 | 64场41球 |

个人荣誉

金球奖×1
1965年

葡萄牙足球先生×2
1970、1973年

葡甲最佳射手×7
1963—1964、1964—1965、1965—1966、1966—1967、1967—1968、1969—1970、1972—1973赛季

葡萄牙杯最佳射手×5
1961—1962、1963—1964、1964—1965、1968—1969、1971—1972赛季

欧洲金靴奖×2
1967—1968、1972—1973赛季

欧冠最佳射手×3
1964—1965、1965—1966、1967—1968赛季

世界杯最佳射手×1
1966年

世界杯最佳阵容×1
1966年

国际足联特别功绩奖×1
1994年

国际足联百大球星
2004年

欧足联主席奖
2009年

团队荣誉

洛伦索—马贵斯竞技
莫桑比克甲冠军×1
1960年

本菲卡
葡甲冠军×11
1960—1961、1962—1963、1963—1964、1964—1965、1966—1967、1967—1968、1968—1969、1970—1971、1971—1972、1972—1973、1974—1975赛季

葡萄牙杯冠军×5
1961—1962、1963—1964、1968—1969、1969—1970、1971—1972赛季

葡萄牙荣誉杯冠军×9
1962—1963、1964—1965、1966—1967、1967—1968、1968—1969、1971—1972、1972—1973、1973—1974、1974—1975赛季

里贝罗·多斯雷斯杯冠军×3
1963—1964、1965—1966、1970—1971赛季

欧冠冠军×1
1961—1962赛季

多伦多克罗地亚
北美足球联赛冠军×1
1976年

473

尤西比奥共为本菲卡出战比赛440场，攻入473球，位列球队历史射手榜榜首。在射手榜前10榜单中，尤西比奥场均1.08球的进球效率同样排名第一。尤西比奥也是当中进球数超过400球的唯一球员，榜单第二的若泽·阿瓜斯为本菲卡打入了379粒进球。

1

1967—1968赛季，尤西比奥在葡甲联赛中打入42粒进球，成为首届欧洲金靴奖得主。1972—1973赛季，尤西比奥以40球的成绩再次收获欧洲金靴奖。

46

尤西比奥曾3次成为欧冠最佳射手。"黑豹"欧冠共出战65场攻入46球，在欧冠1992年改制前的射手榜上，尤西比奥仅次于迪斯蒂法诺(48球)，排名第二。

1

1966年，尤西比奥收获欧冠最佳射手奖和世界杯最佳射手奖，成为迄今为止在同一年收获这两项荣誉的唯一球员。那一年他也成为葡甲最佳射手。

7

尤西比奥总共7次成为葡甲最佳射手，是获得葡萄牙顶级联赛最佳射手次数最多的球员。在葡甲联赛中，尤西比奥共有29次在单场比赛中打入3球或更多，位居历史排行榜第三。1972—1973赛季，尤西比奥单赛季6场进球3+，创造葡萄牙顶级联赛纪录。

9

尤西比奥只参加过一届世界杯。在1966年世界杯上，尤西比奥出战6场打入9球，助葡萄牙队收获季军，他也成为赛事最佳射手。对阵朝鲜队的1/4决赛，尤西比奥打入4球，葡萄牙队在落后3球的局面下完成逆转，5比3取胜晋级。尤西比奥以9球位列葡萄牙队世界杯历史射手榜榜首，C罗以8球位居第二。

3

尤西比奥在6场世界杯比赛中收获9球，场均进球数据为1.5球。在所有至少打入9球的世界杯进球者中，尤西比奥的进球效率仅次于匈牙利队的柯奇士(5场11球，场均2.2球)和法国队的方丹(6场13球，场均2.17球)，与巴西队的阿德米尔·梅内塞斯(6场9球，场均1.5球)并列排名第三。

尤西比奥去世后，众多球迷来到光明球场外的铜像前悼念，铜像上挂满了本菲卡与葡萄牙国家队的围巾。足坛传奇尤西比奥，被葡萄牙民众视为国宝。

国宝黑豹

> 憨厚淳朴的尤西比奥，拖着累累伤痕的膝盖，铸就了一段足坛传奇。对于葡萄牙这个国家而言，尤西比奥成为一张通行全球的名片，是当之无愧的国宝。

小中

1942年1月25日，尤西比奥出生于葡属莫桑比克的洛伦索—马贵斯（现莫桑比克共和国马普托），全名尤西比奥·达·席尔瓦·费雷拉。尤西比奥的父亲劳林多·安东尼奥·达·席尔瓦·费雷拉出生于安哥拉，后来在洛伦索—马贵斯铁路公司工作，也在铁路队踢球，场上位置是中场，踢得不错。从父亲那里，尤西比奥继承了对足球的热爱，也继承了对本菲卡的热爱，因为劳林多是本菲卡的拥趸。

街头的"郊区王子"

小时候，尤西比奥会和小伙伴在马法拉拉区街头踢球，但只能踢破布做成的足球。一个叫希科的卖彩票的人见他们踢得越来越有模有样，就建议这群小伙伴组织一支球队，由他来做

142

主席。由于都说葡萄牙语，莫桑比克人很喜欢巴西足球。于是，尤西比奥的球队起名为"巴西人"，队中每个人都以巴西球星的名字做外号，尤西比奥取的外号叫"内内"。

小伙伴们凑了12埃斯库多（葡萄牙原法定货币），买了一个橡胶球，在跟其他球队踢球时，"巴西人"所向披靡。希科又提出一个建议，再踢比赛，交战双方各出10埃斯库多作彩头，哪支球队赢了，20埃斯库多就归哪队。不久，"巴西人"就攒了400埃斯库多。于是小球队有了第一套队服，那是希科先生从一个仓库买的便宜货。

此时尤西比奥已经小有名气，得名"郊区王子"，有人建议他和小伙伴们到洛伦索—马贵斯体育俱乐部试试运气。这家俱乐部是本菲卡的"分店"，不过教练没看上尤西比奥，嫌他长得太瘦。后来，尤西比奥又去洛伦索—马贵斯竞技碰运气，结果被留了下来。

洛伦索—马贵斯竞技是里斯本竞技的"分店"，1957年，15岁的尤西比奥就获得了俱乐部的一线队的征召。1960年，洛伦索—马贵斯竞技拿到了莫桑比克甲级联赛冠军，尤西比奥是夺冠功臣，他在出战的20场比赛里打进36球，效率惊人。

那时尤西比奥还有一个外号：马噶噶噶噶（Magagagaga）。这个看起来有些奇特的叫法来自当地土话，形容一名球员身强体壮，射门十分有力量。在洛伦索—马贵斯竞技，尤西比奥练过短跑，他也承认田径训练对自己的足球生涯帮助很大。尤西比奥的百米跑能达到11秒多的成绩，这个速度已经相当快了。

惊动总理的天才争夺战

出色的尤西比奥，引起了葡萄牙豪门球队本菲卡和里斯本竞技的关注，本菲卡率先接触尤西比奥及其家人，里斯本竞技得知消息后，也决定对尤西比奥发出邀请。不过，"绿狮"主席布拉斯·梅代罗提出条件：尤西比奥得先接受试训，之后再决定留不留。尤西比奥和家人都不同意这个条件，提出要么马上签合同，要么就不去。

本菲卡历史射手榜TOP10

排名	球员	效力时期	出场	进球	场均进球
1	尤西比奥	1961—1975年	440	473	1.08
2	若泽·阿瓜斯	1950—1963年	384	379	0.97
3	内内	1968—1986年	575	359	0.62
4	若泽·托雷斯	1959—1971年	259	226	0.87
5	阿塞尼奥	1943—1955年	298	220	0.74
6	罗热里奥·皮皮	1942—1947年 1947—1954年	314	205	0.65
7	儒利尼奥	1942—1951年 1952—1953年	200	202	1.01
8	若泽·奥古斯托	1959—1970年	369	175	0.47
9	奥斯卡·卡多索	2007—2014年	293	172	0.59
10	努诺·戈麦斯	1997—2000年 2002—2011年	399	166	0.42

1965—1966赛季欧冠射手榜

排名	球员	球队	进球
1	尤西比奥	本菲卡	7
1	弗洛里安·奥尔贝特	费伦茨城	7
3	约翰·康奈利	曼联	6
3	穆斯塔法·哈萨纳吉奇	贝尔格莱德游击队	6
5	阿曼西奥	皇马	5
5	阿斯帕鲁霍夫	索菲亚列夫斯基	5
5	戴维·赫德	曼联	5
5	伊万·姆拉兹	布拉格斯巴达	5
5	普斯卡什	皇马	5
10	若泽·奥古斯托	本菲卡	4
10	乔治·贝斯特	曼联	4
10	保罗·范希姆斯特	安德莱赫特	4
10	安德烈·克瓦什尼亚克	布拉格斯巴达	4
10	雅克·施托克曼	安德莱赫特	4

1966年世界杯射手榜

排名	球员	球队	进球
1	尤西比奥	葡萄牙队	9
2	赫尔穆特·哈勒尔	联邦德国队	6
3	赫斯特	英格兰队	4
3	费伦茨·贝内	匈牙利队	4
3	波库扬	苏联队	4
3	贝肯鲍尔	联邦德国队	4
4	路易斯·阿蒂梅	阿根廷队	3
7	博比·查尔顿	英格兰队	3
7	罗杰·亨特	英格兰队	3
7	若泽·奥古斯托	葡萄牙队	3
7	若泽·托雷斯	葡萄牙队	3
7	马洛费耶夫	苏联队	3

1960年6月,本菲卡采取实际行动,给了尤西比奥一家110康托(1康托=1000埃斯库多,当时约合30美元)。洛伦索—马贵斯竞技要价150康托,本菲卡还价140康托,说可以马上支付。洛伦索—马贵斯竞技不接受,本菲卡最终同意出150康托转会费,两家俱乐部达成口头协议。

里斯本竞技急了,希望尤西比奥把110康托还给本菲卡,让洛伦索—马贵斯竞技补给他110康托,条件是他得留在洛伦索—马贵斯竞技,一直到莫桑比克联赛结束。尤西比奥的母亲埃莉萨是个言而有信的人,她答应了本菲卡,不想再反悔,尤西比奥也是这个意思。

因为怕失去尤西比奥,本菲卡答应再给尤西比奥140康托。洛伦索—马贵斯市有一位肉铺老板,名叫马里奥·德梅洛,是本菲卡拥趸,他发挥了关键作用。他给尤西比奥买好机票,偷偷送他登上了飞往里斯本的飞机。

1960年12月15日,尤西比奥到了葡萄牙。没有不透风的墙,舆论一片哗然,说本菲卡的做法无异于绑架。里斯本竞技把官司打到葡萄牙足协和体育局。在里斯本竞技的授意下,洛伦索—马贵斯竞技拒绝给本菲卡开具尤西比奥的转会证明。

里斯本竞技让其旗下球星伊拉里奥以请尤西比奥看电影为名把他骗出来,路上伊拉里奥说忘了带钱,把尤西比奥带回自己家。里斯本竞技的人带了一箱子钱等着他,共计500康托,但被尤西比奥拒绝。

为了防止尤西比奥被里斯本竞技的人"绑架"走,本菲卡安排他前往葡萄牙南方海滨城市阿尔加夫。在酒店里,本菲卡的人把尤西比奥的衣服都锁了起来,只给他拖鞋和短裤,以防止他"逃跑"。那段时间,为了不让里斯本竞技知道尤西比奥的动向,本菲卡与自己在莫桑比克的谈判代表进行电报联系时,用女子名"鲁斯"指代尤西比奥。

在体育局打输官司后,本菲卡不认输,又找到了教育部部长。因为里斯本竞技是精英球队,本菲卡是民众球队,葡萄牙总理萨拉查偏爱本菲卡。最终在压力下,葡萄牙足协改判,认为本菲卡和尤西比奥的合作有效。当然,为了留下尤西比奥,本菲卡也花了大价钱。给尤西比奥一家的钱最终是250康托,给洛伦索—马贵斯竞技的转会费增加到了400康托。

1961年5月23日在光明球场,尤西比奥终于迎来身穿本菲卡球衣的首秀。那场比赛本菲卡4比2取胜,尤西比奥独进3球。但5月31日的欧冠决赛,尤西比奥却不能上场。按照当时的规定,一名球员要在欧冠登场,就必须在那场比赛3个月前完成注册。此役,本菲卡3比2战胜巴萨,首夺欧冠冠军。

"黑豹"奔向欧洲之巅

1961年7月1日的一场葡甲联赛,本菲卡客场对阵塞图巴尔胜利。本菲卡获得点球,尤西比奥第一次为新东家主罚点球。但他射门力量不够,足球被对手门将扑出。而这位门将,正是名帅穆里尼奥的父亲。

1972年葡萄牙队到巴西打"迷你世界杯",那项赛事其实叫巴西独立杯,为庆祝巴西独立150周年而举办,因为邀请到了几乎所有强队,也被叫作"迷你世界杯"。老穆里尼奥是排在若泽·恩里克和达马斯之后的第三门将,那是他职业生涯仅有的一次获得葡萄牙队征召。

巴西独立杯上,尤西比奥佩戴葡萄牙队队长袖标。小组赛第4战对爱尔兰队,比赛进行到第84分钟,老穆里尼奥顶替受伤的若泽·恩里克出场,与尤西比奥并肩作战了6分钟。

尤西比奥职业生涯进球数非常多,点球破门也不少。他射点球成功率很高,包括老穆里尼奥扑出的那一次,尤西比奥只射失过4次。

1961年10月25日,在温布利球场,葡萄牙队与英格兰队打了一场友谊赛。尽管葡萄牙队那场比赛0比2告负,但尤西比奥的表现还是让英国人大为惊叹。尤西比奥速度奇快,动作灵活而优雅,英国《每日快报》记者德斯蒙德·哈克特赛后给他起了"黑豹"这个外号。

尤西比奥起初并不喜欢这个外号:"刚开始时我不喜欢。因为在洛杉矶,有一个抢劫银行的匪帮自称黑豹党,因此我很难接受。不过随着时间的推移,我开始喜欢这个外号,非常喜欢。"

1961—1962赛季欧冠决赛,上届冠军本菲卡对阵5届冠军皇马。普斯卡什在上半场就上演帽子戏法,双方一度战成3比3。第64分钟和第69分钟,尤西比奥连进两球,本菲卡最终5比3取胜。

本来尤西比奥可以像普斯卡什一样,也在欧冠决赛上演帽子戏法。若泽·阿瓜斯第25分钟的进球是个补射,当时尤西比奥在皇马禁区前沿主罚任意球中柱,若泽·阿瓜斯补射成功。这个任意球尤西比奥本来不想去罚,后来他解释说:"科卢纳在禁区前沿被绊倒,队友让我去罚任意球。实话实说,比赛刚开始时我非常紧张,当时我试图控制住自己。球放在地上,我眼望前方想直接射门。我向后退,助跑,大力施射,球打在门柱上弹了出来。阿瓜斯马上跑过去,没浪费时间,把球补进球门。"

尤西比奥第64分钟的进球是个点球,他带球杀入皇马禁区造点,亲自操刀命中,将比分改写成4比3。第69分钟,几乎在同样的位置,只是稍稍靠中间了一点,本菲卡又获得前场任意球机会。那一次,尤西比奥没让机会溜走,一脚爆射将比分锁定为5比3。

尤西比奥罚进点球前,还有一个小插曲。皇马后卫桑塔马里亚为了干扰他,对他说了一句西班牙语脏话。尤西比奥听不懂西班牙语，队友科卢纳对尤西比奥说："把球打进，然后叫他cabrón（混蛋）。"尤西比奥顶住压力将点球罚进，本菲卡反超比分。

尤西比奥之后破门的那脚任意球，也跟桑塔马里亚有关。打进点球后，尤西比奥的紧张感烟消云散，自信心高涨，他觉得那个任意球能打进。"我感觉自己疯了。下半场桑塔马里亚禁区前沿手球，我非常有信心破门！科卢纳横敲给我，我大力施射，球进了。"

5比3击败皇马，本菲卡拿到了第2个欧冠冠军。球员疯狂庆祝，球迷也冲进场内，追着球员跑。最后尤西比奥几乎赤身裸体，只穿着内裤。有球迷把他扛到肩上，但尤西比奥的手却伸进内裤里保护着一件球衣，防止被狂热的球迷抢走，那是偶像迪斯蒂法诺的球衣。当时尤西比奥刚小有名气，还有些腼腆，跟迪斯蒂法诺又不熟，他是托科卢纳跟"金箭"要的球衣。多年后尤西比奥回忆道："我请求科卢纳，让他去跟迪斯蒂法诺说能不能把球衣送给我，因为当时"金箭"不知道谁是尤西比奥。我们赢了之后，我跑到迪斯蒂法诺跟前，他把球衣给了我，他也拿了我的球衣。随后我的球鞋和短裤被球迷抢走了，我把迪斯蒂法诺的球衣藏在内裤里才保留下来。"

魔咒中的金球

本菲卡两次欧冠夺冠，主教练都是古特曼。第二次夺冠后，因为跟本菲卡没谈拢奖金和薪水，这位匈牙利名帅与俱乐部分道扬镳。临走时古特曼掷地有声地撂下一句话："就算过了一百年，也不会有葡萄牙球队蝉联欧洲冠军。没有我，本菲卡永远也拿不到欧洲冠军。"这就是著名的"古特曼魔咒"。匈牙利人之后远渡重洋，去乌拉圭佩纳罗尔执教了。

在智利教练费尔南多·列拉率领下，1962—1963赛季欧冠本菲卡连续第3次杀进决赛。比赛在温布利球场举行，赛前本菲卡队长高声朗读了古特曼发来的电报："我希望光荣的欧洲冠军取得新的胜利，为本菲卡和葡萄牙足球带来荣耀。"

但古特曼的电报没能消解诅咒。第19分钟，凭借一脚劲射，尤西比奥为本菲卡首开纪录。之后AC米兰后卫切萨雷·马尔蒂尼却对他下了狠脚。尤西比奥说："我们当时领先，马尔蒂尼从后面过来，用鞋钉把我的脚背踢得开裂了。我觉得，他应该是得到他主教练的命令，想把我给废了。当时不允许换人，我去了更衣室，打了封闭。但疼痛还在继续，我都不能把脚放在地上，只能一瘸一拐地走路。"

在场上，尤西比奥成了"废人"，第58分钟和第69分钟，阿尔塔菲尼梅开二度，AC米兰反超比分。欧冠第3冠近在咫尺，本菲卡却让冠军从指间溜走，尤西比奥赛后失声痛哭。

尤西比奥的本菲卡是第一支在对手主场踢欧冠决赛的球队。1964—1965赛季欧冠决赛，本菲卡的对手是国际米兰。半决赛之后，赛事组委会宣布决赛将在梅阿查球场举行。这样的决定是史无前例的，很多人都觉得不公平。然而抗议无效，决赛还是定在梅阿查。作为当时的足球弱国，葡萄牙受到了伤害。时任国际米兰主席安杰洛·莫拉蒂在意大利足坛和欧洲足坛呼风唤雨，当时流传着一种说法：莫拉蒂收买了一切，包括裁判。

决赛前国米又为本菲卡制造障碍：本菲卡可以到球场踩场，但不能进行有球适应性训练，

尤西比奥国家队生涯 1961—1973年

赛事	出场	进球
世界杯	6	9
世界杯预选赛	18	12
欧洲杯预选赛	14	5
友谊赛	26	15
总计	64	41

葡萄牙队世界杯射手榜

排名	球员	进球	参赛
1	尤西比奥	9	1966年
2	C罗	8	2006年 2010年 2014年 2018年 2022年
3	保莱塔	4	2002年 2006年
4	若泽·奥古斯托	3	1966年
4	若泽·托雷斯	3	1966年
4	贡萨洛·拉莫斯	3	2022年
7	马尼切	2	2006年
7	蒂亚戈	2	2010年
7	布鲁诺·费尔南德斯	2	2022年
7	佩佩	2	2018年 2022年
7	莱昂	2	2022年

只可以进行无球训练,而且不能穿球鞋。意大利人的理由是:球场草皮已经有40年历史,损坏得非常厉害,因此得小心保护。本菲卡强烈抗议,国米方面让了一步:本菲卡可以进行30分钟有球训练,但球员不能穿球鞋,只能穿普通运动鞋。

那场决赛,尤西比奥又是打了封闭上场。一切都对本菲卡不利:赛前的雨让场地泥泞不堪,而且看台上多数人是国米球迷。最终比分是1比0,国米的巴西前锋雅伊尔第42分钟破门。

本菲卡门将科斯塔·佩雷拉患有腰椎间盘突出,却带病上场。雅伊尔的射门力量不大,佩雷拉扑了一下但没扑住,足球从两腿之间滚进球门。赛后佩雷拉解释说:"我扑得不错,只是我急着站起来,好马上发动进攻,结果球脱手了。"

第57分钟,佩雷拉与国米中场桑德罗·马佐拉重重地撞到一起,他实在坚持不下去了,被迫下场。当时还没有换人一说,在剩下的时间里,本菲卡只能以10人应战。客串门将的是中卫热尔马诺,他在青少年时代就客串过门将,技术还不错,并且在剩下的时间里力保城门不失。其实尤西比奥守门技术也不错,在本菲卡平时的训练中也练过。但本菲卡还指望着尤西比奥进球。

又一次欧冠决赛失利,赛后本菲卡球员痛哭失声,尤西比奥哭得最伤心。欧足联甚至取消了亚军颁奖仪式,把奖牌放在本菲卡队长科卢纳手里,让他自己给队友分发。

尽管本菲卡输给国米没拿到欧冠冠军,但尤西比奥还是凭借出众的表现获得了1965年的金球奖,成为第1个捧起金球奖奖杯的葡萄牙球员。在之前的1962年金球奖评选中,尤西比奥排名第2,输给了马索普斯特。1965年金球奖,呼声最高的是国米左后卫法切蒂,不过最终还是尤西比奥获胜。"黑豹"得到67分,法切蒂59分居次席。1966年金球奖评选,尤西比奥又一次排名第2,输给了博比·查尔顿。

1965年金球奖评选结果公布时,距离圣诞节已经很近了。那天是个星期一,本菲卡队放假。尤西比奥开着车,带着新婚妻子弗洛拉,同科卢纳夫妇出去游玩。听到车载收音机播放的好消息,几人欣喜若狂。尤西比奥后来回忆说:"刚一听到我的名字,我差点儿撒开方向盘。我非常激动,开始哭起来,哭得像个孩子。"

1965—1966赛季欧冠1/4决赛,本菲卡的对手是曼联,首回合在老特拉福德,本菲卡2比3

败北。次回合前，《法国足球》杂志向尤西比奥颁发了金球奖，可曼联丝毫不给金球奖得主留情面，5比1大胜本菲卡。

冤家路窄，1967—1968赛季欧冠决赛，本菲卡又遇到曼联。在温布利球场，常规90分钟两队战成1比1平。加时赛阶段曼联进了3球，最终4比1取胜。两次与曼联交手，尤西比奥都没能进球。

首届欧洲金靴奖在1967—1968赛季颁发，第一位得主正是尤西比奥，他在联赛中24次登场，收获42球。1972—1973赛季，"黑豹"再获欧洲金靴奖，28场40球。

世界杯，神力与无奈

1966年英格兰世界杯是尤西比奥参加的仅有的一届世界杯，也是仅有的一届国际大赛，他在那届大赛上的出色表现，为他在世界足坛赢得了如日中天的声望。

小组赛首战对匈牙利队，葡萄牙队3比1取胜。小组赛第二战，葡萄牙队3比0击败保加利亚队。两战全胜的葡萄牙队已经小组出线，第三战对阵输球就将出局的巴西队，"五盾军团"却没留情。

第15分钟，尤西比奥似传似射，巴西队门将扑球脱手，安东尼奥·西蒙斯头球首开纪录。第27分钟，尤西比奥甩头攻门，打进他在葡萄牙队的首个头球。第85分钟，葡萄牙队角球，尤西比奥劲射破门，将比分锁定为3比1。赛后英国媒体评论道："最近一周，人们说尤西比奥在挑战贝利的世界最佳球员头衔。这一战，尤西比奥抢占了那个头衔。"

1/4决赛，葡萄牙队的对手是朝鲜队。作为黑马，朝鲜队在小组赛最后一战1比0击败意大利队，将"蓝衣军团"淘汰。在古迪逊公园上演的那场1/4决赛，是世界杯历史上的名局。朝鲜队开局后连进3球领先，但尤西比奥没有放弃，之后连进4球，队友奥古斯托第80分钟锁定胜局。葡萄牙队5比3逆转朝鲜队，尤西比奥成为世界杯历史上首位单场比赛进4球的球员。为了抓紧时间，每次进球后尤西比奥都跑到朝鲜队球门里抱起球，回到中圈，赛后他被媒体称作"最着急忙碌的人"。"黑豹"有着很强的求胜心，不接受输球。

对英格兰队的半决赛本应在古迪逊公园举行，但却改到了伦敦温布利球场。1/4决赛朝鲜队打得很凶，速度很快，葡萄牙队虽然赢了，但球员非常疲劳。三天后就得对阵英格兰队，而且还改了比赛地点，葡萄牙全队不得不从利物浦移师伦敦。

半决赛球场易地，葡萄牙队球员急急忙忙收拾行李坐火车去了伦敦，路上花了3小时。葡萄牙队入住伦敦皮卡迪利广场酒店，深夜，英格兰队球迷还在外面吵闹。第二天，葡萄牙队将驻地改在离伦敦30千米的哈洛。

以这样的状态，葡萄牙队难以赢下东道主英格兰队。博比·查尔顿梅开二度，尤西比奥扳回一球，葡萄牙队1比2败北。输球之后，"黑豹"发泄了心中的不满："我一直相信我能赢得世界杯，而我没赢是因为我来自一个小国。因此我才双眼望天，泪水滂沱。"

季军争夺战，葡萄牙队2比1击败雅辛的苏联队。"黑蜘蛛"一向以擅长扑点球著称，但第12分钟，尤西比奥正是凭借点球首开纪录。射进点球后，见雅辛黯然神伤，尤西比奥去门前安慰

尤西比奥在 1967—1968 赛季和 1972—1973 赛季两度收获欧洲金靴奖。1972—1973 赛季获奖后，尤西比奥与银靴得主、另一位伟大射手盖德·穆勒合影留念。

了他。一人独进9球的尤西比奥获得了1966年英格兰世界杯金靴奖。在赛事最佳球员评选中，他名列第3，获得了铜球奖。

在洛伦索—马贵斯竞技，尤西比奥穿10号球衣，踢左内锋。到了本菲卡之后，10号球衣属于科卢纳。到了1967—1968赛季，年事渐高的科卢纳后撤至中场，改穿6号球衣，本菲卡的10号球衣才穿到尤西比奥身上。而在1966年英格兰世界杯，尤西比奥大放异彩的那届大赛，他穿的是13号球衣。

那届世界杯葡萄牙队球员的号码是抽签决定的。科卢纳抽中10号，尤西比奥抽中11号，安东尼奥·西蒙斯抽中13号。同为本菲卡前锋，小尤西比奥一岁的西蒙斯跟"黑豹"的关系非常好。西蒙斯有些迷信，他不喜欢13号，于是说服尤西比奥交换了号码。

没想到，身穿13号球衣的尤西比奥在英格兰世界杯上大放异彩。英雄之间往往惺惺相惜，4年后的1970年墨西哥世界杯上，联邦德国队前锋盖德·穆勒在乌韦·席勒要走了9号球衣的情况下，为了致敬尤西比奥，特意选择了13号球衣。

差一步"蓝黑"

1962年，本菲卡第2次夺得欧冠冠军之后，据说尤文图斯有意买进尤西比奥，愿意为他花费2000万埃斯库多。于是当时的葡萄牙媒体和外国媒体在报道这件事时，就称呼尤西比奥为"2000万先生"。但最终尤文图斯没能买走"黑豹"。为什么？尤西比奥是好成绩的保证，本菲卡还把他当成"摇钱树",给多少钱都不卖。

当然,葡萄牙总理萨拉查也不同意卖尤西比奥。尤西比奥球踢得好,本菲卡欧冠成绩好,能提高人民自豪感和葡萄牙的国际地位。因此,萨拉查视尤西比奥为葡萄牙国宝。

通过萨拉查说过的一段话,可以看出尤西比奥在他心目中和在葡萄牙的地位。1964年,萨拉查的脚受伤,手下安慰他,他却说:"我的脚一点都不重要,但如果是尤西比奥的,那就重要了,那可能成为一场国家灾难。"

1966年英格兰世界杯后,国米老板安杰洛·莫拉蒂想买进尤西比奥。应国米邀请,尤西比奥和妻子弗洛拉到意大利度假。尤西比奥和国米就加盟一事达成初步协议,国米愿意付给本菲卡9万康托转会费,相当于300万美元。

英格兰世界杯,意大利队在小组赛被朝鲜队淘汰,意大利足协认为,意甲外籍球员太多,意大利球员的水平受到影响。意大利足协因此一度禁止意大利俱乐部买进外国球员,由于这一政策,尤西比奥没去成国米。

对于没签下尤西比奥,安杰洛·莫拉蒂曾遗憾地说:"由于上面的决定,到1970年,意甲都不可以再引进外国球员。我们拥有尤西比奥的梦破灭了。"

尤西比奥则回忆说:"我们谈好了一切,我跟弗洛拉甚至选好了房子。本菲卡给萨拉查写了一封信,解释我没出席特茹河大桥启用仪式的原因,说我机票都订好了。国米愿意支付300万美元,大约9万康托,来完成转会。之前我在任何人都不知道的情况下开始学习意大利语,我当时已经会说了。对于莫拉蒂来说,那是无法想象的悲伤,因为他非常喜欢我。"

国宝伤痕累累

尤西比奥的双膝总共做了7次手术,左膝6次,右膝1次。不少场比赛"黑豹"都是打了封闭后忍痛上场的。1964年至1974年,尤西比奥有过40次大大小小的伤病。

尤西比奥的膝部总是受伤,一方面是因为他的踢球风格,他的奔跑速度太快,射门力量太大;另一方面是因为对手对他犯规很多,有时是粗野犯规;此外,本菲卡比赛任务太重,尤西比奥受伤了也得不到休息。

两夺欧冠冠军的本菲卡成了欧洲乃至世界上最出名的球队之一,不少国家邀请本菲卡去打比赛,球队的出场费水涨船高。本菲卡正式比赛本就不少,赛季间隙为了挣钱,还要到世界各地打比赛,球员身体上有些吃不消。1962年之后,本菲卡再也没拿到欧冠冠军,尤西比奥膝伤不断,跟本菲卡打商业性质的比赛太多也有关系。商业比赛中如果"黑豹"因伤上不了场,本菲卡的出场费可能会打折扣甚至减半。

1968年,洛伦索—马贵斯市的萨拉查球场揭幕战,葡萄牙队对阵巴西队。重回洛伦索—马贵斯的尤西比奥因伤不能上场。医生判断是左膝外侧副韧带断裂,直接原因是之前在葡萄牙国内的一场比赛中,对方后卫踢到了他。

但该队队医却为自己的球员辩护:"伤病的根源不在于那一踢,伤不是现在得的。尤西比奥应该知道,本菲卡队医当然更知道,病因来自过去。尤西比奥被犯规太多,就像贝利一样。只

1966年世界杯半决赛葡萄牙队1比2负于英格兰队后，尤西比奥流下了不甘的泪水。

是贝利从来不打封闭。因此出问题时，整个（膝盖）都出问题。"

那一次，尤西比奥甚至担心自己的职业生涯就此结束。"我害怕我的足球旅程结束，太疼了，最近这次伤病持续时间太长了。我看到对手对我不重视，根本不盯防我，让我一个人随便踢，就像我是场上所有球员中最平庸的一个。我最短距离的冲刺都会导致无法忍受的疼痛。之后发生的事情更可怕，人们说因为我的钱已经足够了，所以我不努力了。有信件寄来，有电话打来，在街上我能听到各种各样的谩骂。这些东西，我永远都不应该听到。"

不过尤西比奥从不认为是本菲卡逼着他打封闭上场。他曾说："我这个膝盖做过6次手术，另一个膝盖也做过1次。我应该是世界纪录保持者。我甚至想过，或早或晚，我的整条腿会被切掉的。我知道人们怎么说，说是俱乐部强迫我这样做的。但不是，在本菲卡，从没人强迫我这样上场。我热爱本菲卡，热爱足球，我为所有牺牲做好了准备。如果不踢球，我会难过。如果毕加索早上醒来有了灵感，但由于手疼画不了画，他肯定会做些事情让疼痛过去，不是吗？膝盖疼时，是我请求队医给我打封闭针。"

尤西比奥是一个心地善良、淳朴无邪的人，漫长的职业生涯，他只被罚下过一次。那是1964年10月4日，葡萄牙杯1/16决赛次回合，第38分钟，主裁判把尤西比奥罚下，但理由并不能让"黑豹"服气。

尤西比奥回忆道："我们获得了一个任意球，主罚前我蹲下去想把球摆好，主裁判对我说不要再弄球。可是我需要把球摆好，于是他把我罚下。这太不公平了，我下场时，波尔图球迷开始为我鼓掌，波尔图主教练奥托·格洛里亚也走过来拥抱我。葡萄牙足协甚至都没有根据惯例对我追加停赛一场。"当时的足球比赛规则中还没有红黄牌。因此，尤西比奥只被罚下去一次，职业生涯没吃到过红牌。

尤西比奥俱乐部生涯

俱乐部	赛季	联赛			国内杯赛		外战			小计	
		赛事	出场	进球	出场	进球	赛事	出场	进球	出场	进球
洛伦索—马贵斯竞技	1957	莫桑比克甲	4	9	—	—	—	—	—	4	9
	1958	莫桑比克甲	7	11	—	—	—	—	—	7	11
	1959	莫桑比克甲	11	21	—	—	—	—	—	11	21
	1960	莫桑比克甲	20	36	—	—	—	—	—	20	36
	小计		42	77						42	77
本菲卡	1960—1961	葡甲	1	1	1	1	欧冠	—	—	2	2
	1961—1962	葡甲	17	12	7	11	欧冠	6	5	31	29
							洲际杯	1	1		
	1962—1963	葡甲	24	23	6	8	欧冠	7	6	39	38
							洲际杯	2	1		
	1963—1964	葡甲	19	28	6	14	欧冠	3	4	28	46
	1964—1965	葡甲	20	28	7	11	欧冠	9	9	36	48
	1965—1966	葡甲	23	25	2	5	欧冠	5	7	30	37
	1966—1967	葡甲	26	31	3	7	博览会杯	4	4	33	42
	1967—1968	葡甲	24	42	2	2	欧冠	9	6	35	50
	1968—1969	葡甲	21	10	9	18	欧冠	5	1	35	29
	1969—1970	葡甲	22	21	2	1	欧冠	4	4	28	26
	1970—1971	葡甲	22	19	7	9	优胜者杯	3	7	32	35
	1971—1972	葡甲	24	19	5	8	欧冠	8	1	37	28
	1972—1973	葡甲	28	40	1	0	欧冠	4	2	33	42
	1973—1974	葡甲	21	16	3	2	欧冠	4	1	28	19
	1974—1975	葡甲	9	2	0	0	优胜者杯	4	0	13	2
	小计		301	317	61	97		78	59	440	473
波士顿民兵	1975	北美足球联赛	7	2	—	—	—	—	—	7	2
蒙特雷	1975—1976	墨甲	10	1	—	—	—	—	—	10	1
多伦多克罗地亚	1976	北美足球联赛	21	16	—	—	—	—	—	21	16
贝拉马尔	1976—1977	葡甲	12	3	—	—	—	—	—	12	3
拉斯维加斯银速	1977	北美足球联赛	17	2	—	—	—	—	—	17	2
托马尔联	1977—1978	葡乙	12	3	—	—	—	—	—	12	3
新泽西美洲人	1978	美国足球联赛	9	2	—	—	—	—	—	9	2
	1979	美国足球联赛	0	0	—	—	—	—	—	0	0
生涯总计			431	423	61	97		78	59	570	579

对于自己的伯乐尤西比奥，鲁伊·科斯塔一直心怀感激。如今鲁伊·科斯塔已成为本菲卡俱乐部主席。

豹眼识珠

小中

退役之后，尤西比奥曾担任助教，用另一种方式继续守护本菲卡。"黑豹"也同时担任葡萄牙国家队大使，菲戈、鲁伊·科斯塔、德科和C罗等后辈，都得到过他的言传身教。

莫桑比克爱恨情仇

1950年，尤西比奥8岁时，父亲劳林多感染破伤风去世，年仅37岁。母亲埃莉萨1977年去世，尤西比奥最大的遗憾是母亲过世他没能回去奔丧，原因是莫桑比克政府不给已拥有葡萄牙国籍的尤西比奥发签证。莫桑比克1975年6月25日正式宣告独立，萨莫拉·马谢尔成为莫桑比克共和国第一任总统。

1964年9月，莫桑比克独立战争爆发。为了派兵到莫桑比克前线，葡萄牙在国内大规模征兵。尤西比奥在葡萄牙服过兵役，但他是1963年10月开始服兵役的，那时莫桑比克独立战争还没开始。尤西比奥等球员士兵跟普通士兵不一样，不用长期待在兵营里，该打比赛还可以打比赛。尽管尤西比奥没上莫桑比克前线，但萨莫拉·马谢尔还是指责他背叛了莫桑比克。当时有说法是，只要回到莫桑比克，尤西比奥就会被逮捕。

尤西比奥和妻子弗洛拉1965年结婚，育有两个女儿，大女儿卡尔拉，二女儿桑德拉。弗洛拉也是马法拉拉人。当年弗洛拉的父亲跟尤西比奥的父亲在一起踢球，因此弗洛拉和尤西比奥小时候就认识了。弗洛拉也热爱体育运动，曾练习体操。1963年3月，弗洛拉所在的非洲协会体操队到葡萄牙里斯本，参加葡萄牙体操俱乐部成立88周年庆祝活动。听说弗洛拉要到里斯本，尤西比奥的母亲托她给儿子尤西比奥带些东西。

带的什么？弗洛拉回忆说："他母亲让我给他带一个箱子，箱子里装了好多瓶虾。尤西比奥去找我，我们聊了很多。我突然意识到，就在那里，我们俩的爱情诞生了。从那以后，我们一直不停地给对方写信，写了很多信。"

1965年9月22日，尤西比奥和弗洛拉登记结婚，当时尤西比奥已经回到了葡萄牙，受他委托，弗洛拉的体操教练代他办理登记手续，之后弗洛拉飞往里斯本。10月8日，二人举行了婚礼。

葡萄牙巨星领路人

从1982—1983赛季到1995—1996赛季，退役后的尤西比奥为本菲卡担任过13年助理教练。在助理教练位置上，尤西比奥帮助本菲卡拿过7次联赛冠军和6次葡萄牙杯冠军。这段时期内，本菲卡2次杀进欧冠决赛，1次杀进联盟杯决赛，但都没拿到冠军。尽管如此，尤西比奥为本菲卡做出的贡献仍是无与伦比的。1992年1月25日，尤西比奥50岁生日当天，本菲卡在主场光明球场为他树立起一座铜像。

对于葡萄牙队一代中场大师鲁伊·科斯塔而言，尤西比奥是伯乐和启蒙老师。2022年5月23日，尤西比奥官方传记《永远的尤西比奥》再版发行，新书由葡萄牙总统德索萨和本菲卡俱乐部主席鲁伊·科斯塔写序。新书发布仪式的当天，鲁伊·科斯塔在致辞中感谢了尤西比奥："初到本菲卡时，我还是个8岁的孩子，来参加筛选训练。是尤西比奥第一个看到我身上的足球优点，正是那些优点让我最终成为后来的我。就在第二天，他就成了我的第一位教练。

"从那时起，一直到我退役那天，尤西比奥一直都在。他是一位导师，一个榜样。我很幸运，可以一直在他身旁，不论是在更衣室还是球场，或是本菲卡和国家队。他的存在激励我想要变得越来越好，他帮助我成长进步，他也帮助过很多其他队友。

"接下来的故事是深厚友谊的建立和对伟大足球传奇的敬仰，是对一位取得如此成就的人的巨大尊重。尽管他达到了这样的高度，但他从来都是一个极其低调而淳朴的榜样。他有着独一无二的热情，也是一位得到普遍认可的人。他在场上和场下的行为方式，使他超越了俱乐部之间的对立和国家之间意识形态的差异。"

退役之后直至2014年1月5日去世，尤西比奥都是葡萄牙国家队教练组成员，是葡萄牙国家队大使。后辈球星如菲戈、鲁伊·科斯塔、德科和C罗等人，都得到过他的言传身教。每届大

作为俱乐部传奇,尤西比奥在退役后曾担任球队助教,一直守护本菲卡。2008年,本菲卡创办了名为"尤西比奥杯"的季前热身赛。

赛,只要葡萄牙队参加,尤西比奥都到现场观赛。

2012年欧洲杯,是尤西比奥在现场观看的最后一届欧洲杯。6月21日,葡萄牙队在1/4决赛中1比0淘汰捷克队,这成为尤西比奥在现场观看的最后一场葡萄牙队比赛。

6月25日晚上,在葡萄牙队下榻的酒店,尤西比奥血压突然升高,导致脑中风,被送往医院,那是他2012年第4次住院。6月26日尤西比奥出院,不过他还未完全康复,队医不建议他去现场观看葡萄牙队与西班牙队的半决赛。当天上午,尤西比奥被医疗救援飞机送回里斯本。自那以后,尤西比奥的身体状况一直不好。2014年1月5日凌晨,尤西比奥因心脏骤停去世,享年71岁。

为人憨厚淳朴的尤西比奥，与贝利、克鲁伊夫、贝肯鲍尔等人都保持着良好的关系。尤西比奥之后，葡萄牙又涌现出了菲戈、C罗这样的球星。对于他们而言，"黑豹"是榜样，更是领路人。

奠基小国大业

小中 后尤西比奥时代的葡萄牙巨星，都以他为标杆和榜样成长进步。从这个角度讲，没有尤西比奥，也许就没有后来的菲戈和C罗。"黑豹"是葡萄牙足球的拓荒者、奠基者和领路人。

尤西比奥是世界足球历史上的传奇之一，是难得一见的巨星。在C罗取得巨大成功之前，尤西比奥是葡萄牙足球第一人。

在2000年由国际足联举办的世纪最佳球员评选中，尤西比奥排名第9。按照葡萄牙《球报》的说法，那是尤西比奥职业生涯得到的最高荣誉。得知评选结果后，性格直爽的尤西比奥开玩笑说："哎呀，我跻身前10名了，我不是替补。"尽管又涌现出罗纳尔多、罗纳尔迪尼奥、齐达内、梅西和C罗等巨星，但"黑豹"在历史巨星排行榜上仍可以排进前15名。

为本菲卡效力15个赛季，尤西比奥帮助"红鹰"赢得了17个正式比赛冠军，包括1次欧冠冠军、11次葡甲冠军、5次葡萄牙杯冠军。这15个赛季中，本菲卡只有4次让国内联赛冠军旁落。尤西比奥是本菲卡俱乐部历史上最伟大的球星，没有之一。

从1961年10月至1973年10月，12年时间里，尤西比奥64次为葡萄牙队上场，打进41球。当时他是葡萄牙国家队出场次数最多的球员，也是进球最多的球员。直到11年后的1984年，他的国家队出场次数纪录才被本菲卡后辈前锋内内打破。32年后，他的国家队进球纪录才被保莱塔打破。

1966年英格兰世界杯的季军，迄今为止仍是葡萄牙队在世界杯上的最好成绩，而尤西比奥是最大功臣。在那届世界杯打进9球的尤西比奥成为葡萄牙队历史上单届世界杯进球最多的球员，也是历史上在世界杯总进球数最多的球员。

出色的身体素质、闪电般的速度、如舞者般轻灵的脚下功夫，让尤西比奥获得了"黑豹"的美名。他有一脚势大力沉的远射技能，在当时被人赞誉为"射门力量最大的欧洲球员"。尤西比奥在实力上是可以跟"球王"贝利叫板的，因此他也获得了"葡萄牙贝利""欧洲贝利""贝利第二"等美誉。

平心而论，尤西比奥在技术上不如贝利全面，比赛中也不如贝利聪明灵巧。但"黑豹"几乎凭借一己之力，帮助本菲卡和葡萄牙队取得了辉煌的成绩，这一点难能可贵。如果葡萄牙不是一个小国，如果葡萄牙队和本菲卡没被算计，他取得的成就应该会更大。

在球场上，尤西比奥是一个简单、纯粹、干净的人。他被对手无数次犯规、暗算，但他从来不去计较。他的憨厚和淳朴为他赢得了很多足球圈的朋友，贝利、雅辛、贝肯鲍尔、克鲁伊夫、乔治·贝斯特、博比·查尔顿等巨星跟他关系都很好，退役之后也还是朋友。

尤西比奥是葡萄牙足球历史上第一位世界级巨星，更是葡萄牙第一张得到全球认可的"明信片"。尤西比奥的巨大成就，给欧洲大陆西南端的小国葡萄牙带来了足球上的民族自信。后尤西比奥时代的葡萄牙巨星，都以"黑豹"为标杆和榜样成长进步。从这个角度讲，没有尤西比奥，也许就没有后来的菲戈和C罗。"黑豹"是葡萄牙足球的拓荒者、奠基者和领路人。

在尤西比奥之后，葡萄牙也出了不少球星。但无论是富特雷还是菲戈，都不足以撼动尤西比奥葡萄牙队历史头号巨星的地位，直到C罗的出现。

C罗拥有数量极多的团队与个人荣誉，从这个角度来讲，C罗绝对是最成功的葡萄牙球星。在国家队出场次数和进球数方面，他也早已超越尤西比奥。帮助葡萄牙队拿到2016年欧洲杯冠军之后，C罗成为葡萄牙足球历史第一人似乎已没有太多争议。相比"黑豹"，C罗的职业生涯也更长。

但在天堂之上，尤西比奥也许仍想切磋一下。如果真能上演"关公战秦琼"，如果真能穿越时空，让C罗跟尤西比奥作为对手打上一场比赛，谁赢谁输，恐怕很难预测。

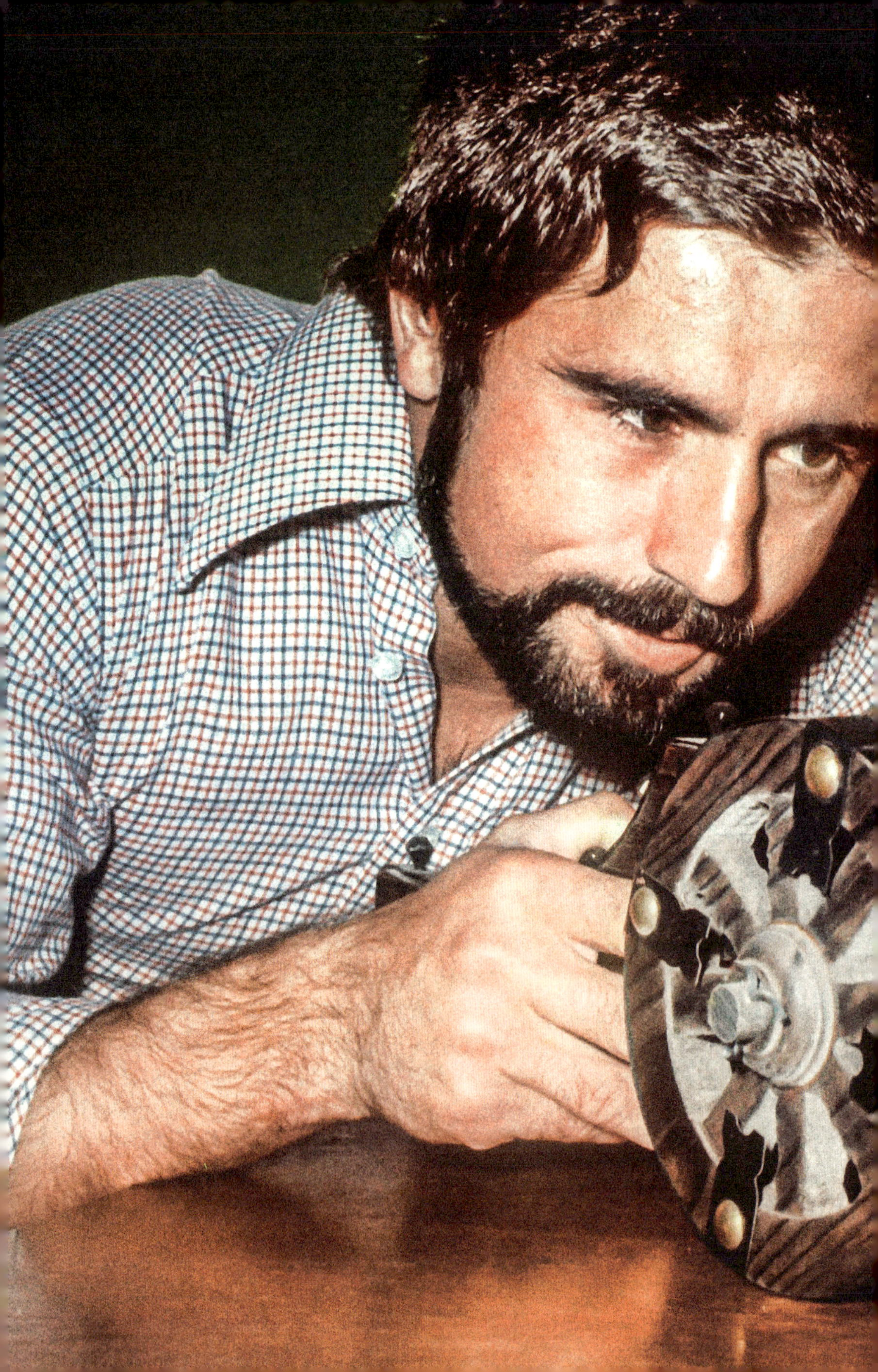

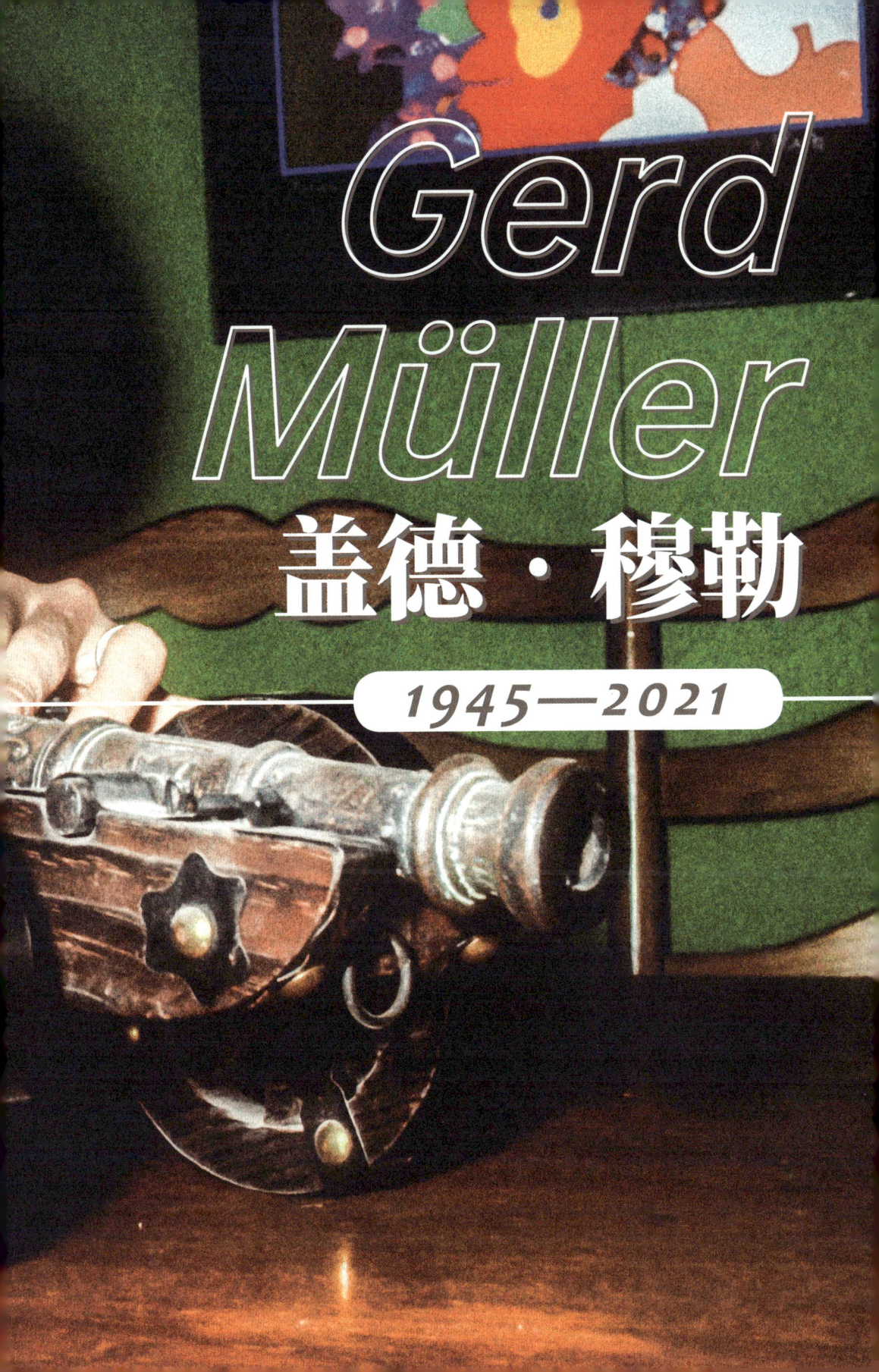

Gerd Müller
盖德·穆勒
1945—2021

盖德·穆勒

生卒	1945年11月3日—2021年8月15日
国籍	德国
出生地	德国讷德林根
离世地	德国沃尔夫拉茨豪森
身高	1.76米
位置	中锋

青年队生涯

1958—1962年	讷德林根1861

俱乐部生涯

1962—1964年	讷德林根1861	31场51球
1964—1979年	拜仁慕尼黑	605场563球
1979—1981年	劳德代尔堡前锋	80场40球

国字号生涯

1966年	联邦德国队U23	1场1球
1966—1974年	联邦德国队	62场68球

团队荣誉

拜仁慕尼黑

德甲冠军×4
1968—1969、1971—1972、1972—1973、1973—1974赛季

德国杯冠军×4
1965—1966、1966—1967、1968—1969、1970—1971赛季

地区联赛南区冠军×1
1964—1965赛季

欧冠冠军×3
1973—1974、1974—1975、1975—1976赛季

欧洲优胜者杯冠军×1
1966—1967赛季

洲际杯冠军
1976年

联邦德国队

世界杯冠军×1
1974年

欧洲杯冠军×1
1972年

个人荣誉

金球奖×1
1970年

德国足球先生×2
1967、1969年

德甲40年最佳球员
1963—2003年

《踢球者》德甲赛季最佳阵容×4
1968—1969、1969—1970、1971—1972、1972—1973赛季

德甲最佳射手×7
1966—1967、1968—1919、1969—1970、1971—1972、1972—1973、1973—1974、1977—1978赛季

欧洲金靴奖×2
1969—1970、1971—1972赛季

世界杯最佳射手×1
1970年

世界杯最佳阵容×1
1970年

国际足联年度最佳阵容×3
1971、1972、1973年

欧洲杯最佳射手×1
1972年

欧洲杯最佳阵容×1
1972年

欧冠最佳射手×4
1972—1973、1973—1974、1974—1975、1976—1977赛季

国际足联特别功绩奖×1
1998年

国际足联百大球星
2004年

拜仁慕尼黑历史最佳阵容
2004年

68

盖德·穆勒代表联邦德国队参赛62场，攻入68球，曾长期位列联邦德国队/德国队历史射手榜首位，直至2014年被克洛泽将纪录刷新为71球。不过，盖德·穆勒场均1.1球的超高效率远胜队史上其他主要射手。

1

盖德·穆勒是历史上在世界杯、欧洲杯和欧冠都获得过金靴奖的唯一球员，也是历史上在世界杯决赛（1974年）、欧洲杯决赛（1972年）和欧冠决赛（1973—1974赛季、1974—1975赛季）都取得过进球的唯一球员。在他进球的这些决赛中，球队最终都获得了冠军。

10

1970年世界杯，盖德·穆勒6场比赛攻入10球，其中包括对保加利亚队和秘鲁队上演背靠背帽子戏法。他是迄今最后一位单届世界杯进攻数上双的球员。历史上也仅有法国队射手方丹（1958年，13球）和匈牙利队射手柯奇士（1954年，11球）实现过这一成就。而世界杯总进球榜上，盖德·穆勒以14球位列历史第三，仅次于16球的克洛泽和15球的罗纳尔多。

356

盖德·穆勒是德甲历史射手王，参赛427场，攻入365球，紧随其后的是312球的莱万多夫斯基。盖德·穆勒德甲场均0.85球的效率同样优于其他主要射手。

0.97

盖德·穆勒在欧冠参赛35场，攻入34球，场均0.97球的效率在主要射手中为历史之最，直至近年哈兰德的欧冠场均进球超过1.0球，但挪威射手的数据未来或有浮动。

7

盖德·穆勒7次成为德甲最佳射手，与莱万多夫斯基并列历史之最，仅次于他们两人的是鲁梅尼格和基尔斯滕，各3次获得这一荣誉。

16

1969—1970赛季，盖德·穆勒连续16场德甲比赛进球（共斩获23球），这至今仍是历史纪录。

40

盖德·穆勒曾于1971—1972赛季34场德甲比赛斩获40球，长期保持德甲单季进球纪录，直至2020—2021赛季被莱万多夫斯基将纪录刷新为41球。

85

1972年，盖德·穆勒在俱乐部和国家队各项正式比赛共攻入85球，这一世界足坛自然年进球纪录在40年后被梅西打破（91球）。

1251

早年间各队有名目繁多的友谊赛，算上这些赛事，盖德·穆勒共代表拜仁参赛998场，攻入1251球。

1974年7月7日,联邦德国队夺取世界杯冠军,盖德·穆勒高举大力神杯。

永航轰炸机

黄思隽

这是一架十余年从不降落的"轰炸机",他的进攻目标包括一切对手的球门、每一座奖杯和每一项个人荣誉。史上最伟大中锋之一,这是对盖德·穆勒的最保守评价。

60年前,拜仁并不是慕尼黑最好的足球俱乐部,至少联邦德国足协是这样认为的。因此当德甲在1963年面世的时候,获得入场券的是慕尼黑1860,而拜仁只能参加第2级别的地区联赛。雪上加霜的是,拜仁在1963—1964赛季的升级附加赛中功亏一篑,再次与德甲缘悭一面——尽管贝肯鲍尔与塞普·迈耶已在阵中。不过恰恰因为如此,一位来自讷德林根的天才在1964年夏天决定加入拜仁,而不是同样抛出橄榄枝的慕尼黑1860。在他看来,慕尼黑1860阵中有一大批才华横溢的年轻球员,自己在德甲很难有上场的机会,而在拜仁压力会比较小,会有更好的发展。事实证明,他是对的。

慕尼黑争夺战

1964年6月的一个周六中午,18岁的盖德·穆勒与朋友打完台球后回家吃饭。母亲告诉他:

"有两位来自慕尼黑的先生想招募你。"由于慕尼黑1860总经理路德维希·迈尔伯克说过要来，穆勒一度担心登门拜访的是他们。幸运的是，坐在他面前的是拜仁经理瓦尔特·费姆贝克与会员彼得·佐尔格——那个自称是拜仁球探的人果然没有骗他。

那个人叫亚历山大·科特尔，是职业理发师，也是拜仁的1号会员，他的一大爱好就是帮助俱乐部四处挖掘人才。他听说讷德林根1861俱乐部有一个进球数据亮眼的年轻人，甚至曾在一场31比0狂胜的比赛中独揽26球。于是在1964年的圣灵降临节，他决定去讷德林根一探究竟。结果在7比2击败奥伯林多夫的热身赛中，盖德·穆勒独中四元。赛后，科特尔就跟这个小伙子说："你很棒，我会把你带去拜仁。"他向穆勒承诺道："我会跟董事会说。"于是，费姆贝克与佐尔格来了。

费姆贝克顺利地说服了穆勒，还未满法定年龄的穆勒想让母亲代为签署合同，但就在这个时候，穆勒家的门铃响了——两名慕尼黑1860的官员就在门外！穆勒的母亲安排两位拜仁官员偷偷从后门离开，两人在一家餐厅里等待。随后，穆勒当然拒绝了慕尼黑1860。最终，拜仁与穆勒签下了4年合同，又向讷德林根1861支付了4400马克（德意志联邦共和国货币）转会费。有传闻说，之所以拜仁代表团能捷足先登，是因为慕尼黑1860官员看错了火车时刻表，在转车时有所耽误，晚到了一会儿，而费姆贝克和佐尔格则是自己开车去的。

"他是摔跤运动员？"

然而，当穆勒在1964年7月前往塞贝纳大街报到时，拜仁时任主帅查伊科夫斯基无动于衷，因为在他眼前的是一个身材敦实的小个子，有一双粗壮的大腿，很害羞，怎么看都不像是运动员，至少不像足球运动员，因为他的身高只有1.76米，体重却有差不多90公斤。查伊科夫斯基甚至不屑地问佐尔格："你把自己的儿子带来了？他是摔跤运动员？"

"摔跤运动员""举重运动员"和"小胖墩穆勒"，就是查伊科夫斯基口中的盖德·穆勒。雪上加霜的是，"小胖墩"还在8月的一场季前热身赛中摔断了胳膊。于是在赛季开始之后，他连续坐了10场板凳。没法上场比赛，也就没有收入，穆勒只能靠搬运家具为生。当时拜仁每个月给他的工资只有160马克，属于底薪，而他搬家具反而每月可以赚400马克。

到了10月，拜仁主席诺伊德克受够了，他要求教练道："如果你再不让那个有一双粗壮大腿的家伙出场，我就再也不会去看比赛了。"查伊科夫斯基不得不服从上级的指令，让穆勒在对阵弗赖堡FC的比赛中出场。穆勒在处子秀就进球了，将比分改写为3比0，但表现不算出彩，因为那一天几乎所有人都有进球，拜仁以11比2狂胜。一周后，穆勒在第2场比赛中也进球了。他在第3场比赛打进4球，第4场打进2球。直到代表拜仁的第13次出场，他才终于停止了进球。但那只是暂时的，一周后他再次破门，根本停不下来。

拥有穆勒的第一个赛季，拜仁就在地区联赛南区打进惊人的146球（36轮），其中穆勒出场26次就斩获33球，不过当时的队内头号射手是打进42球的奥尔豪泽。到了升级附加赛，这支球员平均年龄仅为21.8岁的球队6场比赛再进18球，其中穆勒占了1/3。拜仁终于升上了德甲，并且再也没有掉下来过。

能守门的"德甲金靴"

征战德甲的第一个赛季，穆勒"只"打进14球，但已经超越奥尔豪泽的13球，成为队内头号射手。拜仁以"升班马"身份获得德甲第3名的佳绩，仅以3分之差落后于夺冠的同城死敌慕尼黑1860，而且在德国杯决赛中以4比2击败迈德里希（杜伊斯堡的前身），队史上第2次捧起这座奖杯。值得一提的是，1965年10月做客汉堡时，门将塞普·迈耶在上半场中段与乌韦·席勒相撞后膝盖受伤，要到球门后接受治疗，于是他把球衣脱下来让穆勒穿上。当时还没有换人规则，迈耶随后被迫咬牙回到场内继续比赛，但最终还是无法坚持下去，穆勒站在了自家门前，并且高扑低挡零封了对手，拜仁以4比0大获全胜！

1966—1967赛季，拜仁成功卫冕德国杯，还在首次参加正式国际赛事的情况下一路过关斩将，捧回欧洲优胜者杯，首次赢得欧战冠军。决赛在纽伦堡举行，拜仁算是坐拥主场之利，但穆勒在距离决赛不到4周时在国家队比赛中手臂骨折，最终佩戴着皮制护具踏上了对格拉斯哥流浪者的决赛场地，另一位由科特尔挖掘的天才弗朗茨·罗特在加时赛攻入全场唯一进球。

那个赛季，穆勒以28球首次成为德甲射手王（与多特蒙德前锋埃梅里希分享荣誉），在优胜者杯打进8球，其中在总比分5比1淘汰标准列日的半决赛两回合独揽4球，赢得了"欧战先生"的美誉。也正是凭借如此优异的表现，穆勒还首次当选《踢球者》杂志组织记者评选的"德国足球先生"。

翌年，由于再次错失德甲冠军，加上在优胜者杯和德国杯相继出局，深受球员和球迷爱戴的查伊科夫斯基没能获得新合同，在1967—1968赛季结束后卸任，取而代之的是年仅38岁的泽贝茨。与查伊科夫斯基一样，他也是克罗地亚人——除此以外，两人就没有其他共同点了。泽贝茨为人严厉，沉默寡言，习惯与人保持距离，对纪律要求非常严格，他认为成功的关键是体能与战术。

FC拜仁，FC穆勒

拜仁球员去查伊科夫斯基家喝咖啡的日子一去不复。赛季开始前的备战期，球员每天早上7点就得起床，还没有吃早餐，甚至还没梳洗完就得去健身房锻炼。每位球员都要严格按照为他们量身定制的计划去健身，"小胖墩穆勒"很快就瘦了7公斤左右。1968—1969赛季开始后，拜仁成为德甲体能最好的球队，整个赛季只有13名球员出场，至今仍是德甲纪录。拜仁不仅体能最好，而且踢法最先进。泽贝茨告诉穆勒："如果你有球权，对手就没有，这就意味着你可以减少跑动。"早在范加尔与瓜迪奥拉来到慕尼黑为传控足球"歌功颂德"之前，泽贝茨早就教会了拜仁如何掌控比赛，如何等待合适的时机发起进攻。

脱胎换骨的拜仁毫无悬念地首夺德甲冠军，穆勒也以30球再次成为德甲射手王。与沙尔克04的德国杯决赛日，穆勒上演"捧杯帽子戏法"，赛前他接过了德甲最佳射手的"小钢炮"，还第2次拿到了"德国足球先生"的金球。而比赛中正是依靠他的梅开二度，拜仁2比1获胜，首次成为国内双冠王。《踢球者》杂志发问："拜仁是FC穆勒吗？"而阿迪达斯则趁热打铁，推出了"盖德·穆勒球鞋"。

此后的5个赛季，穆勒又有4次德甲进球数达到30+，其中1971—1972赛季他的表现登峰造极，打满34轮3060分钟，创下40球的"永恒纪录"，直到49年后才被莱万多夫斯基打破。而在1971—1972赛季以破纪录的101球第2次赢得德甲冠军后，拜仁也拉开了德甲历史上首次3连冠的帷幕。3连冠赛季期间，德甲"小钢炮"当然每一次都是穆勒的囊中之物——他在14个德甲赛季里总共捧走了7座"小钢炮"，直到2021—2022赛季莱万才追平了这项纪录。不过穆勒的总进球纪录，莱万大概是追不上、破不了的——"轰炸机"总共在427场德甲比赛中打进365球，而波兰人在打进312球（384场）之后就离开了德甲。

击败克鲁伊夫的人

征服德甲还不够，真正让穆勒名垂青史的是在国际赛场的表现。1972—1973赛季第2次参加欧冠，穆勒6次出场就斩获惊人的11球，其中在总比分13比0横扫塞浦路斯球队尼科西亚奥莫尼亚的1/8决赛两回合就轰入7球。1/4决赛次回合，穆勒以1球1助攻率领拜仁主场2比1击败上届冠军阿贾克斯，但由于首回合失利太大（0比4），拜仁被挡在4强门外。

那个赛季，拉特克的球队总共有11场比赛打进5球或以上，拜仁在主场6比0横扫凯泽斯劳滕后提前4轮夺冠。那一天，穆勒第2次在一场联赛中打进5球。当季穆勒在各项俱乐部赛事中总共打进66球，这项欧洲纪录直到近40年后才被梅西打破。

在阿贾克斯实现欧冠3连冠之后，接力棒落到了拜仁手中。1973—1974赛季欧冠决赛，拜仁依靠施瓦岑贝克在加时赛的压哨远射，戏剧性地1比1逼平马德里竞技。仅仅2天之后的重赛，平均年龄太大、体能不足的马竞根本不是拜仁的对手。穆勒与乌利·赫内斯双双梅开二度，拜仁4比0大获全胜，登上欧洲之巅。

一个月之后，穆勒与贝肯鲍尔、迈耶、赫内斯、施瓦岑贝克、布莱特纳和卡佩尔曼等6位拜仁队友换上了国家队战袍，并最终再添一座沉甸甸的奖杯。在最熟悉不过的慕尼黑奥林匹克体育场，穆勒接邦霍夫的右路横传后立即转身右脚低射球门远角，帮助开场就输了一个点球的联邦德国队反超为2比1，并最终以这个比分击败克鲁伊夫领军的荷兰队，捧起了大力神杯。

2年之前，穆勒就已经帮助联邦德国队首次赢得欧洲杯冠军，他在2比1淘汰东道主比利时队的半决赛，以及3比0大胜苏联队的决赛均梅开二度，是决赛圈唯一进球超过1球的球员。1972年欧洲杯的联邦德国队拥有公认的队史上最强阵容，但其代表作其实并不是半决赛和决赛，而是客场对英格兰队的1/4决赛首回合。优雅的内策尔与高效的穆勒珠联璧合，率领联邦德国队3比1完胜，首次从英格兰的土地上带走胜利，法国《队报》将舍恩的球队形容为"踢着2000年的足球"。

叫板席勒，南北偶像之战

穆勒成为包揽世界杯、欧洲杯与欧冠三大冠军的大满贯球员。不过，"轰炸机"在大赛上的最佳表现，其实是更早的1970年墨西哥世界杯，而他与前辈乌韦·席勒的"相爱相杀"也成为

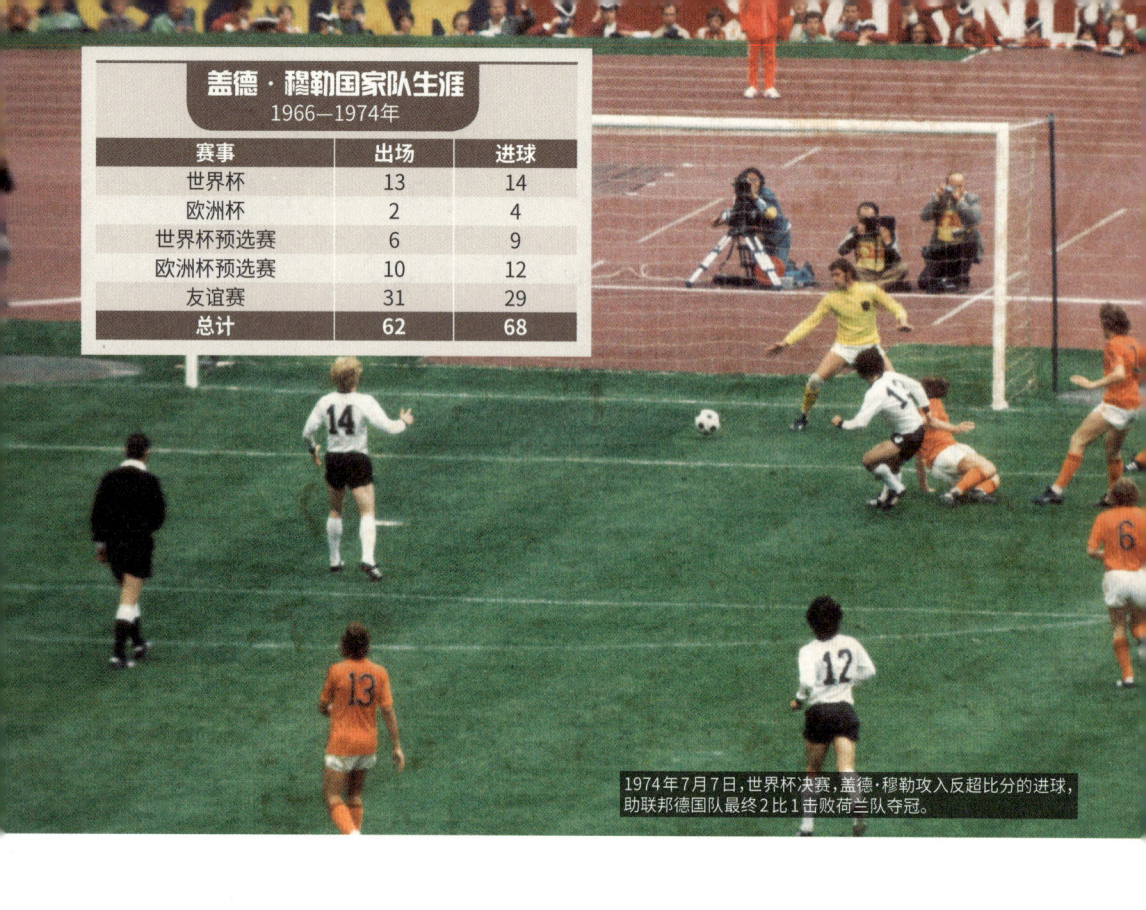

盖德·穆勒国家队生涯
1966—1974年

赛事	出场	进球
世界杯	13	14
欧洲杯	2	4
世界杯预选赛	6	9
欧洲杯预选赛	10	12
友谊赛	31	29
总计	62	68

1974年7月7日,世界杯决赛,盖德·穆勒攻入反超比分的进球,助联邦德国队最终2比1击败荷兰队夺冠。

德国足球历史上的一段佳话。

经历了1966年世界杯决赛对阵英格兰队的那场苦涩的失利之后,联邦德国队翻开了新篇章,穆勒在那届世界杯后的首场比赛——1966年10月客场2比0击败土耳其队的友谊赛中上演了国家队处子秀,但他未能取得进球,而媒体认为缺少席勒的国家队"表现非常糟糕"。半年之后,穆勒在个人第2场国家队比赛独中四元,帮助球队在欧洲杯预选赛中主场6比0横扫阿尔巴尼亚队。但他在国家队仍未站稳脚跟,1967年11月到1968年6月间更是一直落选,其间联邦德国队在欧预赛被弱小的阿尔巴尼亚队0比0逼平,耻辱出局。穆勒对此很不服气:"那些不在的人赢了。"

自那之后,联邦德国队似乎再也离不开穆勒,尤其是当席勒在1968年春天宣布退出国家队之后。从1968年9月起,穆勒参加了接下来65场国家队比赛中的57场。代表国家队出战的总计62场比赛里,他只有1次替补登场,也只有1次被提前换下。

然而,在距离1970年世界杯开始还有不到一年之际,舍恩成功说服席勒归队。当时的穆勒刚刚登上职业生涯的第一个高峰,代表着新生力量。他留着当时很流行的"蘑菇头",也拥有个人赞助,成了商场上的新宠。而席勒是这个国家的老牌偶像,几乎所有男女老少都喜欢这个憨厚的汉堡人,并亲切地称他为"我们的乌韦"。

媒体当然不会放过炒作的机会,穆勒与席勒这场"南北冲突"不可避免。身为队长的席勒要走了代表正印中锋的9号球衣,而穆勒选择了13号(尽管如今我们都知道,13号反而因此成为德国足球最具传奇色彩的号码)。穆勒甚至公开宣战:"舍恩先生得做一个决定——席勒还是我!"汉堡媒体将这番言论形容为"小孩子胡闹"。

联手席勒,首夺金球奖

舍恩的助手德瓦尔想出了一个很棒的点子,他安排这对"敌人"在世界杯期间住在同一个房间。队长席勒还接受了担任影子前锋的角色——"我们的乌韦"成为"轰炸机"的僚机。

尽管席勒在个人第4届世界杯中依旧与冠军缘悭一面——联邦德国队在半决赛对意大利队这场"世纪最佳比赛"中加时3比4惜败,但他与穆勒联手奏响了最强音。席勒在这届世界杯中贡献了3个进球与3次助攻,包括1/4决赛中加时3比2淘汰英格兰队的那个经典的后脑勺进球,是他个人历届世界杯的最佳表现;而穆勒更是在6场比赛中轰入10球(只有对乌拉圭队的季军战交白卷),成为最佳射手,并因此赢得了一块价值2000马克的金表。也正是凭借在墨西哥的高光表现,穆勒在那一年成为首位获得金球奖的德国球员。

1970年世界杯之后,33岁的席勒在对匈牙利队的友谊赛中完成了国家队告别演出。而1974年世界杯之后,轮到年仅28岁的穆勒退出国家队。早在与荷兰队的决赛前3天,他就告诉舍恩自己想退出,希望有更多时间去陪伴妻子和6岁的女儿。由于经常四处比赛,穆勒与家人聚少离多,他说女儿甚至都叫我"叔叔"了。而联邦德国足协拒绝让球员伴侣参加夺冠后的庆功宴,更

盖德·穆勒与乌韦·席勒相爱相杀的故事,成为德国足球历史上一段佳话。

是让穆勒下定了跟国家队说再见的决心。穆勒只为联邦德国队效力了8年，只用了62场比赛就打进惊人的68球，这个进球纪录直到2014年才被出场比他多一倍有余的克洛泽打破。

成就欧冠三连冠

告别国家队后，留了络腮胡子的穆勒将事业重心全部放回到拜仁。然而世界杯之后的1974—1975赛季，身心俱疲的拜仁崩盘了，最终在德甲跌至第10位，这也是球队历史最低位。带队实现德甲3连冠的拉特克在赛季中途下课，贝肯鲍尔推荐德特马·克拉默来接班。尽管在联赛一早就退出争冠行列，拜仁却在欧冠保持了竞争力，再次打进决赛，与踢法粗野的利兹联争冠。在这场史称"巴黎之耻"的厮杀中，赫内斯遭受了最终导致他27岁就被迫退役的严重膝伤，拜仁直到第72分钟才由罗特打破僵局，而穆勒在6分钟后接应卡佩尔曼的右路突破传中，将比分锁定在2比0。

1976年，拜仁又一次在联赛无望的情况下冲击欧冠冠军。与皇家马德里的半决赛——而不是后来的决赛——见证了这支伟大球队的最后辉煌。首回合只踢了8分钟，主场作战的皇马就抓住拜仁后防失误首开纪录。半场结束前不久，迈耶精彩化解了对手的必进球。当电视转播还在播放慢镜头回放的时候，罗特就助攻穆勒扳平了比分。

回到涌入78000人的慕尼黑奥林匹克体育场，拜仁完全接管了比赛。穆勒开场仅9分钟就用左脚远射打开胜利之门，半小时后又在禁区内面对两名后卫的包夹，转身起脚把比分改写为2比0。皇马主帅米利亚尼奇赛后走到穆勒身边，称他为"现象"。他还预测道："这支无比强大的拜仁将赢得决赛。"果然，拜仁1比0小胜圣埃蒂安，成为历史上第3家实现欧冠3连冠的俱乐部。

带着563球谢幕

1976年圣诞节前夕，拜仁客场0比0逼平克鲁塞罗，依靠首回合在主场建立的2球优势（穆勒第80分钟打破僵局），成为第一家赢得洲际杯冠军的德国俱乐部。但在那个赛季结束前，逃税丑闻缠身的队长贝肯鲍尔就去了美国。1977—1978赛季中途，克拉默遭到解雇，但从法兰克福被交换来的匈牙利教头久洛·洛兰特并不受球员欢迎，仅1年就被赶下台，取而代之的是他的助手切尔瑙伊。这个匈牙利人并没有成功的执教经历，不过拜仁球员喜欢他——队长穆勒除外。

1979年2月3日客场1比2负于法兰克福的联赛中，切尔瑙伊在终场前8分钟换下穆勒。这是自1971年4月以来，穆勒首次在拜仁的正式比赛胜负仍有悬念的情况下，出于战术或表现原因被换下。有媒体将其渲染为切尔瑙伊向穆勒宣战，切尔瑙伊对此不以为然："这就是足球，只有表现说了算，穆勒已经好几个星期状态不佳了。"这彻底激怒了穆勒："在我看来，切尔瑙伊这个人没出现过。"

这场比赛后10天，穆勒请求诺伊德克立即解除他的合同。在代表拜仁参加了605场正式比赛并打进惊人的563球之后，穆勒在1979年3月第1周宣布将加盟北美足球联赛的劳德代尔堡前锋。与他在国家队"英年早退"一样，这同样是一个令所有人都遗憾不已的决定。4月23日，

盖德·穆勒俱乐部生涯

俱乐部	赛季	联赛			国内杯赛		欧战			其他		小计	
		赛事	出场	进球	出场	进球	赛事	出场	进球	出场	进球	出场	进球
讷德林根1861	1962—1963	施瓦本地区联赛	3	4	—	—	—	—	—	—	—	3	4
	1963—1964	施瓦本地区联赛	28	47	—	—	—	—	—	—	—	28	47
	小计		31	51	—	—		—	—	—	—	31	51
拜仁慕尼黑	1964—1965	地区联赛南区	26	33	—	—	—	—	—	6	6	32	39
	1965—1966	德甲	33	15	6	1	—	—	—	—	—	39	16
	1966—1967	德甲	32	28	4	7	优胜者杯	9	8	—	—	45	43
	1967—1968	德甲	34	19	4	4	优胜者杯	8	7	—	—	46	30
	1968—1969	德甲	30	30	5	7	—	—	—	—	—	35	37
	1969—1970	德甲	33	38	3	4	欧冠	2	0	—	—	38	42
	1970—1971	德甲	32	22	7	10	博览会杯	8	7	—	—	47	39
	1971—1972	德甲	34	40	6	5	优胜者杯	8	5	—	—	48	50
	1972—1973	德甲	33	36	5	7	欧冠	6	11	5	12	49	66
	1973—1974	德甲	34	30	4	5	欧冠	10	8	—	—	48	43
	1974—1975	德甲	33	23	3	2	欧冠	7	5	—	—	43	30
	1975—1976	德甲	22	23	6	7	欧冠	6	5	1	0	35	35
	1976—1977	德甲	25	28	4	11	欧冠	4	5	4	4	37	48
	1977—1978	德甲	33	24	3	4	联盟杯	6	4	—	—	42	32
	1978—1979	德甲	19	9	2	4	—	—	—	—	—	21	13
	小计		453	398	62	78		74	65	16	22	605	563
劳德代尔堡前锋	1979	北美足球联赛	25	19	—	—	—	—	—	2	0	27	19
	1980	北美足球联赛	29	14	—	—	—	—	—	7	2	36	16
	1981	北美足球联赛	17	5	—	—	—	—	—	—	—	17	5
	小计		71	38	—	—		—	—	9	2	80	40
生涯总计			555	487	62	78		74	65	25	24	716	654

当德甲激战正酣时，穆勒与妻子离开慕尼黑，前往迈阿密。为拜仁效力近15年之后，穆勒没有正式告别，没有纪念赛，甚至没有得到球迷的致谢或掌声。从穆勒手中接过队长袖标的迈耶公开抱怨："除了奥尔豪泽之外，每个人都带着怒气离开，弗朗茨（贝肯鲍尔）甚至要自掏腰包才能离开。"不到3个月后，迈耶遭遇车祸并最终被迫挂靴，拜仁的"黄金一代"正式谢幕。

瘾者之战

黄思隽

退役后，盖德·穆勒的生活归于平淡，只从事过球探或梯队助教等工作。但在与酒精的战斗中，他依然赢得了一场辉煌的胜利。

如果说在球场内，盖德·穆勒是公认的超级巨星，那么在球场外他则是有口皆碑的好人。他平易近人，没有明星架子。前队友施瓦岑贝克就说："他从来不会向替补球员摆架子，而会跟每一个人聊天和打牌。"穆勒自己讲过："我真的不在乎自己是不是很出名。"他心地善良，慷慨大方。与他在拜仁二队共事多年的赫尔曼·格尔兰感叹："我们集训期间吃冰激凌的时候，盖德总是要结账。我就说：'我也有钱，让我自己给吧。'结果没戏，我根本没有付钱的机会。"

远走美国，擦肩慕尼黑1860

1965年10月，穆勒在慕尼黑东站的奇堡咖啡店里喝咖啡时认识了年仅16岁的乌希。当时穆勒刚踢上德甲，还在家具店兼职。乌希很快就答应跟这位年轻的足球运动员约会，两人在看美国西部电影《赤胆屠龙》时堕入爱河，11个月后就订了婚。1967年，21岁的穆勒迎娶了18岁的乌希。自那之后，两人就没有分开过。即便后来穆勒因阿尔茨海默病住进了疗养院，乌希也会每天去探望丈夫，直到他离开人世。

1979年4月下旬，穆勒带着乌希前往美国佛罗里达州，加盟劳德代尔堡前锋队。在那之前，穆勒只在美国待过3周——1966年夏天跟随拜仁出访比赛。为了更好地适应新环境，乌希在慕尼黑的贝立兹语言学校学了几周英语。当时还有3名慕尼黑当地媒体的记者陪同夫妻两人前往美国，以报道他们的新生活。

与一加盟拜仁就连续进球不同，穆勒直到第3场比赛才首次为前锋队破门。随着球队减少了高球，更多地按照穆勒的技术特点展开地面进攻，"轰炸机"的进球数持续提升。他在第6场比赛中上演帽子戏法，随后一度登顶射手榜。最终，穆勒在北美足球联赛的处子赛季交出25场19球17助攻的成绩单，在射手榜上居第3位。前锋队在常规赛获得东区第2名，但在季后赛首轮即遭淘汰。赛季结束后，穆勒返回慕尼黑休整，还跟随慕尼黑1860训练以保持状态。拜仁的同城死敌一度打算把"轰炸机"带回国，但前锋队的开价令其望而却步。

与克劳琛决裂

进入1980赛季，穆勒在常规赛出场29次，但受到脊椎伤势的困扰，状态明显下滑，只贡献了14个进球与8次助攻。不过当时前锋队在成绩上有了重大突破，在季后赛中一路过关斩将，打进了"足球碗"。但穆勒在这场总决赛踢了40分钟就因伤离场，前锋队最终以0比3不敌贝肯鲍尔领衔的纽约宇宙。那一年回慕尼黑休假期间，穆勒向德国媒体大吐苦水，抱怨前锋队的医疗条件太差，甚至连按摩师都没有。而且他在慕尼黑接受体检时，医生竟然发现他的肌肉里有一部分软骨。

1981年，当同胞克劳琛（没错，就是中国球迷所熟知的那位德国教练）接过前锋队帅印，穆勒的职业生涯正式进入倒计时。穆勒将仅仅比他年长5岁的克劳琛形容为"共事过的最差教练"，主要原因是克劳琛的训练量太大，而且喜欢让球队在三四十摄氏度的高温下训练，穆勒实在是吃不消。

由于害怕坐飞机，穆勒在那个赛季经常不用打客场比赛，尤其是前往西部的比赛，这是得到克劳琛批准的。但偏偏做客温哥华白浪的比赛，克劳琛要求穆勒随队前往。结果到了比赛的时候，穆勒却被克劳琛晾在看台上，两人的关系彻底不可修复。

穆勒的出场时间越来越少，即便在主场比赛时，克劳琛也更喜欢使用新签下的加拿大中锋舍戈塔。1981年8月客场1比2负于杰克逊维尔的常规赛，成了穆勒职业生涯的绝唱，36岁的他决定就此挂靴。尽管前锋队在那个赛季打进了季后赛半决赛（又一次输给纽约宇宙），但这已经与穆勒无关。不过穆勒并没有立即返回慕尼黑，他随后加盟了业余球队史密斯兄弟酒吧，继续在业余联赛中攻城拔寨。

牛排店主的酒瘾

1981年11月，穆勒夫妻还与他们的朋友——胡伯夫妻接手了劳德代尔堡当地一家叫"壁橱"的美式牛排店，并更名为"盖德·穆勒的壁橱"。对于当老板的生活，穆勒并不是特别享受，期间他逐渐喜欢上了喝酒。1984年4月，穆勒夫妻返回慕尼黑生活，胡伯夫妻则继续打理餐厅。时至今日，胡伯一家还在经营着这家提供德国菜的美式牛排餐厅。尽管餐厅的名字已经改回为"壁橱"，但里面还有很多照片与摆设表明它的主人曾经是鼎鼎大名的盖德·穆勒，包括一只属于穆勒的"金靴"。

回到慕尼黑之后，穆勒变得无所事事。"我没什么可做的，但这是不对的。如果你没有工作，你应该干些什么？每一天变得很漫长。"他偶尔会出门参加一下签名会，赚点小钱，然后就会找一家酒吧坐下来，喝上几杯，一直喝到晚上。

有时候，穆勒会跟着一帮老队友参加席勒元老队的比赛，但相比于待在对方禁区内射门，他变得更喜欢待在酒吧里喝酒。去到哪里，喝到哪里。一开始，老队友都没太在意，塞普·迈耶就回忆道："一开始，在比赛终场哨响后，他偶尔会在大巴上开一瓶普罗赛柯（一款意大利起泡葡萄酒），然后喝起来。我没有想太多，因为你可以跟他交流，而他看起来也很正常。"

随着时间推移，穆勒在元老赛中愈发力不从心，经常因为肌肉拉伤早早回到更衣室。一部分原因是他酒喝多了，导致身体变差了，但有时候他只是想找个借口，一个人躲进更衣室喝上几杯。迈耶逐渐察觉到异样，他发现穆勒的衣服总是充满酒气。迈耶甚至还听说，乌希想和穆勒离婚，因为她无法阻止丈夫酗酒。

1%的成功者

消息很快传到了乌利·赫内斯耳中，拜仁时任经理很快就找到前队友："盖德，如果你需要帮助并且接受帮助，那么我们随时会做好准备。但只有你想要接受帮助的时候，我们才能帮你。"穆勒回答道："我只是喝一点点。"赫内斯接着说："好的。你认为没问题就好。但如果你真的需要帮助，我办公室的门会一直为你敞开。"

1991年9月中旬，当穆勒醉醺醺地出现在拜仁训练场时，他的情况彻底公之于众。几天之后，穆勒坐在赫内斯的办公室里。赫内斯回忆道："几周之后，盖德来找我说：'是的，我需要帮助，我有酗酒问题。'"赫内斯立即拨通了医院的电话，他做到了穆勒的妻子、女儿或其他任何一个朋友都无法做到的事情，说服他接受戒酒治疗。

穆勒在戒酒治疗日记中写道："首先，我住进了一个很漂亮的单间，在那里打点滴，穿着睡衣躺在那里。然后进了监护病房，待了5天——没有任何记忆。对我来说，这5天是个黑洞，我完全断片儿了。但医生跟我说，我就像是个疯子。"清醒之后，穆勒只需要白天打点滴，每天吃3次药来修复肝脏，而且可以接受探访。赫内斯每天都去看他："下午5点或6点在塞贝纳大街干完活之后，我就会开车去医院。"

穆勒后来回忆道："我在医院待了2周，然后又在疗养院待了2周。他们让我多待2周，但我知道我已经戒掉了。"自那之后，穆勒就滴酒不沾。贝肯鲍尔在穆勒70岁寿宴上说："我想，只有1%的酗酒患者在第一次戒酒后可以做到这一点。盖德成功了，真的很棒。"

拜仁，永远的家

　　戒酒只是第一步。穆勒说："如果我找不到工作，一切都会从头开始。"而赫内斯一早就帮他安排好了。1992年1月，穆勒开始担任拜仁球探，此后改任助教，最初是在青年队里工作，随后进入了二队，成为格尔兰的长期助手，这才有了文章一开头的趣事。

　　从2012—2013赛季后半程开始，穆勒逐渐无法胜任拜仁二队助教职务。但他还是继续待在塞贝纳大街，在健身房里做做运动，去蒸桑拿，或者去按摩放松。球员仍然非常尊重这位德国足坛和俱乐部的传奇人物，一直把他当作这个大家庭的一分子。拜仁二队主场比赛时，穆勒仍然会坐在替补席上，但他不再参与球队会议了，也不再坐大巴随队出征客场，因为一旦离开熟悉的环境，他就会有麻烦。

　　穆勒最后一次公开露面是在2013年8月出席《体育图片》颁奖典礼，但他在登台领取终身成就奖后并没有发言。2014年夏天，他正式卸任拜仁二队助教。1年后，即穆勒70岁生日前不久，拜仁证实"轰炸机"患上了阿尔茨海默病，当时他已经住进了位于慕尼黑以南沃尔夫拉茨豪森的疗养院。穆勒逐渐失去了记忆，失去了语言能力，失去了思想，最终失去了生命。2021年8月15日，"轰炸机"在疗养院去世，享年75岁。

不断被超越 从未被超越

黄思隽

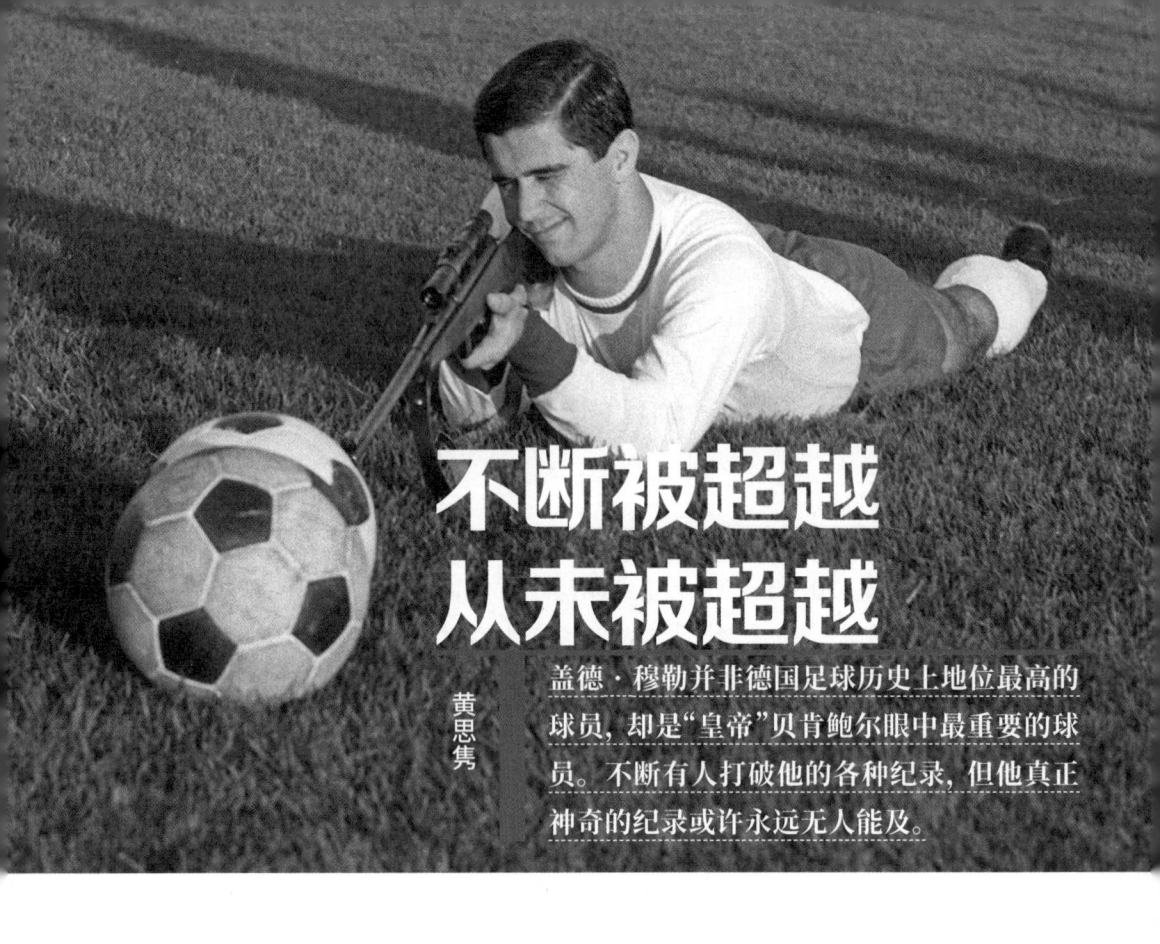

盖德·穆勒并非德国足球历史上地位最高的球员，却是"皇帝"贝肯鲍尔眼中最重要的球员。不断有人打破他的各种纪录，但他真正神奇的纪录或许永远无人能及。

每逢评价盖德·穆勒的功绩，有一句话几乎肯定会被引用——"如果没有盖德·穆勒，我们很有可能还待在曾是俱乐部办公室的木屋里。"这是在穆勒50岁大寿的宴会上，"皇帝"贝肯鲍尔的致辞。在这位公认的德国足球历史第一人看来，穆勒才是拜仁慕尼黑甚至德国足球历史上最重要的球员："踢足球比赛很大程度上就是为了进球。就算你踢得再好，如果不进球，你是赢不了的。而盖德·穆勒显然是足球历史上最大的进球保障。"

历史最强大满贯

盖德·穆勒拥有许多很厉害的绰号，例如"幽灵"和"禁区鬼魂"，或者西班牙人口中的"刽子手"，而在德国国内最广为流传的是"国家轰炸机"。但"轰炸机"属于舶来品，很有可能是源于当年一份格拉斯哥报纸将穆勒比作斯图卡俯冲轰炸机。

绰号的来源其实并不重要，这些绰号表达的其实是同一个意思。只要看一眼穆勒职业生涯各项赛事的进球纪录，以及相应的荣誉，就可以理解了：他在1964到1979年间代表拜仁参加了998场比赛，总进球达到1251球，其中正式比赛为605场563球，是当之无愧的球队第1射手；他在德甲出场427次，打进365球（历史第1），7次成为最佳射手（与莱万多夫斯基并列历史第1），拿到4个冠军；他在德国杯出场62次就轰入惊人的78球，当然也是历史第1（远超第2名的迪特·穆勒足足30球），同样拿到4个冠军。

俱乐部舞台的国际赛事中，穆勒出场79次打进69球（欧洲三大杯74场65球，欧洲超级杯及洲际杯5场4球），这项进球纪录直到2010年才被出场数近两倍的劳尔打破。穆勒在欧冠35次出场就斩获34球，在1974年到1976年实现三连冠，外加1967年捧起欧洲优胜者杯，欧战荣誉独缺一座联盟杯（欧联杯）；他为联邦德国队出场区区62次就斩获68球，40年后才被克洛泽超越，其中在1970年世界杯以10球成为射手王，1972年欧洲杯与1974年世界杯夺冠。此外，"轰炸机"还先于贝肯鲍尔，在1970年赢得了金球奖，"德国足球先生"和欧洲金靴奖也各获得2次。

简而言之，穆勒几乎拿遍了所有能拿的冠军、最佳球员和最佳射手称号。21世纪以来，不断有新一辈球星超越穆勒的某项纪录，但他依然有很多成就无人能超越。这里仅说一条：在世界杯、欧洲杯、欧冠、联赛、国内杯赛均曾夺取冠军和金靴奖。这完全有可能是几代人都无法复制的神迹。

大场面先生，小场面"屠夫"

如果那个时代有官方助攻数据，穆勒会让世人更加震惊。例如在他创造了40球纪录的1971—1972赛季，根据"转会市场"网站如今的统计，他其实还送出了17次助攻，即34场比赛中直接参与了57球，令人不可思议。作为对比，莱万多夫斯基在打出41球的2020—2021赛季，德甲助攻只有7次（来自德甲官方数据）。而在13场世界杯比赛中，"轰炸机"除了创造了14球这个直到2006年才被巴西人罗纳尔多刷新的纪录，还有6次助攻。

比数据更重要的是，对于穆勒的进球纪录，你几乎挑不出任何毛病。"虐菜"的时候他会疯狂刷数据（4次在德甲、2次在德国杯、1次在欧冠独中五元），而强强对话时也总能决定胜负。穆勒在欧洲杯与世界杯决赛都有决定性入球，在1973—1974、1974—1975赛季欧冠决赛同样如此，只有1975—1976赛季对圣埃蒂安的欧冠决赛交了白卷，但在更加难打的半决赛——3比1淘汰皇马两回合包揽球队的全部3个进球。

穆勒在面对仇家时疯狂进球，打无关痛痒的友谊赛照样火力全开，甚至会抢了队友的必进球。贝肯鲍尔就回忆道："我还记得对苏联队的那场慕尼黑奥林匹克体育场的揭幕战。乌利·赫内斯已经独自一人在球门前，然后盖德突然从后面飞出来，连球带乌利踢进了球门。这是他的进球，进球对他来说是最重要的。"

这些或许只是我们能够看得到的一部分。而在我们看不到的训练当中，穆勒照样毫不满足

德甲历史射手榜TOP5

排名	球员	国籍	出场	进球	场均进球	时间	俱乐部
1	盖德·穆勒	德国	427	365	0.85	1965—1979年	拜仁慕尼黑
2	莱万多夫斯基	波兰	384	312	0.81	2010—2022年	多特蒙德、拜仁慕尼黑
3	克劳斯·菲舍尔	德国	535	268	0.50	1968—1988年	慕尼黑1860、沙尔克04、科隆、波鸿
4	海因克斯	德国	369	220	0.60	1965—1978年	门兴格拉德巴赫、汉诺威
5	布格斯米勒	德国	447	213	0.48	1969—1990年	红白埃森、多特蒙德、纽伦堡、云达不来梅

地进球，甚至令队友感到被羞辱。贝肯鲍尔就透露，有时候他和施瓦岑贝克想要不顾一切地教训一下穆勒。"但我们从来都抓不住他。他继续一路冲向球门。如果不是每一天都待在盖德身边，我很难相信他真的是无心。"

男一号眼中的男一号

穆勒凭什么这么能进球？除了对进球的无尽渴望，以及与生俱来的门前嗅觉与身体天赋（有人认为是他的重心低可以帮他总能快人一步，并在激烈对抗中保持平衡），更重要的是刻苦训练。他可以用身体任何一个部位进球，在球场上以任何一个角度射门，这当然是苦练的成果。而他与贝肯鲍尔等队友那些令对手防不胜防的快速二过一配合，同样是日复一日地训练与积累默契的结果。

1974年世界杯上，穆勒其实还有一个特殊身份：预备门将！一旦比赛期间门将出现状况，穆勒就会成为外场球员客串守门员的第一人选。只有1.76米的他当然不是守门的料，但他觉得自己有责任在训练当中磨炼守门技术，以备不时之需。这样做的代价是容易造成手指受伤。对民主德国队的那场小组赛，他就是在右手无名指包着胶布的情况下参加的。

心理素质也是穆勒如此高产的重要原因。贝肯鲍尔就透露，当年无论赛前气氛多么紧张，穆勒总是一副无所畏惧的样子。"他总会走过来用他独特的口音说道：'喂，别讨论了。我们会轻松击败对手的。'我从来都不是容易紧张的人，一旦我担心会出问题，盖德就会帮我抹去这种想法。"但穆勒也不是真的天不怕地不怕，他一直害怕坐飞机。他还有点迷信，例如穿鞋时先穿左脚，胸前一直挂着护身符，即便是在比赛时（当时是允许的）。

既然如此，为何在更多人的认知当中，穆勒只是排在贝肯鲍尔之后的德国足球历史男二号？或许是因为贝肯鲍尔在场上更具领袖气质，球风优雅，而且创造了"自由人"这个影响了德国足球战术近半个世纪的场上角色，外加他在挂靴后以教练或管理者的身份，继续对拜仁、德国足球乃至世界足球施加重要影响。相比之下，穆勒就没有那么多才多艺了，他只会专注于进球。而且他的相貌与性格都太过朴素——没有所谓的"明星相"，甚至外形压根不像是一位成功的足球运动员。

然而，正如贝肯鲍尔所说的那样，足球踢得再好看，战术再先进，不进球就是白搭，因此盖德·穆勒才是那把打开一扇又一扇成功之门的钥匙。这台"进球机器"在20世纪六七十年代为拜仁与德国足球奠定了今天的王者地位。贝肯鲍尔说："盖德就是起源。在我眼中，他就是拜仁历史上最重要的球员。盖德就是MVP（最有价值球员）。"

世界杯历史射手榜TOP10

排名	球员	球队	出场	进球	场均进球	参赛年份
1	克洛泽	德国队	24	16	0.67	2002、2006、2010、2014年
2	罗纳尔多	巴西队	19	15	0.79	[1994]、1998、2002、2006年
3	盖德·穆勒	联邦德国队	13	14	1.08	1970、1974年
4	方丹	法国队	6	13	2.17	1958年
4	梅西	阿根廷队	26	13	0.50	2006、(2010)、2014、2018、2022年
6	贝利	巴西队	14	12	0.86	1958、1962、1966、1970年
6	姆巴佩	法国队	14	12	0.86	2018、2022年
8	柯奇士	匈牙利	5	11	2.20	1954年
8	克林斯曼	联邦德国队、德国队	17	11	0.65	1990、1994、1998年
10	拉恩	联邦德国队	10	10	1.00	1954、1958年
10	莱因克尔	英格兰队	12	10	0.83	1986、1990年
10	巴蒂斯图塔	阿根廷队	12	10	0.83	1994、1998、2002年
10	库维利亚斯	秘鲁队	13	10	0.77	1970、1978、(1982)年
10	托马斯·穆勒	德国队	19	10	0.53	2010、2014、(2018)、(2022)年
10	拉托	波兰队	20	10	0.50	1974、1978、1982年

注：年份标小括号，表示该届赛事出场但未进球；年份标中括号，表示该届赛事入选名单但未出场。

拜仁慕尼黑历史射手榜

排名	球员	国籍	出场	进球	场均进球	时间
1	盖德·穆勒	德国	605	563	0.93	1964—1979年
2	莱万多夫斯基	波兰	375	344	0.92	2014—2022年
3	托马斯·穆勒	德国	650	232	0.36	2008年—今
4	奥尔豪泽	德国	355	223	0.63	1961—1970年
5	卡尔—海因茨·鲁梅尼格	德国	422	217	0.51	1974—1984年
6	罗兰·沃尔法特	德国	332	156	0.47	1984—1993年
7	迪特·赫内斯	德国	302	145	0.48	1979—1987年
8	罗本	荷兰	309	144	0.47	2009—2019年
9	埃尔伯	巴西	266	139	0.52	1997—2003年
10	布伦宁格	德国	354	137	0.39	1962—1971年

注：对于盖德·穆勒在拜仁正式比赛的总数据，不同的统计机构存在605场563球、607场566球、611场568球等多个版本。

德国队历史射手榜

排名	球员	出场	进球	场均进球	时间
1	克洛泽	137	71	0.52	2001—2014年
2	盖德·穆勒	62	68	1.10	1966—1974年
3	波多尔斯基	130	49	0.38	2004—2017年
4	沃勒尔	90	47	0.52	1982—1994年
4	克林斯曼	108	47	0.44	1987—1998年
6	卡尔—海因茨·鲁梅尼格	95	45	0.47	1976—1986年
7	托马斯·穆勒	121	44	0.37	2010年—今
8	乌韦·席勒	72	43	0.60	1954—1970年
9	巴拉克	98	42	0.43	1999—2010年
10	比埃尔霍夫	70	37	0.53	1996—2002年

注：数据截至2022年。数据含联邦德国队，不含民主德国队。

George Best

乔治·贝斯特

1946—2005

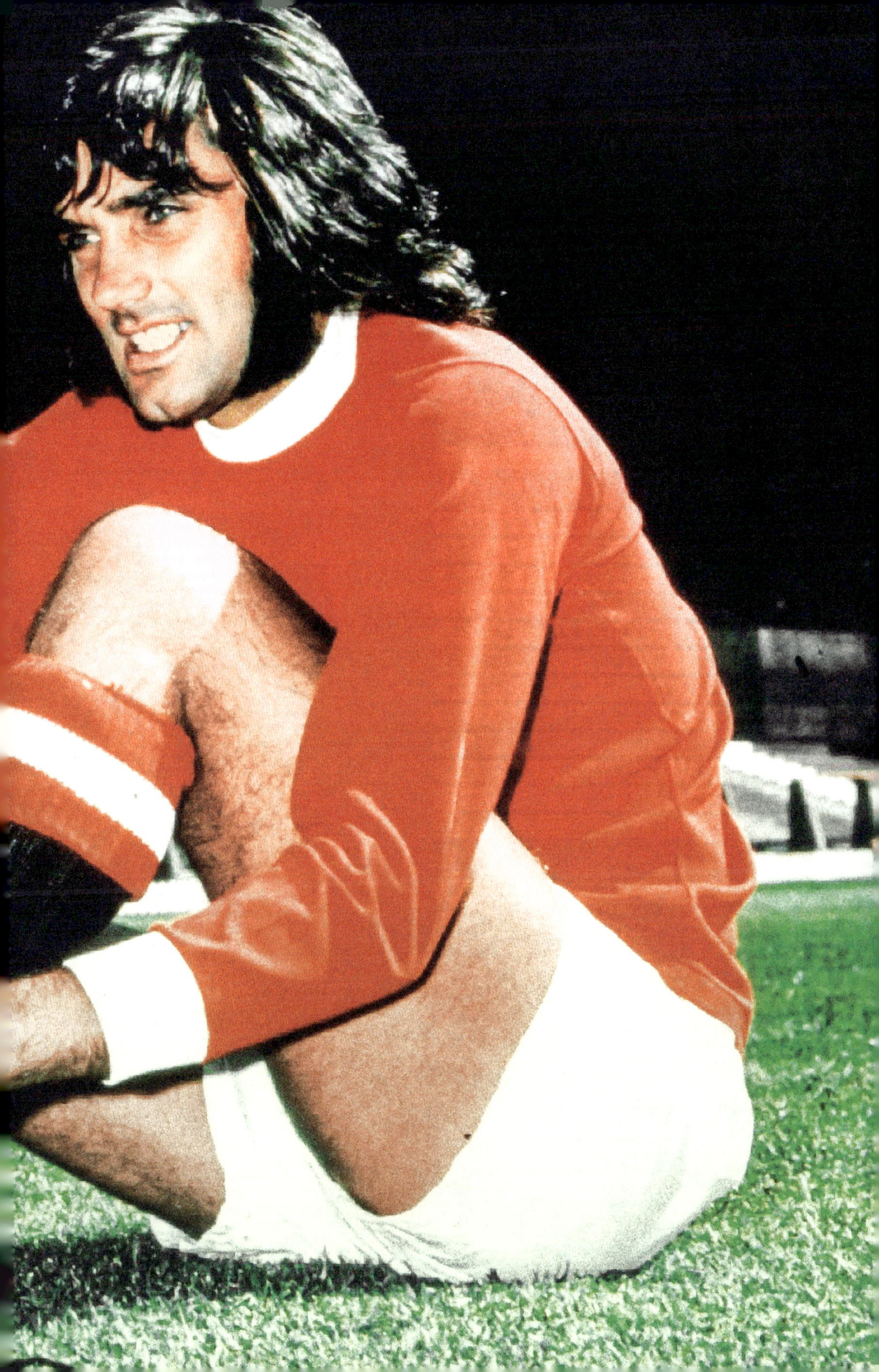

乔治·贝斯特

生卒	1946年5月22日—2005年11月25日
国籍	英国（北爱尔兰）
出生地	北爱尔兰贝尔法斯特
离世地	英国伦敦南肯辛顿
身高	1.75米
位置	边锋/进攻型中场

青年队生涯

1961—1963年	曼联

俱乐部生涯

1963—1974年	曼联	470场179球
1974年	邓斯特布尔	0场0球
1975年	斯托克港	3场2球
1975—1976年	科克凯尔特	3场0球
1976年	洛杉矶阿兹特克人	24场15球
1976—1977年	富勒姆	47场10球
1977—1978年	洛杉矶阿兹特克人	37场14球
1978—1979年	劳德代尔堡前锋	33场7球
1979—1980年	爱尔兰人	22场3球
1980—1981年	圣何塞地震	56场21球
1982—1983年	伯恩茅斯	5场0球
1983年	布里斯班雄狮	4场0球

国字号生涯

1964—1977年	北爱尔兰队	37场9球

个人荣誉

金球奖×1
1968年

英格兰足球记者协会足球先生×1
1967—1968赛季

英甲最佳射手×1
1967—1968赛季

英格兰足球联赛百大传奇
1998年

欧足联五十周年纪念奖
2003年

国际足联百大球星
2004年

英格兰足球名人堂
2002年

英格兰职业球员工会功绩奖
2006年

英格兰足球记者协会贡献奖
2000年

英格兰职业球员工会世纪最佳阵容
2007年

团队荣誉

曼联

英甲冠军×2
1964—1965、1966—1967赛季

慈善盾冠军×2
1965、1967年

欧冠冠军×1
1967—1968赛季

爱尔兰人

苏格兰东部盾冠军×1
1979—1980赛季

22

贝斯特在相继收获联赛冠军、欧冠冠军后加冕1968年金球奖，并以22岁的年龄成为当时这一奖项的最年轻得主。

5

贝斯特去世后，2006年11月25日，北爱尔兰当地的厄斯特银行为贝斯特别发行了纪念版5英镑纸币，限量100万张，在5周内销售一空。同年5月22日贝尔法斯特城市机场更名为乔治·贝斯特贝尔法斯特城市机场以作纪念。

5

自1967—1968赛季以28球成为曼联联赛最佳射手起，贝斯特一连5个赛季始终稳坐队内联赛头号射手王位。

6

乔治·贝斯特保持着二战后曼联球员的单场比赛进球纪录——1969—1970赛季足总杯第5轮，曼联8比2北安普敦，贝斯特独中六元。

18

1964年10月27日，博览会杯，曼联6比1大胜尤尔格丹一役，18岁158天的贝斯特斩获个人首粒欧战进球，成为曼联队史上在欧洲赛场上最年轻的进球者。该纪录尘封逾半世纪，直到51年后，才被18岁117天的拉什福德在2015—2016赛季主场5比1中日德兰的欧联杯1/16决赛次回合中打破。

50

贝斯特是足球历史的偶像鼻祖，在《GQ》杂志2007年发起的过去50年间50大型男评选中，他作为一代绿茵性感符号兼唯一的足球运动员入选，同大卫·鲍伊、鲍勃·迪伦、"猫王"乔治·克鲁尼、"拳王"阿里、杰克·凯鲁亚克等富有文化影响力与号召力的杰出人物并列。

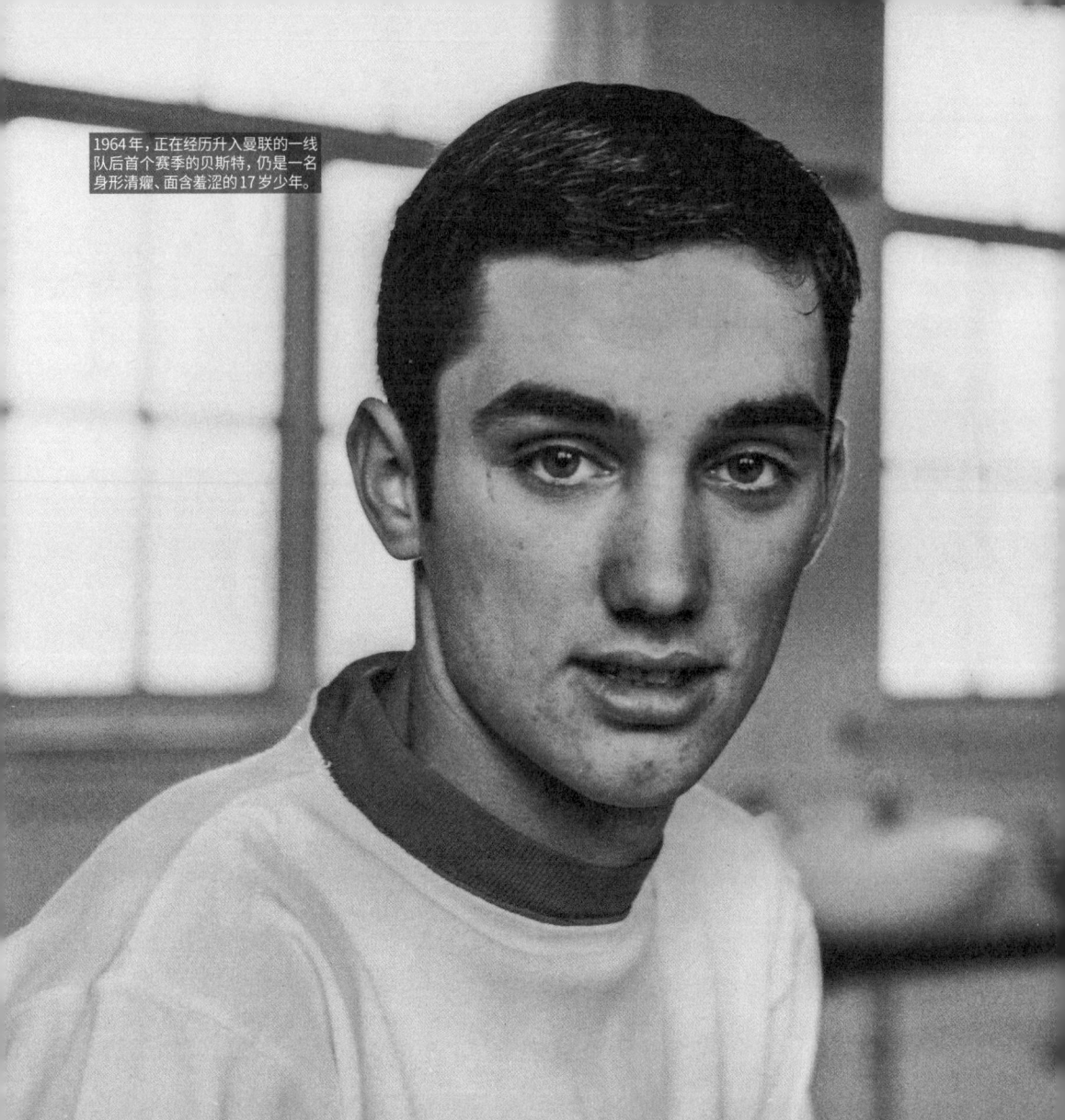

1964年，正在经历升入曼联的一线队后首个赛季的贝斯特，仍是一名身形清癯、面含羞涩的17岁少年。

神祇自由人

林良锋

"若我相貌丑陋，贝利无以扬名。"多少真话借玩笑之名道出，但贝斯特在英伦足坛的天赋与地位恰如其名：最好的。他有盖世脚下功，在慕尼黑空难10周年之际缔造"红魔"首夺欧冠冠军的神迹，却无意封神登仙。5个巅峰赛季后，"第五披头士"在当打之年迅速沉沦，导致个人层面的去神圣化。

贝斯特是英国足坛的另类。

英国球员给人以剽悍笨拙的刻板印象。贝斯特更像拉美球员，细腻中带着奔放。贝斯特实在是投错了胎，生在北爱尔兰首府贝尔法斯特，别说在英国足坛罕有其匹，放在欧洲也是异数。欧洲颇有几个小地方和北爱尔兰很相似——偶尔出个把球星，水平还很高，如流星划过夜空，而大部分时间只有黑暗和沉寂。芬兰出了个利特马宁，再无他人。比利时之前有个希福，40年后又有德布劳内。等了不知多少年，挪威遇上"武曲星"哈兰德下凡。贝斯特让英国人着迷疯狂，无论男女，不光是因为他长得俊朗，英气逼人，更是因为他有英国球员难得一见的功夫。如果只是长得帅，贝斯特也只会混娱乐圈、吃时尚饭（他儿子就是男模）。长得帅，球技好，还效力于曼联，那就不得了了。

昙花5季，璀璨5年

贝斯特是年轻人的偶像，是披头士级别的偶像。别小看"效力于曼联"这个标签，你混成基冈还是贝斯特，区别就在这。拉美足坛崇拜10号，英国独尊7号。基冈和贝斯特都是"7号"的代表人物，但他们的江湖地位和个人魅力不可同日而语。基冈之后，利物浦再无7号，而曼联一直有7号，代代相传，成为符号文化的载体。英媒曾拿贝斯特的姓氏玩文字梗："马拉多纳，不错；贝利，更好；乔治，最佳。"在"现象"一词成为罗纳尔多的代名词之前，贝斯特是"异象"的滥觞。之后在足球和时尚两界通吃的，都是步贝斯特后尘。谁也没有贝斯特活得精彩，但谁也不曾像他那样"作死"。贝斯特曾夸下海口："半数世界小姐要我的电话号码！"那另一半呢？"已经有了！"

有个足球俚语，"只红一季（one season wonder）"，也就是"昙花一现"。贝斯特不只红一个赛季，但其巅峰期短暂，未及绽放便已凋谢。同时代的巨擘中，贝利17岁成名，踢到30多岁挂靴，贝肯鲍尔、尤西比奥、博比·查尔顿和盖德·穆勒的职业生涯都很长，满载集体和个人荣誉后收山。贝斯特从1963—1964赛季首秀，到1967—1968赛季夺得欧冠冠军，红了5年。随后，以查尔顿、丹尼斯·劳和贝斯特（"神圣三位一体"）为核心的阵容解体，贝斯特开启人生的另一章，以令人咋舌的速度，按下"自毁"的快捷键。名义上，贝斯特在1974年才离开曼联。实际上，效力曼联的后5个赛季，他基本在半醉半醒中度过。

夺得欧冠冠军时，贝斯特年方22岁，没有哪位巨星在这个年龄走下坡路。贝斯特被甩到足坛边缘时还不到28岁，也没哪个巨星在这个年龄开始落魄。即使巅峰期只有5个赛季，却是璀璨的5年，没有白活，是"真我风采"的写照。那个年头，有志吃职业足球这碗饭的孩子大多不爱读书，哪怕读书并不差。贝斯特的语文和数学学得都不错，其父托人给他在印刷厂预留了一个职位，算是给他留条后路。但在1963年5月，贝斯特的17岁生日那天，主教练巴斯比把他叫到办公室，笑眯眯地告诉他："孩子，我们要给你一份职业合同。"这句话从巴斯比嘴里说出来，对于贝斯特简直是福音。他瞄了一眼合约：周薪竟有17英镑！他飞快地签了字，冲出俱乐部给家里报喜。

那是他人生最简短的家书（为了赶上发往贝尔法斯特的晚班邮船），寥寥数语透着狂喜：

"爹，你儿子是职业球员了，我刚签完合同。"2年前，英足总正式废除最高周薪限制，英格兰队国脚海因斯成为历史上第一位周薪100英镑的球员，但17英镑对一位少年来说仍是一笔巨款。到了1966年，贝斯特每周挣1000多英镑，算上各种赢球和门票分成的奖金，是当时英国平均收入的60多倍。他还有不计其数的丰厚外快，一周能挣到差不多2000英镑。加薪的速度反映贝斯特蹿红的速度。只看统计数据，你无法理解贝斯特为什么那么红。曼联队史上的很多纪录和他无关，贝斯特打进179球，和维奥利特并列第5位。如果贝斯特专心踢球，踢到35岁，再进100多个都没问题。贝斯特出场470次，位列曼联队史上第15位，另一位爱尔兰人罗伊·基恩比他多踢2个赛季，只比他多10场。如果贝斯特在最后几年不成天"翘课"，刷到丹尼斯·欧文（也是爱尔兰人，12个赛季）的529场毫无压力。贝斯特本应带着多项曼联的历史纪录挂靴。但他带着懊恼离开了曼联。1974年元旦，对阵女王公园巡游者，成了他曼联生涯的绝唱。

自由禀赋，无限向上

虽然主流数据都不拔尖，贝斯特仍是曼联队史上三大传奇球员之一。老特拉福德球场外，有一座他与查尔顿、丹尼斯·劳并肩而立的雕像，为纪念这他们为曼联在20世纪60年代两夺英甲冠军、代表英格兰球队首夺欧冠冠军所做的杰出贡献。自1966—1967赛季起，贝斯特连续5个赛季是队内的联赛最佳射手。但贝斯特不是中锋，而是边锋。那个年代球衣号码不与球员固定，而是由位置决定。贝斯特穿7号球衣最多，也就是右边锋。前场5个位置，从边锋、内锋到中锋，他都踢过，什么位置都难不倒他。

1963年9月14日，贝斯特联赛首秀，那天对阵西布朗，他穿7号球衣，把对方左边卫威廉斯涮得仿佛五脏六腑错了位，球迷直呼过瘾。威廉斯后来在酒吧遇到贝斯特，直勾勾地瞪着他。贝斯特不解："咋了？"威廉斯咧嘴一笑："让我正面瞧瞧你，以前我只能看到你的屁股！"

当时大部分甲级队都有自己的头牌，曼联也不是只有贝斯特，查尔顿、丹尼斯·劳和赫德等人都是大名鼎鼎的人物。但谁也不像贝斯特，一出道就让人眼前一亮。

曼联在1958年遭受了队史上最沉重的打击：慕尼黑空难几乎把一队球员带走。幸存者中有巴斯比和查尔顿。举国哀悼，很多中立球迷开始把曼联视为主队，贝斯特格外受宠。在英格兰，中锋决定胜负，而吸引球迷买票进场的大多是边锋。球迷去现场就为了看贝斯特带球过人。哪怕在职业生涯暮年，无论给哪家俱乐部踢球，贝斯特都能带来两倍于平时的门票收入。而门票收入是俱乐部的命根子。

边锋的两大素质，速度和突破，贝斯特都天赋异禀。还是在读小学的时候，贝斯特为了躲避班里天主教学生的骚扰，放学后经常躲在公交车站附近的角落里，车快出站时，他从藏身之处像箭一般冲出来，飞奔一百多米跳上公交车回家。哪个孩子都追不上他。

带球突破是贝斯特的拿手好戏，他也特别享受带球，过一个不过瘾，过了两个还想过三个，恨不得涮掉对方半支球队。不仅对手恨他恨得咬牙切齿，队友也很不爽。查尔顿经常在更有利的位置喊他传球，但贝斯特充耳不闻。丹尼斯·劳在自传里说："如果乔治愿意传球，我在曼联的进球数能翻一倍！"而丹尼斯·劳为曼联进了237球！

有一次，查尔顿杀到禁区，只要贝斯特传球给他，他就能进球。查尔顿不停地喊："乔治，乔治，我在！"贝斯特没有传球的意思，"老好人"忍不住骂了起来："你个王八……好球！"原来贝斯特涮掉了最后一个对手，将球打进空门。碰上这样的队友，你能

贝斯特国家队生涯 1964—1977年		
赛事	出场	进球
世界杯预选赛	14	3
欧洲杯预选赛	7	4
友谊赛	16	2
总计	37	9

拿他怎么办？老队员私下找巴斯比投诉，奈何巴斯比最喜欢贝斯特，好言安抚完这帮人，下一场贝斯特还是"外甥打灯笼——照旧（照舅）"。

贝斯特带球直捣黄龙，成了60多年前曼联的经典场面、该队的招牌套路。几十年后，曼联又有一位爱带球的7号，贝斯特现场"验货"，并在赛后说："这孩子和我当年有得一拼！"贝斯特这么玩儿是有代价的。那个年头的拦截，会让今天的球迷极度不适，很多飞铲在今天够得上两张红牌。飞铲贝斯特，贝斯特躲避飞铲，成为球迷现场看球的两大乐趣。贝斯特还不爱穿护腿板，一场比赛下来，大腿、小腿布满鞋钉印，青一块紫一块。也有例外，曼联打利兹联是贝斯特唯一要戴护腿板的场合——对面有个叫贾尔斯的球员和曼联有仇。贾尔斯曾是曼联学徒，因和巴斯比吵了一架，被挂牌卖给利兹联。贾尔斯把对巴斯比的刻骨仇恨，化作对曼联场上球员的无情伤害。

北爱尔兰人的你来我往

贝斯特这种爱带球的球员，是对手理想的杀伤目标。贝斯特原来不知道这里面的过节，直到有一次，小腿被对方的鞋钉划了一个几寸长的口子，这才让贝斯特意识到，再不小心可能就吃不上这碗饭了。即便戴了护腿板，利兹联的"老老少少"还是没放过他，有一次，苏格兰队国脚布雷姆纳把他的护腿板铲成了两瓣。另一个以粗野出名的是切尔西中场、有"菜刀"之称的哈里斯，有一种夸张的说法是，他铲人时，全场都能听到骨折声。但贝斯特次次躲过哈里斯的剪刀脚，还经常使球钻他的裆以示调戏。英语里"爱尔兰人"这个词，有形容一个人有匹夫之勇、鲁莽好斗的意思。英美的战争片里，经常可以听到美国大兵这么骂愣头青。贝斯特是地地道道的北爱尔兰人，你越用杀伤战术对付他，他就越要证明自己无所畏惧——这一点更让球迷疯狂。也有例外，有一次贝斯特报复哈里斯，凌空将对方铲倒，哈里斯一声惨叫倒地。贝斯特以为裁判把自己罚下去就没事了。不料哈里斯龇牙咧嘴地爬起来，冲贝斯特阴险地一笑："裁判，别把他罚下去哇，这就是个意外。"贝斯特不寒而栗。

贝斯特是个夜猫子。一到晚上就精力充沛。欧冠的比赛最对他的胃口，他的发挥也比平时周六的联赛提升一个档次。贝斯特最高光的时刻，都出现在欧冠之夜，都和本菲卡有关。1965—1966赛季欧冠8强，曼联首回合主场3比2险胜，次回合赛前巴斯比再三叮嘱：头20分钟稳住，别给对手机会。贝斯特根本不往心里去，打了不到15分钟，曼联已经2比0领先，2个球都是贝斯特进的。第2个球最有贝斯特的味道：本菲卡后防队员头球解围，他在中场一个箭步冲

上去拿球，过掉两名本菲卡球员，单刀破门。曼联最终5比1凯旋，本菲卡球员对他佩服得五体投地，送他一个"第五披头士"的外号。回程的飞机落地，贝斯特戴着一顶大草帽走下舷梯，这个招摇的举动，从此让他声名远播，成了足坛的时尚符号。两年后的又一届欧冠决赛，他助攻查尔顿打破僵局，又在加时赛涮掉门将使曼联再次领先。

曼联能赢，是因为"神圣三位一体"；能赢还赢得华丽，是因为贝斯特。可惜他生不逢时。北爱尔兰虽小，却三次跻身世界杯，但贝斯特一次也没赶上。贝斯特有两次非常接近大赛：一次是1966年世界杯预选赛，打阿尔巴尼亚队被逼平，失去晋级资格；另一次是1970年世界杯预选赛，又是最后一轮打平苏联队就能出线，但贝斯特因伤缺席，北爱尔兰队最终净负两球。

无缘大赛，并不意味着贝斯特不曾和高手过招。1978年世界杯预选赛，北爱尔兰队和荷兰队同组。贝斯特早已不复当年之勇，作客鹿特丹赛前，有相熟的英国记者挑逗贝斯特："克鲁伊夫是不是杰出的球员？"答曰："是。""是不是比你还强？"贝斯特笑道："我上场后只要拿到球，第一件事就是穿他的裆！"开场不到5分钟，贝斯特在左侧拿球，他没有向球门推进，而是带球横跨球场，途中连过3人，找到右侧的克鲁伊夫，两次假动作就把球从克鲁伊夫的双腿中穿过，贝斯特带球继续飞奔，边跑边挥舞拳头，冲着媒体席伸出两根手指（典型的英国不文明手势），只有少数几个人知道那意味着什么：克鲁伊夫强在哪里？

而贝利呢？"我要是长得丑，你们都不会知道贝利是谁！"有人问弗格森："吉格斯和贝斯特哪个更好？"答曰："吉格斯永远成不了贝斯特，无论是谁也成不了。乔治这个人世上绝无仅有，他是咱们这个地方最有天赋的球员，是毫无争议的英国第一。"

贝斯特俱乐部生涯

俱乐部	赛季	联赛 出场	联赛 进球	国内杯赛 出场	国内杯赛 进球	其他 出场	其他 进球	小计 出场	小计 进球
曼联	1963—1964	17	4	7	2	2	0	26	6
	1964—1965	41	10	7	2	11	2	59	14
	1965—1966	31	9	6	4	6	4	43	17
	1966—1967	42	10	3	0	—	—	45	10
	1967—1968	41	28	3	1	9	3	53	32
	1968—1969	41	19	6	1	8	2	55	22
	1969—1970	37	15	16	8	—	—	53	23
	1970—1971	40	18	8	3	—	—	48	21
	1971—1972	40	18	13	8	—	—	53	26
	1972—1973	19	4	4	2	0	0	23	6
	1973—1974	12	2	0	0	—	—	12	2
	小计	361	137	73	31	36	11	470	179
邓斯特布尔	1974—1975	0	0	0	0	—	—	0	0
斯托克港	1975—1976	3	2	0	0	—	—	3	2
科克凯尔特	1975—1976	3	0	0	0	—	—	3	0
富勒姆	1976—1977	32	6	5	2	—	—	37	8
	1977—1978	10	2	0	0	—	—	10	2
	小计	48	10	5	2	—	—	53	12
洛杉矶阿兹特克人	1976	24	15	—	—	—	—	24	15
	1977	25	13	—	—	—	—	25	13
	1978	12	1	—	—	—	—	12	1
	小计	61	29	—	—	—	—	61	29
劳德代尔堡前锋	1978	14	5	—	—	—	—	14	5
	1979	12	1	—	—	—	—	12	1
	小计	26	6	—	—	—	—	26	6
爱尔兰人	1979—1980	13	3	3	0	—	—	16	3
	1980—1981	4	0	2	0	—	—	6	0
	小计	17	3	5	0	—	—	22	3
圣何塞地震	1980	26	8	—	—	—	—	26	8
	1981	30	13	—	—	—	—	30	13
	小计	56	21	—	—	—	—	56	21
伯恩茅斯	1982—1983	5	0	0	0	—	—	5	0
布里斯班雄狮	1983	4	0	0	0	—	—	4	0
总计		578	206	83	33	36	11	697	250

大众情人贝斯特(中)被众多女性环绕，数不胜数的风流韵事贯穿了他的人生。

浪荡一生登徒子

林良锋 将禁酒令引入英超的法国名帅阿尔塞纳·温格，在追忆一生贪饮杯中物、流连温柔乡、沉迷名利场的贝斯特时，出人意料地展示了对他的共情："他所经历的生活所有人都曾试图拥有，这也是他给人们留下深刻印象的原因。"

"蜡烛不能两头烧！"

这是朋友对贝斯特的忠告。说这话的时候，贝斯特已不再是曼联球员，身体也被酒色侵蚀得千疮百孔。贝斯特回以一笑："没事，我的蜡烛比别人的粗！"贝斯特没活过60岁，人生三分之二的岁月都浸泡在不同浓度的酒精里，穿梭于不同国籍女人的床笫之间。白天参加训练或比赛，晚上酗酒纵欲，何止蜡烛两头烧！克鲁伊夫比贝斯特小1岁，从不买醉但烟不离手，球员时代一天起码两包。犯了一次心脏病后，克鲁伊夫戒了烟，活到68岁。实际上，即使和同行比，贝斯特和克鲁伊夫也都是体魄强健的超人。克鲁伊夫能戒烟，贝斯特却不能（愿）戒酒。酒精中毒这个概念，直到20世纪80年代才被普罗大众接受——贪杯不是生活方式，不是习惯，而是一种病。

今朝有酒今朝醉

贝斯特也明白这一点，也试过戒酒，却既没有毅力坚持，又没有坚守承诺的责任心，任性得像个孩子。一个下着瓢泼大雨的夜晚，贝斯特的前妻安琪驱车回家，见路边站着个被浇成落汤鸡的醉汉，定睛一看，竟是前夫！安琪直接开走，继续赶路："我受够了，不想再和他有交集。"贝斯特并非天生好酒，第一次喝啤酒时难受得不行，甚至以为自己第二天必死无疑。但他的家族有酗酒的基因，贝斯特的母亲死于酒精中毒引起的心脏病。2002年夏天，贝斯特接受肝脏移植手术，手术期间大出血，几乎死在手术台上。英国媒体还拿贝斯特需要大量输血一事调侃："贝斯特需要40品脱（品脱是英制容积单位，是酒吧出售啤酒的基本单位）。"

贝斯特没死，但也就多活了3年。手术是在私立的克伦威尔医院做的，费用却出自全国医保，公众闻讯哗然。媒体质问："他想把自己喝死，为什么让大家掏钱？"术后，他又公开买醉，并因醉驾被吊销执照20个月。2005年11月25日，贝斯特死于肺部感染和多器官功能障碍综合征。回顾贝斯特的一生，人们无不为其放浪形骸、纵欲无度感到震惊和惋惜。有一次，贝斯特和世界小姐斯塔文在赌场赢了2万英镑，他们回酒店叫了香槟，贝斯特还打赏了侍应生50英镑（后者一周的薪水），侍应生却严肃地问他："贝斯特先生，您是怎么落到这步田地的？"

这话直指贝斯特从金球奖得主到酒鬼、登徒子的堕落过程，贝斯特却拿它当作段子。他从不后悔："我为世界上最大的俱乐部踢球，冠军拿了，钱也挣了，和无数美人同眠共枕，一个普通人想得到的我都得到了，有什么可后悔的？""今朝有酒今朝醉，明日愁来明日愁"，这是贝斯特的人生缩写。

贝斯特很聪明，却不爱念书，就读的小学只有橄榄球活动，于是他经常逃学。他15岁那年在街头踢球，被曼联球探毕晓普发现。毕晓普给曼联主教练巴斯比发电报："我为您找到了一个天才！"贝斯特和另一名孩子前往曼联试训，却被曼彻斯特的大都会氛围吓坏了，更被曼联群星的伟岸身躯震慑得不知所措。哥儿俩觉得没戏，隔了一天跑回了贝尔法斯特。回家后贝斯特觉得愧对父母，决定再赴曼联追求梦想，发誓："无论多么艰难我都要混出个名堂！"

碍于英足总和北爱尔兰足总的约定，曼联不能马上让他成为学徒，而是将他安顿在一位球迷家中（相当于宿舍），先让他在训练基地附近的一家企业干"电工"，每周训练两次，直到和曼联签约。青春期的贝斯特十分害羞，出去社交时生怕自己的乡下口音吓跑对方，为了回避公交车售票员问他去哪，只带刚够到俱乐部的车票钱。为了借酒壮胆，贝斯特迈出了酗酒的第一步。

那个年头，职业球员是夜场寻欢的主力，也是女孩子钓金龟婿的主要目标。英格兰队队长比利·赖特的妻子是20世纪50年代英国一支女子乐队的成员。世纪之交，贝克汉姆步赖特后尘，娶了辣妹组合的成员维多利亚。贝斯特出道时，正赶上英格兰职业联赛取消了周薪上限，职业球员成为令人羡慕的职业。

适逢英国进入二战后经济高速增长时期，一场由年轻人推动的文化运动在英国蔚然成风。摇滚乐、时装、电影和性解放意识共同构筑出一幅"享乐主义"的现代社会画卷，史称"摇摆的20世纪60年代"。披头士、滚石等知名乐队，迷你裙，涂有英国国旗的各类名车以及《春花秋月不了情》《春光乍泄》等著名电影，成为那个时期的时尚注脚。邦德系列片在20世纪60年代初应运而生，是英国文化输出的标志。英国首相麦克米伦在竞选中豪迈地宣称："你们的日子从来没这么好过！"贝斯特赶上了好时候，作为曼联球员本身就社会地位高，收入丰厚，加上长相俊朗，留着披头士风格的长发，又带点羞涩，顿时成了少女们追求的对象。他的一位女友形容他："贝斯特和你说话时，你觉得世界上只有你和他。"

贪杯为表，好色为里

贝斯特身体素质好，训练时倒着跑也比很多队友快，曾在一周内踢了四场不同级别、不同性质的比赛。踢完球就去泡吧。泡到天亮回酒店，让前台给他设叫醒服务："早上七点！"对方一脸错愕："现在是早上七点半，贝斯特先生。"睡醒后，他还能像没事人一样去训练、比赛。"喝大酒"大概是那个时期职业球员体现男子气概的方式，有人带着一身酒气上场比赛，进球后飞奔庆祝，甚至径直跑回更衣室睡觉。球员扎堆喝酒，出访时随行的记者也跟着买醉。比谁

乔治·贝斯特与母亲安·贝斯特和父亲迪克·贝斯特举杯留影。

喝得多，比谁喝得快，喝醉后的糗事变成段子，沉淀为英国足球文化的一个侧面。阿森纳队长亚当斯醉驾撞塌了一堵墙，为此要蹲几个月班房。同行听了打趣道："他只是想把那堵墙往后推10码（英国长度单位，1码约0.9144米）！"警察把亚当斯和另一名肇事者铐在一起，不料那人抗议："我是热刺球迷！"

有句俗话："如果你记得20世纪60年代，你肯定不是那个年代的人。"贝斯特年轻气盛，球场上不惧对手，夜店里也绝不认怂。比如有一次喝酒，他为了证明比对方更能喝，一瓶瓶伏特加生生地灌下去。贝斯特喝到断片儿是常事，而且不只是一晚，可能是连续几晚。贝斯特后来回忆，很多人和事自己都没印象，是别人告诉他的。某天，他醉卧在酒吧里，有人从都柏林打来电话："乔治，总算找到你了，我是车行的，那辆奔驰您打算咋办？""什么奔驰？""就是您开来修的那辆啊，都过了两年了。"

贝斯特贪杯只是表面，好色才是他的本性。见到合眼缘的女生他就千方百计搞上床，哪怕是房东儿子的女友，哪怕对方是有夫之妇，哪怕有人去找巴斯比告状。这就像他带球，拦截得越凶狠，越能激起他的征服欲，他连帮自己打官司的律师都不放过，和人家妻子搞婚外情。他为寻欢而喝酒，如果寻到了喝得更多。后来贝斯特不需要女人也喝得一塌糊涂。因为囊中羞涩，他甚至在酒吧里偷女人的钱买酒。

踢球有名气，姓氏又那么适合代言，商家趋之若鹜。只要给钱，贝斯特来者不拒。因为他给一个美国牌子的紧身胸衣代言，利物浦球迷给他编了一首歌："贝斯特，大明星，走路像女人，胸罩亮晶晶！"很多人想借他的名气和他合伙做生意，开时装店、餐厅、酒吧。时装店开张，正好是贝斯特在里斯本以一己之力大败本菲卡的第2天。还没到开门时间，门外就来了好几百名女中学生，见到贝斯特就尖叫。名气不仅给贝斯特带来了无数钱财，也省了他寻花问柳的工夫，很多女人主动撩他，贝斯特从中尽情挑选。两位世界小姐，世界各地的佳丽，贝斯特在万花丛中过。

贝斯特名气有多大？首相威尔逊给他写信，称赞他球踢得好，还邀请他去唐宁街10号首相官邸参加鸡尾酒会。联邦德国总理勃兰特也在受邀之列，他的保镖一见贝斯特，竟扔下保护对象，冲过去找贝斯特要签名。而威尔逊呢？在房间一角静静地抽他的烟斗——大家忘了做东的是他。

荒唐始于辉煌尽头

如果曼联像20世纪70年代的利物浦那样长盛不衰，贝斯特后来可能不会自暴自弃。曼联夺得欧冠冠军，了却了巴斯比的心愿，他不再把球队的发展放在心上。那支征服欧洲的曼联走到了尽头。翌年，曼联排名急剧降至英甲第11位，除了贝斯特，基本就是丹尼斯·劳有进球。大部分人过了巅峰期，最明显的是查尔顿，新援的水平又跟不上。巴斯比退休，指定助教麦吉尼斯接班，加速了曼联的衰败。

1973—1974赛季丹尼斯·劳转身加盟曼城，门将斯特普尼有好几周是队里的并列射手王。曼联赢球的压力越来越集中在贝斯特身上，他受不了大家把曼联输球的"锅"推到自己头上，

1978年4月9日，在玫瑰碗体育场举行的贝利感谢日期间，代表洛杉矶阿兹特克人参加友谊赛的贝斯特，向退役不久的贝利颁发代表世界最佳球员的纪念牌匾。

小报还跟踪自己的行藏。怎么办？逃避。就像他小时候逃学那样。他开始不参加训练，比赛也失踪。逃去哪儿？酒吧。在曼彻斯特藏不住，他就跑去伦敦，再不行就去西班牙，去马洛卡。之前马洛卡只是夏天贝斯特和铁哥们儿放松的场所，后来成了他避难的乐园。

酗酒之外，贝斯特又染上了赌瘾。贝斯特一辈子挣了很多钱，但他花钱大手大脚，身边的"损友"又多，不是拉他去喝酒就是拉他去赌场。钱从左边口袋进来，从右边口袋出去。你很难想象他竟然因为欠税被法庭宣布破产。他经常一到门店打烊就把收银机里的现金取出来去赌场，出来时身无分文。离开曼联后，贝斯特到处流浪，谁给钱就为谁踢。这么混了两年，他去北美足球联赛发展，先后效力于洛杉矶阿兹特克人、劳德代尔堡前锋和圣何塞地震，其间他又跑回英国为富勒姆和爱尔兰人踢了一两个赛季。

此时的贝斯特早已不复当年之勇，但他享受美国人办足球比赛的理念——表演为主，竞技为辅。某场比赛，贝斯特一方罚任意球，排人墙之前，主教练把贝斯特等几名主力换下来，和他们商量怎么罚。贝斯特提醒他："我们回不去了，你把我们换下来了！"

只许为孤例

林良锋

在英国人眼里，一个有缺陷的伟人才是完美的。从竞技角度，贝斯特生不逢时，从未在国字号大赛上施展技艺。从名望角度，贝斯特生逢其时，经济上行时人人追求个性解放，如今难以被接受的种种劣行，放在彼时，顺理成章。放浪不羁的曼联7号成了经久不衰的流行符号，但他的时代已经过去，足坛不能再有下一个贝斯特。

1977年，乔治·贝斯特坐在泳池旁边畅饮啤酒。

贝斯特是独一无二的。

他从未参加过大赛，竞技巅峰只有5年，酗酒，好色，滥赌，最后把自己喝死了。这么一号人物，为什么受到那么多人爱戴？为什么会有那么多人，在他穷困潦倒之际伸出援手？贝斯特不仅是球迷眼中的神，女人眼中的情圣，还在同行中享有极好的口碑。他是一个经久不衰的文化符号。马拉多纳访英前，特意问邀请方："能不能让我见识见识贝斯特？"中国人很难理解贝斯特现象，在我们的文化里，修身齐家是男人的职责，也是美德。我们无法接受一个男人如此没有责任感，如此任性胡闹，更不能接受他对两性关系如此随意。

成功男人该具备的素质——才气横溢、英俊潇洒、热忱慷慨，贝斯特都有。他也成功过，集体荣誉有联赛冠军和欧冠冠军，个人荣誉他也不缺：金球奖、英格兰年度最佳球员、英格兰足球名人堂，不一而足。他本来应该像贝肯鲍尔、贝利那样，功成名就，颐养天年。可他没活过60岁就走了。无独有偶，对他五体投地的马拉多纳，60岁刚过也驾鹤西去。两位巨星的人生轨迹竟有那么多重合之处！

贝斯特现象有其历史背景，它只在特定的历史环境下产生。贝斯特是北爱尔兰人，光这一点，就足以让球迷为他"投错胎"惋惜不已。再往东那么一点点，贝斯特就是英格兰人，或者苏格兰人了。如果是英格兰人，他可能是世界杯夺冠功臣之一，和查尔顿一道受到女王册封。即使是苏格兰人，他也能让大家在世界杯上一睹其风采。可惜，贝斯特的英姿只能在不甚清晰的黑白影片中找到。我们能看到梅西所有的进球视频，却找不全贝斯特的进球影像。但哪怕是一鳞半爪，也足够让我们领略他神乎其技的脚法。

历史决定了英国不能以独立身份参加世界杯，如果有关方面抓得严一点，贝斯特甚至未必有资格为曼联效力——四家本土足总相约不挖对方墙脚，保障了各自的好苗子不会被拐去其他足总旗下的职业俱乐部。贝斯特不曾在大赛上露面，不是他不努力，而是生错了时辰。北爱尔兰队三次跻身世界杯，贝斯特要么还没出生，要么已经巅峰不再。

贝尔法斯特虽然是北爱尔兰首府，但相比于曼彻斯特，和乡下没区别。贝斯特15岁就以业余球员的身份加盟曼联，小小年纪背井离乡，只身外出打拼。一位少年才俊，在英格兰最大的俱乐部一炮而红，22岁就拿到了欧洲足坛的最高荣誉，世界仿佛就在他脚下。为什么他没有成为梅西，没有成为贝利？贝斯特曾说："我要是长得丑，你们都不会知道贝利是谁。"

贝斯特是足坛头号帅哥，即使过去有人长相不逊于他，也没有他有名。贝斯特的独一无二，在于他是足坛第一个——球踢得好，人长得帅，还离经叛道，特立独行。

没人知道该怎么管束他，父母不在身边，巴斯比对他只有溺爱——知道他和人偷情也没有严加管教，知道他流连夜店也没有出手干预。三十载之后，吉格斯刚有向贝斯特发展的苗头，弗格森劈头盖脸地一阵痛骂，吉格斯再不敢越雷池一步。贝斯特也不服管，这头答应巴斯比不再胡闹，那头就约有夫之妇幽会。巴斯比管不了，队友更管不了，再加上遇人不淑，贝斯特只有毁灭一途。

贝斯特成名时，正赶上英国经济增长，反主流文化运动方兴未艾，及时行乐、抛弃传统、砸烂条条框框，都是年轻人爱干的事情。你只要有钱，想怎么胡来都行。贝斯特酗酒、泡妞、醉驾和赌博，职业球员容易沾染的恶习几乎都有，谁也无法规劝他迷途知返。而且他不觉得那是迷途，至死不悔。他不是不知道自己"作死"，和他一样"作死"的同行走在他前头的不知凡几，但他缺乏自控能力。

本质上，贝斯特外强中干——在场上一夫当关，在夜店千杯奉陪，都不过是匹夫之勇。真正的勇气，是战胜自己，战胜心魔，负起责任。贝斯特每次遇到对毅力的挑战，都选择了逃避。他有过两段婚姻，还有好几次险些成婚。但他始终摆脱不了诱惑，无论是女色还是酒精。

由乔治·贝斯特、丹尼斯·劳和博比·查尔顿组成的"神圣三位一体"雕像伫立在老特拉福德球场外，守护着他们曾为之挥洒汗水与泪水的曼联。

贝斯特对亲人不负责，对自己也不负责，但就是有人爱他。在英国人眼里，一个有缺陷的伟人才是完美的。他们不相信完人，同情那些摘下强者面具的弱者。很多女性无法拒绝贝斯特，一是因为他慷慨，二是觉得他脆弱。

球迷崇拜贝斯特，奉他为偶像。贝斯特没有巨星的架子，平易近人，和很多球迷是哥们儿，没有现在球星和球迷之间的鸿沟，就连酒店的服务员都能和他平等对话。在他住院等待肝脏移植时，邻床的病人自告奋勇："把我的肝给他！"他极少拒绝别人，前妻曾说："如果有七千个人给他敬酒，大家都喝了一杯，乔治会喝七千杯。"正因为贝斯特的悲剧，后世足坛才觉醒，对少年天才倍加呵护、严加管教。贝斯特的时代过去了，足坛不能再有下一个贝斯特。

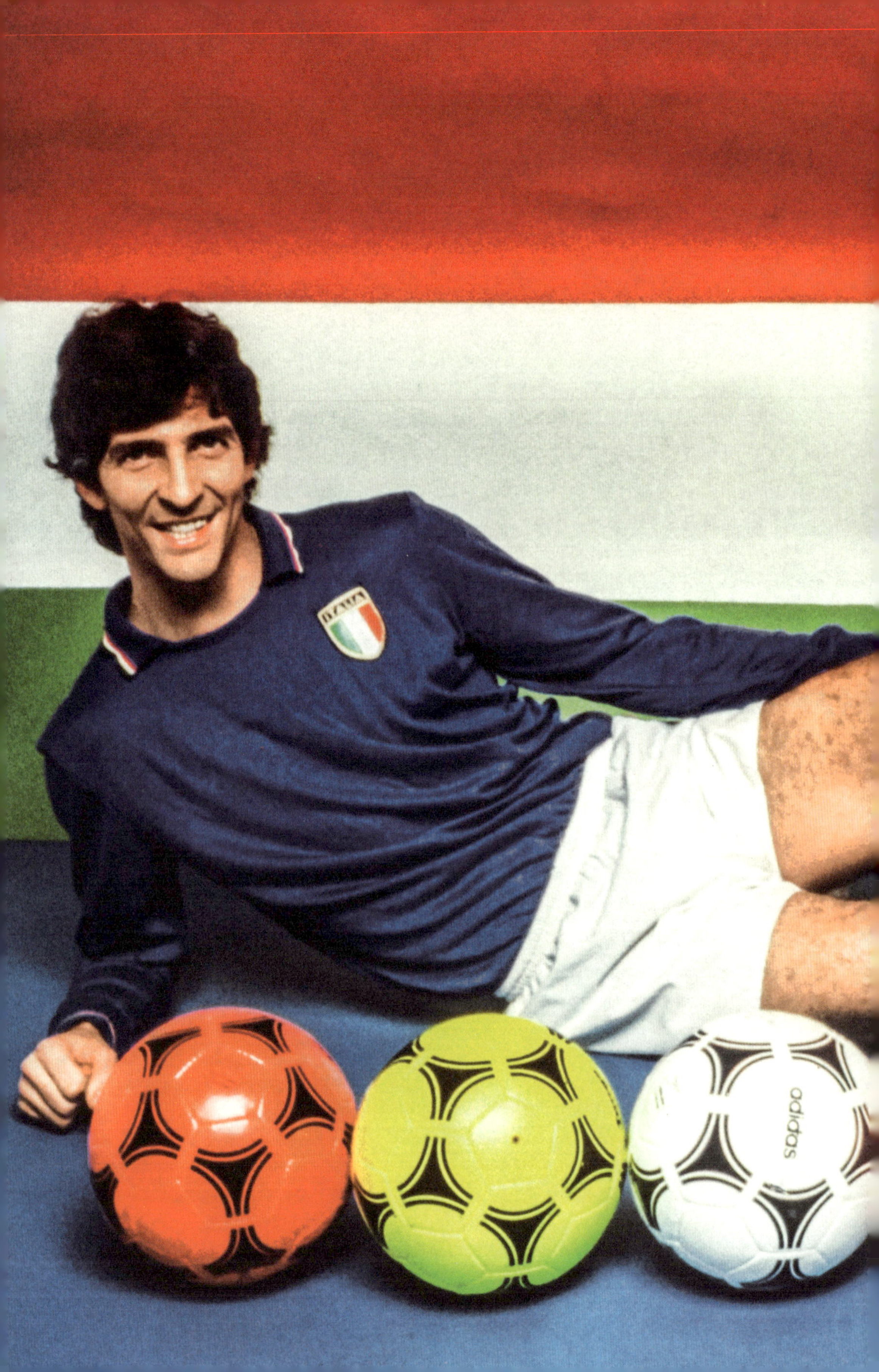
adidas

Paolo Rossi

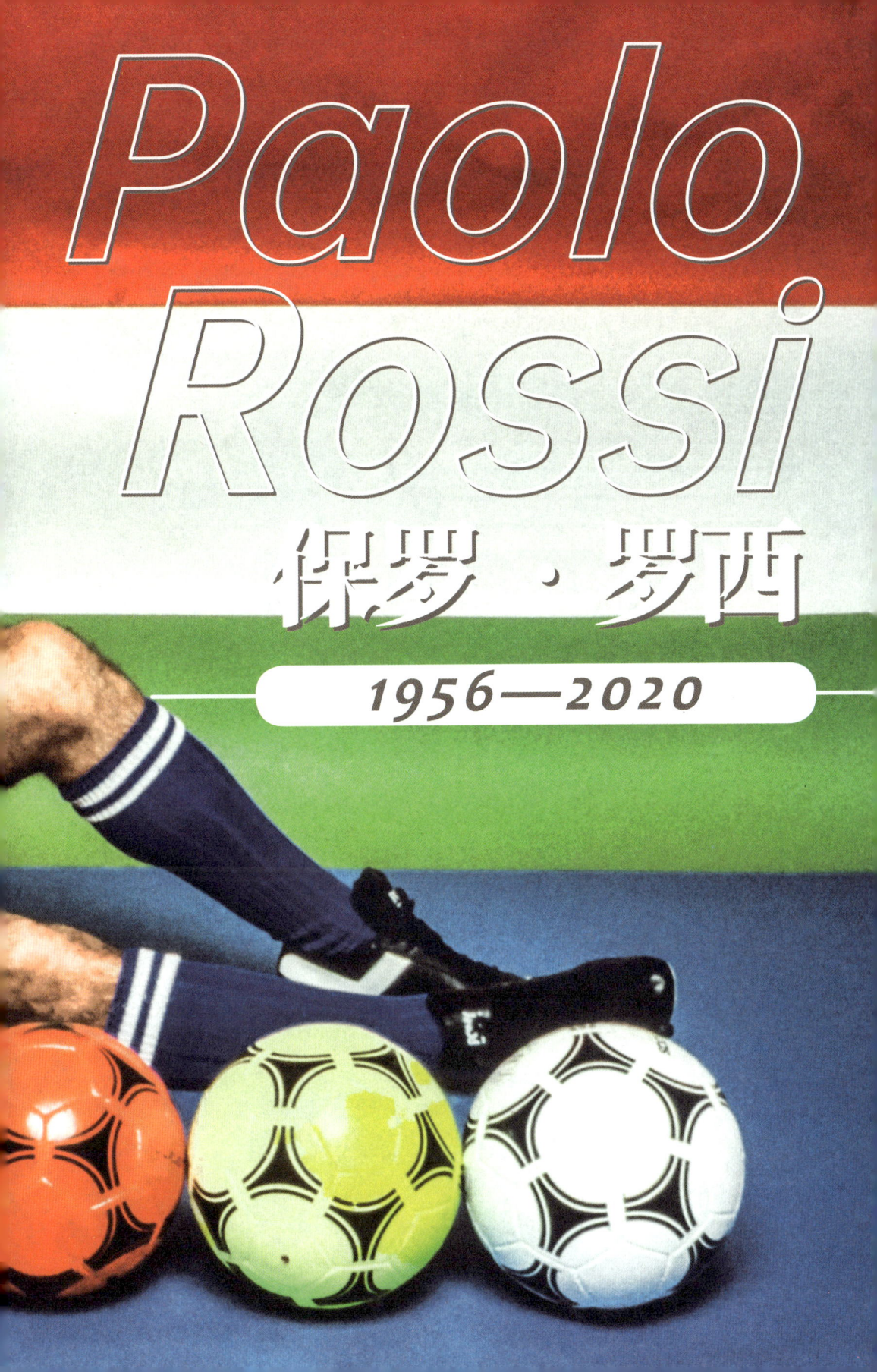

保罗·罗西

1956—2020

保罗·罗西

生卒	1956年9月23日—2020年12月9日
国籍	意大利
出生地	意大利普拉托
离世地	意大利锡耶纳
身高	1.74米
位置	中锋

青年队生涯

1961—1967年	圣卢西亚	
1967—1968年	安布罗西亚纳	
1968—1972年	卡托利卡美德	
1972—1973年	尤文图斯	

俱乐部生涯

1973—1975年	尤文图斯	3场0球
1975—1976年	科莫（租借）	6场0球
1976—1979年	维琴察	108场66球
1979—1981年	佩鲁贾（租借）	36场14球
1981—1985年	尤文图斯	135场44球
1985—1986年	AC米兰	26场3球
1986—1987年	维罗纳	27场7球

国字号生涯

1977—1986年	意大利队	48场20球

个人荣誉

金球奖×1
1982年

世界杯金球奖×1
1982年

世界杯最佳射手×1
1982年

国际足联年度最佳阵容×2
1979、1986年

世界杯最佳阵容×2
1978、1982年

欧冠最佳射手×1
1982—1983赛季

意甲最佳射手×1
1977—1978赛季

意乙最佳射手×1
1976—1977赛季

国际足联百大球星
2004年

意大利足球名人堂
2016年

团队荣誉

维琴察
意乙冠军×1
1976—1977赛季

尤文图斯
意甲冠军×2
1981—1982、1983—1984赛季

意大利杯冠军×1
1982—1983赛季

欧冠冠军×1
1984—1985赛季

欧洲优胜者杯冠军×1
1983—1984赛季

欧洲超级杯冠军×1
1984年

意大利队
世界杯冠军×1
1982年

1

1982年世界杯，保罗·罗西以6粒进球带领意大利国家队夺冠，并将世界杯最佳射手和世界杯最佳球员奖项一并收入囊中，成为继1962年的加林查（巴西）和1978年的肯佩斯（阿根廷）后，第三位统揽世界杯三大荣誉的球员，也是其中唯一的欧洲球员。

1

罗西是首位作为最佳射手捧起世界杯奖杯，并在同年加冕金球奖的球员，该成就后来也只有罗纳尔多在2002年实现过。

2

1976—1977赛季，在维琴察主帅焦万·巴蒂斯塔·法布里的改造下，保罗·罗西由边路转移到进攻中心，出任中锋首季，罗西即以21球赢得意乙最佳射手奖项，并帮助维琴察升级。1977—1978赛季，罗西以24球夺得意甲最佳射手奖，成为首位连续两个赛季分别登顶意乙和意甲射手榜的球员，维琴察也以"升班马"身份获得当赛季意甲亚军。

5

1979年夏，佩鲁贾以每赛季5亿里拉（意大利货币）的租借费带回保罗·罗西。本次转会拉开了意大利足坛球衣赞助的序幕，在此之前意足坛从未出现商业品牌"烙印"在比赛制服上的场景，为筹措球员租借资金，佩鲁贾和罗西率先打破了这一禁忌。

9

保罗·罗西以9球与巴乔、维耶里共享世界杯进球最多的意大利球员荣誉。罗西也是意大利队单届世界杯进球最多的球员（1982年，6球），与1990年的斯基拉奇并列。

26.12

1978年5月18日，维琴察和尤文图斯对保罗·罗西的共有合同到期，两家俱乐部都想获得罗西的所有权，于是出现了著名的"信封"事件。两家主席写好各自报价，然后放入信封。尤文主席博尼佩尔蒂出价8.75亿里拉，维琴察主席法里纳则写下了惊人的26.12亿里拉，为前者的3倍。最终维琴察在争议中赢下竞价，令罗西成为当时意大利乃至国际足坛身价最高的球员。

1982年7月11日，意大利队在西班牙马德里举行的世界杯决赛中3比1击败联邦德国队夺冠，头号功臣保罗·罗西（中）自豪地举起大力神杯。

晦气与运气的距离

▽ 沈天浩

大落大起。在1982年以赛事最佳射手、赛事最佳球员身份登上世界杯冠军领奖台的保罗·罗西理应唏嘘。1年之前，他还作为"假球罪人"在苦蹲球监；1年以后，他成为意大利永恒的足球英雄。在传奇名帅贝阿尔佐特手下实现救赎的罗西，自此将国家队的天空之蓝视为人生底色。

保罗·罗西有着意大利人最普通的姓氏和名字，他的身材不算高大，体格不算强壮，意大利人特有的狡黠在他的眼睛里闪烁。保罗·罗西出生于托斯卡纳大区的普拉托，那里距离佛罗伦萨不远，如今是意大利有名的"中国城"。"如果不踢球，我本来会成为一名会计师。"在若干年以后的一次采访中，保罗·罗西如此回忆道。但他在普拉托的业余球场上，逐渐展示出了令人瞩目的天赋。

无价的蒙娜丽莎

罗西14岁时，一名在尤文图斯供职的球探卢奇亚诺·莫吉注意到了他。在莫吉的推荐下，尤文总经理阿洛迪在两年后将罗西带到了"老妇人"。当阿洛迪将年轻的罗西介绍给球队传奇、时任主席博尼佩尔蒂时，他使用了一种有些耸人听闻的说法："新加林查。"为什么是加林查？当时罗西在场上的位置是右边锋，而他儿时的偶像是20世纪60年代效力于佛罗伦萨的瑞典传奇边锋哈姆林。

1973—1974赛季，保罗·罗西在意大利杯赛场上，迎来了代表"斑马军团"的一线队的处子秀。当时在场上与他并肩作战的，还有佐夫、詹蒂莱和考西奥，他们将在8年后与罗西一起举起大力神杯。然而，在那支8个赛季5夺意甲冠军的尤文，年轻的罗西得不到太多机会，而在青年队征战期间，罗西开始频繁受到伤病困扰。18岁时，他已经接受了3次半月板手术，职业生涯几乎早早终结。

1976年夏天，尤文将罗西的一半所有权出售给了维琴察。在这里，罗西遇到了自己足球层面上的两个"父亲"：球队主席法里纳，以及主教练法布里。彼时，法布里正在苦苦寻觅中锋人选，他的目光投到了罗西身上，一段传奇就此开启。维琴察处子赛季，罗西打入21球，收获意乙金靴奖的同时，也让球队实现了升级的目标。

回到意甲赛场，维琴察开局不佳，前5轮3平2负。第6轮客场挑战亚特兰大，罗西梅开二度，自此一发不可收拾。赛季末，维琴察仅仅屈居尤文图斯之后，排在积分榜第二位，而如果不考虑前5轮的"适应期"，这支"升班马"在联赛后25轮的成绩，足以夺得意甲冠军！打入24球的保罗·罗西，则将自己的头衔升级为"意甲金靴"。

罗西终于回到了尤文图斯的视线。分别拥有他一半所有权的两家俱乐部，不得不通过拆信封的方式进行竞价。维琴察主席法里纳接到一通电话，听说尤文图斯预备为罗西的一半所有权付出25亿里拉，而他希望不惜一切代价留下罗西。最终，双方打开信封，尤文图斯的出价仅为8.75亿里拉，维琴察的出价则达到了26.12亿里拉！

法里纳被摆了一道，可他并不认为自己为留住保罗·罗西付出了过高的代价。交易完成后，他公开表示："足球就像艺术，而保罗·罗西就是蒙娜丽莎。你怎么能问蒙娜丽莎为什么值这么多钱？"

假球迷案，真实球监

还是在那个夏天，罗西迎来了职业生涯的又一个里程碑。"烟斗教头"贝阿尔佐特，将他带到了阿根廷世界杯。在拉普拉塔河畔，罗西打开了自己的国家队进球账户，意大利队最终杀入4强，打入3球的罗西则与锋线队友贝特加一起入选了当届赛事的最佳阵容。彼时的他还不到22岁，在球场上敏捷而迅速，有着顶级杀手的直觉。罗西的成长过于顺风顺水，于是命运决定和他开几个玩笑。

回到俱乐部赛场，花了大价钱将罗西留住的维琴察，在随后的1978—1979赛季突然崩塌。罗西在联赛打入15球，却无法拯救球队黯然降级的命运——很显然，这一次他没法陪球队再踢

1978年6月10日，意大利队1比0击败东道主阿根廷队的比赛中，保罗·罗西漂亮地甩头攻门。

保罗·罗西国家队生涯
1964—1977年

赛事	出场	进球
世界杯	14	10
欧洲杯预选赛	14	9
友谊赛	26	10
总计	**54**	**29**

一年意乙了。罗西通过租借来到了佩鲁贾，这支球队此前刚刚以不败战绩结束赛季，获得意甲亚军。

1979年的最后一场比赛，佩鲁贾在客场挑战阿韦利诺，球队赛前在滨海的一个小镇进行集训。一天晚上，罗西正在打牌，队友德拉·马尔蒂拉找到他："保罗，过来，我给你介绍两个朋友。"进来的是水果商克鲁齐亚尼和他的同伴，罗西以为他们只是普通球迷，可德拉·马尔蒂拉说："这是我两个玩博彩的朋友。"

克鲁齐亚尼的同伴问："保罗，这周末你们准备怎么办？"一开始，罗西并没有明白他们的意图："当然是争取赢球。""那如果是平局呢？""平局也是个可以接受的结果，毕竟阿韦利诺只比我们少1分，之前还赢了尤文。""你知道吗？我们那边还有个朋友，他觉得平局最好。没准你还能进两个球！"罗西回答道："我会与队友们谈谈。"他并不喜欢这次谈话，仓促地回到了牌局中。

阿韦利诺与佩鲁贾的比赛，最终踢成了2比2，罗西梅开二度。3个月后，风暴来袭，"托托内罗"案爆发，德拉·马尔蒂拉被宪兵逮捕，而罗西则被认定为同谋，成了调查的对象。克鲁齐亚尼在审讯中表示，罗西接受了踢假球的提议，为此收获了支票和两粒进球。罗西则矢口否认："那只是一场经典的平局，因为双方都不想输球。去看看那场比赛的录像吧，场上充满了对抗，一切都是真刀真枪。"

然而，罗西最终未能免于处罚。作为国家队的当家前锋，他迅速登上了各大媒体的头版，成了"托托内罗"案的标志性人物。罗西起初被判3年球监，二审后降至2年。每个周日的早上，罗西从床上爬起来，发现当天没有比赛任务，这让他感到绝望。罗西回到了自己在普拉托的家，他认真地考虑离开意大利，还一度想要告别足球。

爆发，为意大利

1981年3月，尤文图斯买下了罗西，那时距离他的禁赛期结束还有1年多的时间。博尼佩尔蒂选择对罗西投出信任票，特拉帕托尼将他带到了训练场，罗西找回了作为一名足球运动员的感觉。1982年5月2日，2年的等待终于结束，尤文客场5比1战胜乌迪内斯，回到球场的罗西用1粒进球参与了球队的胜利。

罗西参加了1981—1982赛季的最后3场联赛，赢得了职业生涯的第1座意甲冠军奖杯。西班牙世界杯近在眼前，主帅贝阿尔佐特需要做出决定：罗西在4年前的阿根廷世界杯表现出色，但他已经2年没踢比赛了。"贝阿尔佐特对罗西有着无条件的信任，他比罗西自己更相信罗西！"在近年的一次活动中，罗西在国家队的锋线搭档阿尔托贝利如此表示。

意大利队在质疑和骂声中开启了1982年世界杯的征程。保罗·罗西和贝阿尔佐特一同站在风口浪尖，"蓝衣军团"在小组赛的对手是波兰队、秘鲁队和喀麦隆队，球队取得3场平局，最终靠净胜球的微弱优势侥幸出线。场场首发的保罗·罗西表现平庸，只贡献了1次助攻，媒体的头条标题变得越来越刺眼。"实际上，我当时并不在状态，就像一个幽灵。"罗西在日后回忆道。他承受着巨大的压力，瘦了5公斤。为了让罗西补充营养，国家队的厨师每天晚上10点半都会送一杯牛奶和一个奶油蛋卷到他的房间。

1982年世界杯，采用的依然是双阶段小组赛的赛制。艰难闯过第一关之后，贝阿尔佐特的球队在下一阶段的对手是巴西队和阿根廷队，而只有小组第一才能出线，没有人相信意大利队能够成为赢家。首战对阵阿根廷队，意大利队2比1取胜，詹蒂莱用一切合法和不合法的手段，挡住了年轻的马拉多纳前进的步伐。更重要的是，"蓝衣军团"的进攻终于开花结果。然而，保罗·罗西依然没有进球，但他的状态正在复苏。

萨利亚体育场位于巴塞罗那城区西北。现如今，这里已经是一片普通的住宅区，唯有不时前来朝圣的意大利球迷，才能提醒我们这里承载的历史记忆。在1997年被拆除之前，萨利亚体育场在1982年世界杯上承办了3场比赛，其中就包括那场著名的意大利队对阵巴西队的比赛。

1982年7月5日，足球历史上最富戏剧性的比赛之一在这里打响。由于巴西队此前战胜阿根廷队的优势更大（3比1），桑塔纳的球队只需要一场平局就可以出线，而意大利人只有争胜一条路。贝阿尔佐特的球队进入状态更快：第5分钟，卡布里尼从左路送出传中，保罗·罗西在后点头球首开纪录。罗西终于进球了，可巴西队很快做出回应，苏格拉底为"桑巴军团"扳平比分。

罗西的表演才刚刚开始。第25分钟，巴西队在后场进行横传，罗西机敏地将足球截下，随后一路杀到禁区前沿，用一脚雷霆万钧的爆射帮助意大利队再次超出比分。巴西队并不慌张，桑塔纳的球队最不缺的就是进攻中的灵感——果不其然，法尔考轰出左脚世界波，2比2。

留给意大利队的时间只剩20分钟，而保罗·罗西明白，这注定是属于他的夜晚。意大利队开出角球，巴西队禁区内人头攒动，一个苍白瘦削的身影在门前伸脚，将队友塔尔代利的射门捅进球网！保罗·罗西上演帽子戏法，安东尼奥尼随后扩大比分的进球被主裁错误取消，巴西队几乎第3次扳平比分：奥斯卡终场前的头球攻门，被佐夫在门线上神奇化解。

从巴西和阿根廷两队的合围中杀出后，意大利队在半决赛对阵波兰队，罗西在上下半场各进一球，"蓝衣军团"昂首挺进决赛。决赛对手是老冤家联邦德国队，伯纳乌球场人声鼎沸，看台的大部分被蓝色覆盖。意大利队几乎迎来梦幻开局：布鲁诺·孔蒂在禁区内等待阿尔托贝利传出的球，德国队后卫布里格尔将全身的重量压在了罗马边锋身上，点球。卡布里尼站在12码点前，他是保罗·罗西最好的朋友。罗西走到卡布里尼身后，对他轻声说了一句："你做好准备了吗？"

罗西本不该说那句话。卡布里尼听了之后心烦意乱，他的射门追求角度，可球最终偏出了球门。亚平宁半岛的那个7月，和伊比利亚半岛一样酷热，人们紧紧盯着电视屏幕，气氛接近窒息。僵局直到下半场才被打破：詹蒂莱从右路送出精准传中，谁说他只会撕扯对手核心球员的球衣？那个熟悉的身影闪过，一记精彩的鱼跃冲顶，又是穿蓝衣的20号，又是保罗·罗西！

塔尔代利的世界波，为意大利队扩大了优势，他在进球后甩头狂奔的疯狂庆祝，同样永载世界杯史册。阿尔托贝利为"蓝衣军团"打入第3球，看台上的意大利总统佩尔蒂尼站起身来，嘴里高喊着："对手再也追不上我们了！"布莱特纳在终场前7分钟的进球是徒劳的，意大利队在二战后第一次捧起了大力神杯。

黑白or红白？挚爱唯蓝

保罗·罗西毫无悬念地当选了西班牙世界杯的最佳球员，以6球斩获最佳射手奖，并在年底捧起了金球奖。尤文图斯迎回了6位世界杯冠军球员：佐夫、西雷阿、詹蒂莱、卡布里尼、塔尔代利和罗西，又在那个夏天引进了2名星光熠熠的外援：普拉蒂尼和博涅克。普拉蒂尼日后说："我加盟尤文图斯是因为这是世界上最好的球队。"

罗西继续着自己出色的竞技状态。1982—1983赛季，他以6球成为欧冠的最佳射手，然而尤文图斯在决赛中输给了恩斯特·哈佩尔挂帅的汉堡；随后的赛季，罗西在联赛打入13球，第一次以主角身份拿到了联赛冠军，又随队在欧洲优胜者杯夺魁。然而，裂痕也在此时产生，罗西未能就续约问题与俱乐部达成一致，他对主席博尼佩尔蒂表示，自己需要一份"合适的薪水"来养活孩子们，后者怒不可遏。

另一座沉甸甸的奖杯在前方等待着罗西，此时的他依然是尤文的主力中锋，却已经不是球队进攻端的绝对主角。1985年5月29日，布鲁塞尔海瑟尔球场，普拉蒂尼的点球击败了利物浦，尤文图斯历史上首次夺得欧冠冠军，但没有人在赛后庆祝。罗西在这个悲伤的夜晚，为尤文图斯踢了最后一场比赛。日后的罗西如此回忆自己的尤文岁月："有很多美妙的时刻，也有一些糟糕的瞬间。有些时候，我甚至厌倦了足球，我去训练场只是因为我不得不去。（俱乐部的）环境并没有给我充足的信心，如果球队需要换下一名前锋，被换下的总是保罗·罗西。"

在续约问题上与俱乐部的分歧，让保罗·罗西失去了尤文球迷的欢心。1985年夏天，曾经的维琴察主席法里纳已经接管了AC米兰，他将爱徒带到了圣西罗。罗西与米兰的结缘本可以更

1982年7月11日，保罗·罗西(右下)在距离门线4米处，冒着被对手中卫卡尔海因茨·弗尔斯特踢中面部的风险头球破门，在对阵联邦德国队的世界杯决赛中先拔头筹。完成抢点后，罗西扑倒在地，兴奋地目送足球入网，一同包抄的卡布里尼直接摔入大门，联邦德国队门将舒马赫则一脸愕然。

早：1979年年初，"红黑军团"就对年轻的罗西展开过追逐，可交易最终未能成行。意大利足球的两代"金童"里维拉和罗西，到头来无缘在绿茵场上并肩作战。

1985—1986赛季，保罗·罗西20次身披AC米兰球衣登场，只留下2个进球——全部是在联赛首回合的米兰德比中，他果真是为大场面而生的。从竞技层面上，对于他本人和AC米兰全队来说，这都不是一个值得铭记的赛季。购买罗西只是法里纳在米兰主席任上做出的诸多错误决定中的一个，他的球队经营不善，一度处于破产边缘。1986年2月20日，野心勃勃的企业家贝卢斯科尼将米兰俱乐部收入麾下，新时代拉开了序幕。

但贝卢斯科尼的米兰不会有保罗·罗西的位置。1986年夏天，罗西还未满30岁，可他的职业生涯已经不可避免地走向尾声，世界上或许只有一个人还没有对他失去信心：贝阿尔佐特。在米兰蹉跎一个赛季的罗西，依然入选了"蓝衣军团"征战墨西哥世界杯的大名单，然而他已经不再是国家队的锋线正选。整届世界杯，罗西无缘出场，在板凳席上见证了意大利队止步16强。

贝阿尔佐特的时代结束了，罗西的国家队生涯也到此为止。他在维罗纳度过了自己的最后一个赛季，伤病依然困扰着他，对足球的热爱逐渐干涸——够了。罗西在1987年选择挂靴，他看着紫色的佛罗伦萨长大，在红白相间的维琴察迎来爆发，在黑白相间的尤文图斯度过了职业生涯的一半时间，但真正的罗西只属于国家队的蓝色。有趣的是，罗西的最后一场国家队比赛，对手是年维泗执教的中国队，是役意大利队在那不勒斯2比0取胜，罗西在中场休息时被加尔德里西换下。

保罗·罗西为意大利队出战48场，打入20球，其中6球在1982年世界杯的最后3场比赛中完成。记忆回到1982年7月11日，晚上10点的伯纳乌，"蓝衣军团"刚刚加冕为世界杯冠军，可保罗·罗西已经筋疲力尽。他靠在球场边的一块广告牌上，望着狂欢的队友和看台上庆祝的人

俱乐部	赛季	联赛			国内杯赛		欧战			其他		小计	
		赛事	出场	进球	出场	进球	赛事	出场	进球	出场	进球	出场	进球
尤文图斯	1973—1974	意甲	0	0	1	0	欧冠	0	0	0	0	1	0
	1974—1975	意甲	0	0	2	0	联盟杯	0	0	—	—	2	0
	小计		0	0	3	0		0	0	0	0	3	0
科莫	1975—1976	意甲	6	0	0	0	—	—	—	—	—	6	0
维琴察	1976—1977	意乙	36	21	6	2	—	—	—	—	—	42	23
	1977—1978	意甲	30	24	4	2	—	—	—	—	—	34	26
	1978—1979	意甲	28	15	3	2	联盟杯	1	0	—	—	32	17
	小计		100	60	13	6		1	0	—	—	114	66
佩鲁贾	1979—1980	意甲	28	13	4	0	联盟杯	4	1	—	—	36	14
	1980—1981	意甲	0	0	0	0	—	—	—	—	—	0	0
	小计		28	13	4	0		4	1	—	—	36	14
尤文图斯	1981—1982	意甲	3	1	0	0	欧冠	0	0	—	—	3	1
	1982—1983	意甲	23	7	11	5	欧冠	9	6	—	—	43	18
	1983—1984	意甲	30	13	7	0	优胜者杯	9	2	—	—	46	15
	1984—1985	意甲	27	3	6	2	欧冠	9	5	1	0	43	10
	小计		83	24	24	7		27	13	1	0	135	44
AC米兰	1985—1986	意甲	20	2	3	1	联盟杯	3	0	0	0	26	3
维罗纳	1986—1987	意甲	20	4	7	3	—	—	—	—	—	27	7
总计			251	103	54	17		35	14	1	0	341	134

群,内心突然感到一丝悲伤。"'让时间在这一刻停止吧',我对自己说。我再也不会体验如此美妙的瞬间了,一生也不会再有了。我亲眼看着这个欢欣的时刻从眼前溜走。就这样,一切已经结束了。"

1982年7月8日，意大利队2比0波兰队晋级世界杯决赛，保罗·罗西和好友卡布里尼（4号）拥抱着走向球员通道。

冠军老友记

沈天浩

2020年底，卡布里尼肩扛罗西灵柩，缓慢走出位于维琴察的圣母领报主教座堂，送老友走完最后一程。二人的友谊始于在贝阿尔佐特麾下的国家队生涯，经历过风暴，分享过荣耀，延绵40年。而这，也是所有1982年世界杯冠军成员之间关系的写照。

1981年3月，保罗·罗西加盟了尤文图斯，他开始与新队友一起训练，但距离回到赛场还有1年多的时间。时任尤文主席博尼佩尔蒂给了罗西一个相当实际的建议："你最好结婚，这样你的内心会更平静。"罗西果真这样做了，他在当年9月和女友西蒙内塔走进了婚姻殿堂。第2年，保罗·罗西回到了赛场，捧起了世界杯奖杯，也迎来了自己的儿子亚历山德罗。

来到尤文图斯之后，保罗·罗西和安东尼奥·卡布里尼成了俱乐部和国家队的双料队友。卡布里尼是罗西最好的朋友。在20世纪80年代，罗西标志性的灿烂笑容，成了意大利人在世界上的一张名片；卡布里尼则是那个时代意大利万千少女的偶像，名记者贾尼·布雷拉给他起了个绰号：漂亮的安东尼奥。1978年世界杯，年轻的罗西和卡布里尼被贝阿尔佐特带到了阿根廷。4年之后，两人一同站在了世界之巅，并留下了一个戏剧性的插曲。

意大利队在1982年世界杯的3场小组赛，都在西班牙西北部的港口城市维戈进行。球队寄宿在维戈郊外的一家酒店，而罗西的室友正是"漂亮的安东尼奥"。一天早上，罗西和卡布里尼穿着睡衣，一同来到酒店的阳台上，窗外是准备参加当天发布会的记者。两名球员刚刚起床不久，依然睡眼惺忪，一名记者开玩笑地问："你们俩谁是'女方'？"罗西答道："卡布里尼。因为我更帅。"

保罗·罗西没有想到，这番简短的对话会在第2天见于报端，成为媒体爆料的头条。罗西和卡布里尼是同性情侣？在当时的意大利，很多人依然会在球场内对有色人种球员投去嘘声，社会对于少数群体的宽容程度与今日无法相比，同性恋话题在足球世界里依然是禁忌。

队长佐夫对这一传闻矢口否认。西班牙世界杯开始前，主帅贝阿尔佐特的一系列决定（包括征招保罗·罗西）就引发了诸多争议，而在前3场小组赛中，意大利队表现糟糕，让媒体的批评声变得越发刺耳。当时，国家队与媒体之间的关系异常紧张，而罗西—卡布里尼事件显然加剧了双方的冲突。最终，意大利队决定进行新闻噤声，不再召开发布会，也不再接受采访——这在"蓝衣军团"的历史上还是头一次。

保罗·罗西和卡布里尼的房间，从维戈郊外搬到了巴塞罗那，又搬到了马德里的阿拉梅达酒店——世界杯打响之初，几乎没有人能够想到意大利队可以来到这里。罗西和卡布里尼的房间里还有一位常客：塔尔代利，他是队内的话痨和睡觉困难户。塔尔代利往往在那里待到深夜，直到贝阿尔佐特闯进来将他带出去。卡布里尼后来回忆道："贝阿尔佐特会和我们强调好好休息的重要性。但问题是，他自己随后也会坐在我们旁边，和我们大谈战术、策略和角色设置，可我和罗西只想睡觉！"

与塔尔代利形成鲜明对比的，是另外两名尤文出身的球员：队长佐夫和西雷阿。他们在国家队期间共享一个房间，这里被其他人称为"瑞士"。佐夫和西雷阿沉默寡言，在伯纳乌的庆祝仪式过后，他们回到酒店吃了晚餐。

尽管性格各不相同，但1982年的冠军队成员一直保持着很好的关系。退役后的保罗·罗西当了评论员，与当年的队友贝尔戈米成了同行。2006年，罗西和贝尔戈米都来到德国，见证了后辈们和当年的自己一样捧起大力神杯。罗西去世后，贝尔戈米撰文怀念他："对罗西来说，足球是一种游戏。因此，他在解读这项运动时，也带着自己惯有的那种轻盈感。我记得罗西总是对我说：'贝佩，你太沉迷于战术了。'与我不同，罗西更看重情绪的价值——这种激情正是他一直以来带给球迷的礼物。"

罗西的前队友有一个至今依然活跃的聊天群。2020年12月9日，罗西的第二任妻子费代丽卡在群里发布了罗西去世的消息。一切来得相当突然，罗西在生命的最后几个月里，从未公开袒露自己的病情，他又一次用自己的狡黠跑位，骗过了所有人。罗西与恩师贝阿尔佐特离世的日子，相隔几乎正好10年，西雷阿则更早离开。如今，罗西在天堂的一个角落找到了他们。

罗西去世后，意大利航空将一架天蓝色的空客A320以他的名字命名，家乡普拉托则为他立起了一座青铜雕像，而几步之外就是圣卢西亚队的球场——20世纪60年代初期，罗西就是在这支地方球队开启了足球生涯。时间来到2022年，属于保罗·罗西的那届世界杯已经过去了整整40年，各式各样的庆祝和纪念活动在意大利全境展开。这一年的9月23日，时钟刚过零点，当年的国家队队友马萨罗在聊天群里发了一条消息："保罗·罗西生日快乐。"

1982年7月5日，保罗·罗西上演帽子戏法，摧毁"黄金桑巴四重奏"，原本打平即可出线的巴西队2比3败北，这份恩怨令巴西人铭记多年。

流星转意

沈天浩

除了打入6球令"蓝衣军团"在1982年捧起大力神杯，保罗·罗西对意大利足球世界的盘古之功，绝不仅限于绿茵场。他是球衣赞助商概念进入职业联盟的缘起，亦凭借救赎般的表现令新闻界不再予以球员绝对评价。他不是高产型射手，却在少年巴乔的心中埋下足球火种，以其灿烂微笑与英雄剪影，感染并激励着一代又一代的意大利足球人。

1989年7月，已经退役2年的保罗·罗西去了巴西，参加一场纪念赛。在圣保罗，他坐上一辆出租车，司机一直在后视镜里端详着他的面容。突然，司机在路边停下了车，命令乘客赶紧下车："你是巴西的'刽子手'！"

彼时，距离1982年的西班牙世界杯已经过去了7年，然而巴西人的痛苦依然没有愈合。这完全可以理解：桑塔纳治下的"桑巴军团"，是世界足球历史上最浪漫、最辉煌的球队之一。如果没有保罗·罗西，这支球队或许在赛场上会获得更好的结果。对于意大利人来说，保罗·罗西的名字则有着完全不同的意义：一个瘦削的身影在伊比利亚的艳阳下狂奔，意大利的足球历史从此变得被改写。

保罗·罗西的职业生涯开始于20世纪70年代。对于意大利人来说，那是一段"铅色岁月"：意大利的"经济奇迹"已经来到尾声，社会矛盾日益突出，极端思潮越发活跃，恐怖袭击层出不穷，社会治安逐渐恶化——"铅色"正是子弹的颜色。对于意大利足球来说，这同样是一无所获的10年：此前的20世纪60年代，米兰双雄4次将欧冠冠军留在了这座城市，意大利国家队也在本土捧起了欧洲杯奖杯；来到20世纪70年代，意大利球队2次折戟欧冠决赛，荣耀离亚平宁越来越远。

1982年的世界杯冠军，对于意大利人来说有着超越足球的意义。这是一届属于彩色电视的世界杯，保罗·罗西的6个进球反复出现在屏幕上，他跃动的庆祝方式和纯真的笑容，则在每个人的生活中留下了印记。意大利队二战后首次站在世界之巅，"铅色岁月"的阴霾终于散去，而决定这一切的，注定只能是保罗·罗西：他有着再普通不过的姓氏和名字，身材看起来和普通人并无两样，脚下也没有常人难以想象的绚丽技术。对于"普通人"保罗·罗西来说，灵感和想象力是他唯二的武器，球来到禁区内，总能恰好找到他。

对阵巴西队、波兰队和联邦德国队，保罗·罗西打入6球，成为球队捧杯路上的第一功臣。在巴塞罗那的那个炎热午后，罗西诠释了"天神下凡"的含义。在他之后，只有一名球员能够在对阵巴西队的比赛中上演帽子戏法，他的名字叫利昂内尔·梅西，但那只是一场2012年的友谊赛。罗西当年的老对手济科近年回到了意大利，他在访谈中坦言："那场比赛给我们的感觉是，如果巴西队进5个，意大利队就能进6个。"

保罗·罗西对意大利足球世界的深刻改变，并不仅局限在足球场上。1979年夏天，罗西效力的维琴察不幸降级，佩鲁贾成了他的新东家。尽管刚刚夺得联赛亚军，但这毕竟只是一支意大利中部的小球队，在经济实力上与北方三强无法比拟。为了签下罗西，佩鲁贾主席达托马与当地的一家食品企业达成赞助协议，将"庞特面食厂"的名字放在了球衣上，价格是4亿里拉。

"球衣赞助商"的概念第一次出现在意大利足球的版图中。此前，维琴察和乌迪内斯都曾经在球衣上印上商业标志，但那其实是俱乐部资方的自家企业，佩鲁贾的情况则明显不同。这一破天荒的尝试，在当时遭受了众多阻碍，佩鲁贾也因此被罚款2000万里拉。在几个月的斗争后，佩鲁贾终于获得了职业联盟的特殊许可。1年后，意大利足协正式发布规定，对球衣赞助开了绿灯，历史开启了新篇章。

有趣的是，尽管佩鲁贾是为了签下罗西才引进的球衣赞助商，但当时队内唯一不把赞助商穿在身上的，恰恰是罗西本人——他已经与另一家食品企业达成个人赞助协议。在当时，罗西的赞助企业还包括可口可乐这样的国际品牌，《米兰体育报》算了笔账：罗西在1979年能够收到1.52亿里拉的赞助费，按当时的购买力折算，约合今天的34万欧元，尽管与如今球星的商业价值不在一个量级上，但放在那个时代却是不菲的数字。

1979年的罗西已经是意大利足坛最闪耀的明星；1982年的罗西，则在坐了2年球监后搭上了世界杯的末班车。球队在前3场小组赛的低迷表现，让贝阿尔佐特和罗西成了媒体和公众舆论的集火目标，之后的故事毋庸赘述。意大利队最终夺冠，意大利媒体在庆祝之余，不免感到相当难堪：他们在1个月前对球队将帅的尖锐批评，在此刻看来是如此可笑。也正是从那时开始，意大利的足球记者开始有意改变报道方式：他们开始在行文中留下余地，不再给出绝对的评价。

1982年年底，保罗·罗西捧起了金球奖。整整11年后，他的后辈罗伯托·巴乔也拿到了这一奖项。罗西去世后，巴乔感触至深，他的家乡卡尔多尼奥就在维琴察附近。年少时的巴乔会和父亲弗洛林多一起去看罗西在维琴察的比赛，父子俩坐着一辆自行车，走过12千米的路程来到门蒂球场。

少年巴乔看着保罗·罗西的一个个进球，畅想着自己未来也能在这块球场踢球，穿着胸前绣着R字母的红白相间的球衣。他实现了这个愿望，甚至和前辈一样举起了金球奖奖杯，却终究留下了未竟的梦想。巴乔在怀念罗西的文章中写道："我本可以像他一样完成那些成就，在世界杯决赛中战胜巴西队夺冠，就像罗西当年战胜联邦德国队一样。我希望像保罗·罗西一样赢得金球奖，像保罗·罗西一样带着膝盖的疼痛追逐胜利，像保罗·罗西一样……这个世界越发需要他的灿烂微笑。"

保罗·罗西的职业生涯短暂、灿烂、坎坷。他在充满希望的黎明遭受了当头一棒，而后又从世界之巅极速滑落。除了维琴察的3个赛季，他的生涯总进球数甚至还不到100球。保罗·罗西在进球产量上与前辈梅阿查和里瓦相去甚远，在技术层面上与同为金球奖得主的里维拉和巴乔无法相比，他从未像马尔蒂尼、皮耶罗和托蒂一样成为一支球队的旗帜，然而这丝毫不妨碍他成为意大利队最伟大的球员之一，并进入足球运动历史上最传奇的前锋阵列——说到底，足球只是由一个个瞬间组成的运动，谁又能拥有比罗西更灿烂的瞬间？

Rinus Michels

里努斯·米歇尔斯

1928—2005

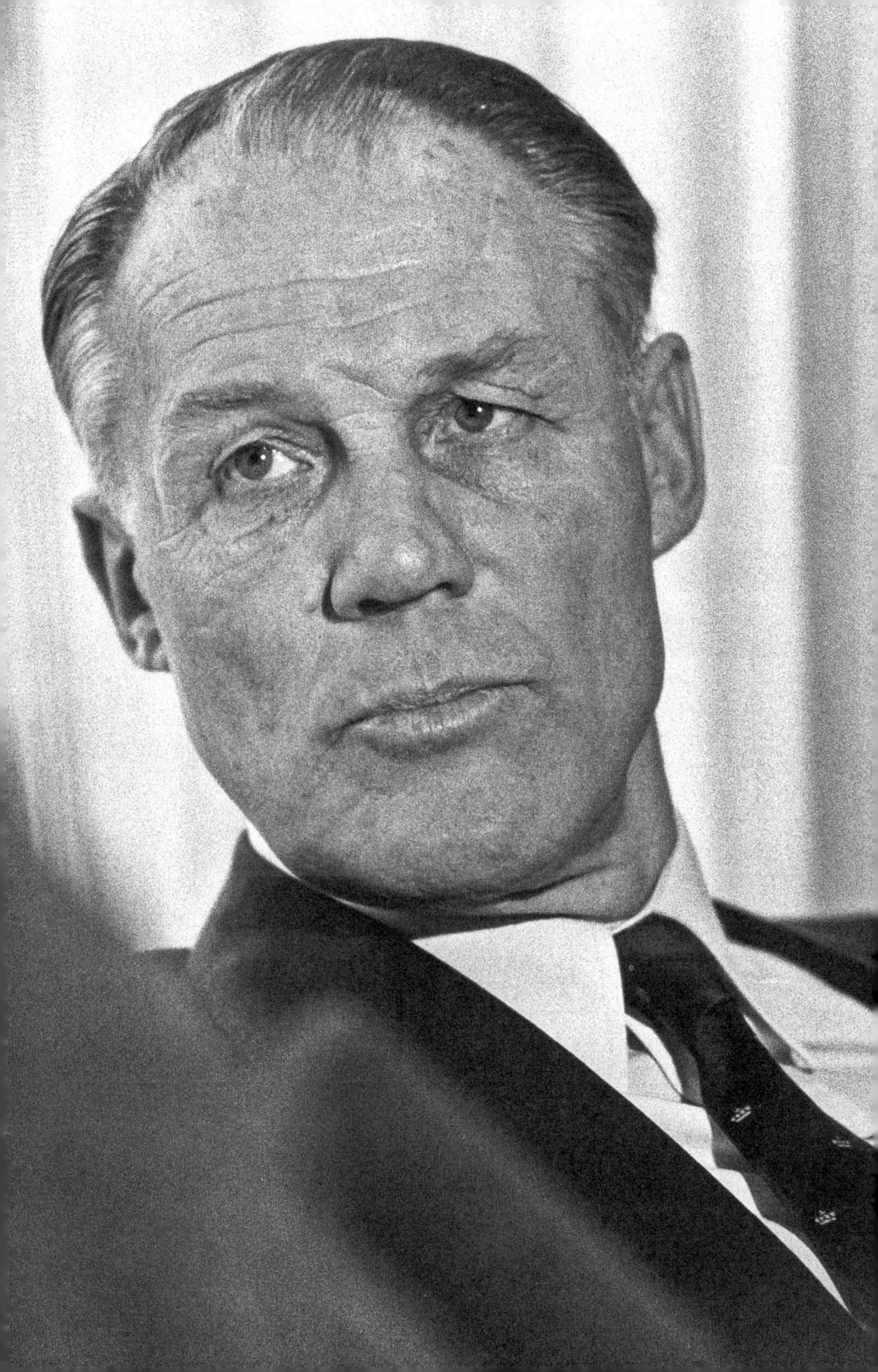

里努斯·米歇尔斯

生卒	1928年2月9日—2005年3月3日
国籍	荷兰
出生地	荷兰阿姆斯特丹
离世地	比利时阿尔斯特
身高	1.86米
位置	中锋

青年队生涯

1940—1946年	阿贾克斯	—

俱乐部生涯

1946—1958年	阿贾克斯	264场122球

国字号生涯

1950—1954年	荷兰队	5场0球

执教生涯

1953—1954年	阿塞尔年轻人	胜率不详
1960—1964年	瓦特尔赫拉夫斯梅尔JOS	胜率不详
1964—1965年	阿姆斯特丹FC	胜率不详
1965—1971年	阿贾克斯	胜率71.88%
1971—1975年	巴塞罗那	胜率50.57%
1974年	荷兰队	胜率60.00%
1975—1976年	阿贾克斯	胜率62.79%
1976—1978年	巴塞罗那	胜率50.00%
1978—1980年	洛杉矶阿兹特克	胜率不详
1980—1983年	科隆	胜率50.00%
1984年	荷兰队	胜率50.00%
1986—1988年	荷兰队	胜率54.55%
1988—1989年	勒沃库森	胜率32.26%
1990—1992年	荷兰队	胜率57.89%

个人荣誉

国际足联20世纪最佳教练
1999年
《法国足球》史上最伟大主帅
2019年
荷兰20世纪最佳主帅
1999年
欧足联终身成就奖
2002年

球员生涯团队荣誉

阿贾克斯
荷兰全国锦标赛冠军×1
1946—1947赛季
荷甲冠军×1
1956—1957赛季

执教荣誉

阿贾克斯
荷甲冠军×4
1965—1966、1966—1967、1967—1968、
1969—1970赛季
荷兰杯冠军×3
1966—1967、1969—1970、1970—1971赛季
欧冠冠军×1
1970—1971赛季
巴塞罗那
西甲冠军×1
1973—1974赛季
国王杯冠军×1
1977—1978赛季
博览会杯冠军×1
1970—1971赛季
科隆
德国杯冠军×1
1982—1983赛季
荷兰队
欧洲杯冠军×1
1988年
世界杯亚军×1
1974年

1

荷兰国家队常被称作"无冕之王",但实际上其也获得过1次国际大赛的冠军,那就是1988年欧洲杯。当时担任"橙衣军团"主帅的正是米歇尔斯。当年半决赛荷兰队与联邦德国队碰面,米歇尔斯带队2比1反超对手晋级,也算是报了1974年世界杯决赛遭联邦德国队逆转、1比2输球的一箭之仇。

25

因为背伤,米歇尔斯在30岁时便被迫退役,但他的教练生涯其实开始得更早。据称早在1953年,还在踢球的米歇尔斯就当过体育老师并拿到了教练证。他还在业余球队阿塞尔年轻人进行了一个赛季的执教,而那时候米歇尔斯才25岁。

13+2

作为教练,米歇尔斯赢得了大大小小13座冠军奖杯,其中8座是在阿贾克斯获得的,到西甲巴塞罗那之后则拿到3座,还有2座分别是在德甲科隆和荷兰国家队。但米歇尔斯其实还有两个冠军头衔,在其球员时代,他曾帮助阿贾克斯拿到荷甲元年(1956—1957赛季)的联赛冠军,以及更早的1947年荷兰全国锦标赛冠军。

4

米歇尔斯曾经4次执教荷兰国家队,是掌印"橙衣军团"次数最多的教头。仅次于他的,包括范加尔和艾德沃卡特在内,共有4人是3次执教。

5

球员时代的米歇尔斯曾是一名高中锋,他首次代表阿贾克斯出战就独进5球,帮助本队8比3大胜海牙。在总计264次的俱乐部出场次数中,他的进球数为122球。米歇尔斯还曾代表国家队出场5次,但那个时代的荷兰队并非强队,米歇尔斯经历的5场比赛全败。

宗师·起源

闫羽

"全攻全守"曾经改变足球,而米歇尔斯则被认为是它的创造者。没有人一生下来就成为名帅,那么让米歇尔斯名扬天下的成就,究竟从何而来?

1988年,身为荷兰队主帅的米歇尔斯捧起了欧洲杯奖杯。

作为站在场边指挥的角色,教练在大部分时候恐怕都不如球员那么显眼。这便可能会让当代人比较难以理解里努斯·米歇尔斯的伟大——仅用"全能足球之父"来概括,似乎有点空洞虚无,仿佛若没有高徒克鲁伊夫的帮衬,这位荷兰教头便到不了传说中的高度。

然而克鲁伊夫是"王子",米歇尔斯是"国王","国王"才是起源。

职业化奠基人

"全能足球之父",在回顾绰号为"将军"的米歇尔斯时,对于这位传奇人物的形容总是离不开类似话语。他的形象也大致固定:精神矍铄的老人(或者是中年人),发际线有点高,同时

米歇尔斯与克鲁伊夫在巴塞罗那,两人就像国王与王子。

身边还偶尔会有克鲁伊夫出没。然而通过常理可知,没有人是一生下来便为名帅的,米歇尔斯也曾经年轻,在他教出徒弟之前,他也需要为创造出自己的理论而进行积累。

那么米歇尔斯的灵感究竟从何而来?有说法是荷兰人虽然"创造了全能足球",但并非最早有如此理论构想之人。早在几十年前,奥地利国家队、英格兰的桑德兰以及阿根廷的河床都尝试过对足球战术进行类似革新。而在阿贾克斯,一位名叫杰克·雷诺兹的英格兰教头也带来了新的理念,包括专业的训练方法、设施,以及全能足球的雏形。

毫无疑问的是,米歇尔斯曾经受到雷诺兹的影响,毕竟他本人就是后者在阿贾克斯执教时的队员——没错,米歇尔斯也曾经是一名球员,尽管他踢球时的成绩与后来执教所获得的成就相比,几乎不值一提。比较有意思的是,当教练时能充分激发克鲁伊夫技术特长的米歇尔斯,自己的球技则比较粗糙,不过凭借着勤奋的劲头和出众的头球能力,他还是在当年的阿贾克斯获得了主力位置。而在1950—1954年期间,米歇尔斯还曾5度代表荷兰国家队出战。

然而那5战的结果却全都是惨败,荷兰队与对手的得失球比是4比21。这倒不是因为米歇尔斯太弱,而是当年荷兰队确实不算强队。二战之后,球队能崛起成为欧洲乃至世界足坛的重要力量,差不多就是在米歇尔斯改造阿贾克斯之后。1965年初,当米歇尔斯作为主帅接手这支荷兰老牌俱乐部之时,阿贾克斯的状况其实并不怎么样。那一赛季球队长期身处联赛积分榜下半区,到最后只是勉强保级。而在米歇尔斯之前,阿贾克斯主帅是另一位"全能足球先驱"、英国人维克·白金汉。后者在1959—1961年期间就曾在该队执教并率领球队获得联赛冠军的佳绩,但第二次执教时不太走运。不过他还有一项成就:从阿贾克斯的青年队提拔了克鲁伊夫。

别人发掘的天才少年,却最终成为米歇尔斯的得意门生,名扬天下。这算是运气还是实力?有一点可以肯定的是,踢球时看上去只是个壮汉的米歇尔斯,脑子里却早就装满了如何教导他人的法子——甚至在25岁还在踢球的时候,他就已经当过一支球队的主帅。那支名为阿塞尔年轻人的队伍，哪怕在荷兰也是微不足道的，但在机缘巧合之下，却成为米歇尔斯的一个新起点。时至今日，在该球队的官方网站上，仍然记载着一段如今听起来有些离奇的经历：既是球员又是体育老师的米歇尔斯刚刚拿到教练证，想找个球队进行实习，与此同时，年轻人队因为教练骑摩托车时出了事故，正好需要有人顶班……

其实20世纪50年代初，荷兰足球还没有职业化，因此米歇尔斯从教之路的最初那一段，与如今的常规套路相比大有不同。1958年挂靴后，米歇尔斯曾在军队工作，然后又转行当了老师，在一所聋哑人学校教体育。这些经历应该也对他后来的执教风格产生了不小的影响。

关于米歇尔斯，前荷兰边锋、阿贾克斯的球队历史出场纪录保持者斯瓦特回忆道："我依然记得他作为我们教练的第一次谈话。他把我们都召集到一张大桌子旁，自己坐在首位，然后说道：'我们都是半职业选手，但从现在开始我们将成为职业的。'这肯定会带来一些后果，为此也必须做一些事情。如果你觉得自己不喜欢或者承受不起，那你可以直接回家。"

多年以后，当米歇尔斯被《法国足球》评为"历史上最伟大主帅"之时，荷兰广播基金会的资深足球评论员范格尔德曾如此定义道："米歇尔斯就是荷兰职业足球的奠基人。"

从欧冠起飞

依照斯瓦特的说法，米歇尔斯对训练要求非常严格："他能把你揍得很惨，并且在训练场上也总会有几个他安排的监督人员。如果你跑圈时抄近路，他们很快就会知道。"不过也有另外一则广为流传的轶事：克鲁伊夫不爱跑圈，于是当队伍来到树林边时，他就会躲起来等待下一圈。关于此事，"球圣"在自传中表示此逃课妙招"一度非常管用"。但另外一种来自媒体的说法则是，米歇尔斯其实早就知道克鲁伊夫的这点儿小伎俩，他曾经惩罚后者在假期大清早"补跑"，但并不强求真正跑完，目的是给对方内心留下印象深刻的教训，而非只是体罚。

米歇尔斯还强调团队要高于个人，他的名言"足球就是战争"常常为后世所引用，用来形容这项运动的激烈与残酷，但其实荷兰人的原话还有别的意思，前面还有一段："一名前线士兵不能像普通人那样思考，他必须能够放下自己的个性，忘记自己是谁、在做什么，否则他会变得一团糟。"

当然，米歇尔斯同样相信足球有自由的空间，他治军也仍有"民主风范"，会给球员公开提建议的机会。据斯瓦特回忆，在欧冠比赛之前，阿贾克斯球员会一个接一个地到米歇尔斯的办公室，然后可以向主帅畅谈诸如"我们之前是什么情况"或者"我们的问题在哪里"等等。

说到欧冠冠军，那并不是米歇尔斯最早获得的执教荣誉。1965—1966赛季，也是执教阿贾克斯的第一个完整赛季，他就让球队成为荷甲冠军，登顶欧洲则是5年之后的故事。不过真正的起点还是在欧冠，无论是米歇尔斯本人，还是他的弟子们，都认同1966年12月对利物浦的欧冠第2轮（相当于1/8决赛）是一座意义非凡的里程碑。

"利物浦是英格兰的冠军，而英格兰队又是世界杯冠军，来自足球发源地的对手看起来高不可攀。结果却是5比1！我简直不敢相信！"回忆起当年的主场大胜，阿贾克斯前领队戴维·恩特仍然颇为兴奋，不过他也承认，那时还是球童的自己几乎没看清比赛——现场弥漫着大雾，上半场尤为浓烈，直到下半场时能见度才稍好了一些。而如此罕见景象就像是上天的特别眷顾，令名帅香克利很不服气："我们会7比0赢回来！"利物浦主帅丢下狠话，但次回合在安菲尔德的比分却是2比2，全能足球和独中两元的克鲁伊夫一同走向了世界。

米歇尔斯的球队就这样一鸣惊人，不过他的足球理论还需要时间去调整和完善。实际上在挫败不可一世的利物浦之后，阿贾克斯在接下来一轮的淘汰赛中就止步了。随后的1967—1968、1968—1969赛季，球队也都在欧洲赛场继续交着"学费"。其中最惨痛的教训莫过于1968—1969赛季欧冠决赛的失利，阿贾克斯与AC米兰相遇，荷兰球队斗志高昂，准备开创历史，却被意大利球队的链式防守猛浇了一盆冷水。全场比赛阿贾克斯只通过点球有过一次破门，本方城池则被洞穿了4次。

接下来，米歇尔斯对自己的足球理论进行了更深入的完善。时间点大致是在进入1970年之后，阿贾克斯的阵形从"424"转变为"433"，中场和后卫球员被更多地鼓励参与进攻，以瓦解对手的防线。在强调频繁换位的同时，米歇尔斯还要求防守球员全场要主动压迫对手，原本偏重防守的造越位打法也变得更有攻击性。

围绕着无所不能的克鲁伊夫，米歇尔斯打造出了一支无坚不摧的队伍，球队一路过关斩将，杀进1970—1971赛季的欧冠决赛，最终毫无悬念地击败希腊球队帕纳辛奈科斯，将冠军奖杯揽入怀中。在那之后，阿贾克斯又蝉联了两届欧冠冠军，但奖杯与米歇尔斯并无直接关系。功勋主帅在阿贾克斯首度称霸欧洲之后，便前往西班牙的巴塞罗那，然而他留下的"遗产"无疑是球队横扫一切的关键。阿贾克斯的继任者斯特凡·科瓦奇并没有改变队伍的打法，而是对全攻全守足球做了进一步完善，结果便迎来了连续两个赛季欧冠决赛对链式防守的完胜，相继击败国际米兰和尤文图斯。

遗憾与圆梦

在西班牙，米歇尔斯刚到不久，就为巴萨带来了博览会杯（联盟杯前身）的冠军，不过他更被人熟记的荣誉，还是1973—1974赛季的西甲桂冠。那时克鲁伊夫一来，巴萨马上就结束14年无缘联赛冠军的历史，再加上接下来的1974年世界杯也是克鲁伊夫与米歇尔斯"搭档"，或许很容易让后来的球迷把功劳大部分归到"球圣"身上。但事实是由天才组成的球队更需要高手来引导，米歇尔斯的奇思妙想正是"橙衣军团"能够令人痴迷的关键。他的一大妙招是让原本进攻球员出身的阿里·汉后撤，扮演清道夫角色，帮助球队从后卫线开始就构建攻势。

那一年荷兰队就像一阵橙色的风暴，在世界杯的赛场猛烈刮过。球队第二阶段的小组赛先后完胜阿根廷队、民主德国队和巴西队，3场比赛打进8球、1球未失。如果不是最后的决赛有些轻敌，早早破门却反而被东道主联邦德国队赢了气势，荷兰队和米歇尔斯的巅峰或许还能在更高的位置。不过遗憾并不会削弱米歇尔斯的历史地位，因为他的最伟大之处并不在于奖杯，而是为世界足球埋下种子并孕育出了最甜美的果实。一种流派就此被正式确立，就算还没有流芳千古，也是泽被后世。

当然说到奖杯，米歇尔斯在晚年也仍有得意之作。在其辗转于洛杉矶阿兹特克和科隆执教

米歇尔斯执教生涯（部分）

球队	上任时间	卸任时间	场次	胜	平	负	胜率
阿贾克斯	1965年1月22日	1971年6月30日	288	207	41	40	71.88%
巴塞罗那	1971年7月1日	1975年6月30日	174	88	43	43	50.57%
荷兰队	1974年3月27日	1974年7月7日	10	6	3	1	60.00%
阿贾克斯	1975年7月1日	1976年6月30日	43	27	8	8	62.79%
巴塞罗那	1976年7月1日	1978年6月30日	94	47	25	22	50.00%
洛杉矶阿兹特克	1978年7月1日	1980年10月13日	不详	不详	不详	不详	不详
科隆	1980年10月14日	1983年8月23日	116	58	26	32	50.00%
荷兰队	1984年11月14日	1984年12月23日	2	1	0	1	50.00%
荷兰队	1986年4月29日	1988年6月25日	22	12	6	4	54.55%
勒沃库森	1988年7月1日	1989年4月13日	31	10	11	10	32.26%
荷兰队	1990年9月26日	1992年6月22日	19	11	4	4	57.89%
总计			799	467	167	165	58.45%

之后，米歇尔斯的教练之路一度不太连续，但1986年第三次接手荷兰国家队，却成为他"了却心愿"的一程。到了1988年欧洲杯，米歇尔斯已经打造出一支由范巴斯滕、古力特以及里杰卡尔德等新一代巨星领衔的强大队伍，并最终在决赛中2比0击败苏联队捧杯。更值得一提的是，荷兰队在半决赛的对手是联邦德国队，比分和1974年一样，也是2比1，但实现逆转的是橙色的一方。

在那一年，米歇尔斯的布阵选择更趋近于"442"，在60岁的年纪，他用自己的理念结合实际情况，又一次实现了荷兰足球未曾有过的壮举。

1974年世界杯前夕，米歇尔斯在场边指导克鲁伊夫，后者是天才，但前者才是教会他非常多本事的老师。

严师·高徒

闫羽

"将军""斯芬克斯"，从米歇尔斯的绰号之中，不难感觉到这位传奇人物有一点"不好相处"，但也有一句话叫作"严师出高徒"。

当我们谈论米歇尔斯究竟是如何改变足球这项运动时，首先会想到的词语是"全能足球之父"，接下来就是他曾经培养出克鲁伊夫。米歇尔斯是出了名的严师，教过的徒弟显然远不止"球圣"一个。坊间传闻他冷面无情，在球场内外绝非"慈父"。不过这倒并不妨碍米歇尔斯教"球"育人，他的理念也早已感染了无数信徒。

"他是荷兰足球之父，也是我的父亲，是很多球员的父亲。"当一代宗师在2005年与世长辞，克鲁伊夫留下的这段悼词给人的印象极深。不过更早之前，在相当长的一段时间里，结束了"教练与球员"关系的米歇尔斯与克鲁伊夫，至少在外界看来并不怎么融洽。一个流传甚广的故事是,克鲁伊夫之所以终生未能执教荷兰国家队,正是因为其在足协掌控话语权的恩师进行了阻挠,于1990年世界杯前夕另选了本哈克,而非还在巴塞罗那执教的克鲁伊夫。

在媒体笔下,米歇尔斯曾是一位铁面教官。这位阿贾克斯前主帅甚至希望球员都像机器人一样,能够完全遵照自己的指令运行。而他的训练也是有名的艰苦,荷兰队前边锋凯泽尔曾经回忆道:"他的训练是我所经历过的最艰苦的体能训练,有时候我们一天有四节课。他还引进了意大利的方法,在一场重要比赛前把球员带出去进行一段时间的集中训练。我们的训练要从早上开始,一直持续到晚上。"

训练量大,主帅又要求极为严格,这种过大的压力容易给更衣室埋下"炸弹",尤其是在当时荷兰足球刚刚职业化不久。在夺得1970—1971赛季欧冠冠军之前,米歇尔斯与部分阿贾克斯球员的关系就已经破裂,尤其是不服"暴政"的凯泽尔。此事在一定程度上导致了米歇尔斯出走西班牙,让其"少赚"两座欧洲杯奖杯,不过与此同时,一座对后世影响巨大的桥梁也就此开始搭建。

长久以来,巴塞罗那俱乐部与荷兰足球都有着不解的情缘。双方纽带上最关键的一环,通常被认为是在这里获得过非凡成就、并将自己的足球哲学深深注入拉马西亚青训学院的克鲁伊夫。然而米歇尔斯才是一切的起点,他是巴萨首位荷兰籍主帅,还曾两度执教,"传统"由他而起。也是米歇尔斯把克鲁伊夫带到西班牙,教会了后者非常多本事,正如克鲁伊夫本人所言:"无论作为球员还是教练,没有人教我比他更多。"

除了克鲁伊夫,在米歇尔斯的弟子当中,一度走上教练岗位的其实还有很多,比如巴萨前主帅雷克萨奇和里费都是米歇尔斯首次在西甲执教时的队员。而率领"梦二队"启航的里杰卡尔德,则是1988年欧洲杯夺魁时的得力干将,他的队友范巴斯滕和古力特亦曾短暂从教。还有曾经来到中国的阿里·汉、车范根,以及如今仍然活跃在执教一线的罗纳德·科曼、博斯等等,或多或少都曾在国家队或者俱乐部师从米歇尔斯。

诚然,这些跟随过大师的徒弟不少都没有特别杰出的成就,但能教出一个绝世高徒克鲁伊夫,也已经足够伟大,更不用说后来还有瓜迪奥拉这样的"徒孙"。另外,米歇尔斯的理念也并不一定要由他曾经执教的球员来继承,好的足球战术总是会吸引来效仿者。在当今诸多名帅的战术中,你都能看到全能足球的影子。而论"忠实信徒",则比如范加尔——尽管他对于全攻全守的理解相较于克鲁伊夫有诸多不同——这位荷兰名帅曾坦言:"我小时候和朋友到阿贾克斯的训练场参观,他们都爱看球员,而我却盯着米歇尔斯。事实上我一直想复制他的执教生涯。"

值得一提的是,晚年的米歇尔斯似乎并没有那么严苛,非常有幽默感,范巴斯滕甚至称他为"化解更衣室紧张气氛的大师"。而克鲁伊夫也说过,米歇尔斯能把职业和生活区分得很开。不过显然,足球正是米歇尔斯生活中最重要的一部分,即便没有站在教练岗位上,他也是一位足球布道者。作为国际足联的教练讲师,米歇尔斯在20世纪80年代还曾经来到中国举办讲座。

虽然曾在世界杯决赛留下遗憾，但这并不影响米歇尔斯的历史地位。

古今第一帅

林良锋

米歇尔斯的贡献，在于他让足球从个人能力的有限发挥，跃升到对空间利用的无限遐想。这便是他超越前辈、胜过晚辈之处。他解决的是一个世纪难题。

米歇尔斯是足坛教父。

他不仅是世纪第一，还是历史第一。"世纪第一"是国际足联1999年评的，20年后《法国足球》再次评选，将他列为历史上五十大功勋教练之首。其他重要机构的看法大同小异，米歇尔斯从未跌出三甲。为什么是他？论成就，米歇尔斯毕生"仅"夺得13项主流赛事冠军，而弗格森光是英超冠军就有这么多；论人气，有喜欢瓜迪奥拉的、欣赏穆里尼奥的、崇拜克洛普的，但未必听说过米歇尔斯其人其事；论形象，他让人一眼看上去就是个种地的，阿贾克斯的队员背后叫他"斯芬克斯"。现今的足坛，阿谀之词泛滥，媒体动不动就把"传奇""偶像"和"丰碑"这些高帽扣在并不合适的人头上，导致本该拿来讴歌巨擘的词语变得庸俗。媒体更是比着看谁说得更肉麻、更夸张。但放在米歇尔斯身上，上述赞美都不过分。

伟大的标准

米歇尔斯对荷兰、欧洲，乃至世界足球的贡献，都不是几个标签能概括清楚的。他培养的一代荷兰英杰，精心雕琢的打法，是世界足球的无价之宝。今天，在足坛的各个角落，我们都能体会到他对这项运动的深远影响：在瓜迪奥拉、克洛普、穆里尼奥等名帅的带队思路中，我们仍能看到米歇尔斯的遗风。

在斯科拉里和里皮之前，只有比利亚隆加和米歇尔斯均执教过俱乐部和国家队。米歇尔斯又比西班牙人略胜一筹，他走出荷兰，迈进西班牙，最终走向世界。米歇尔斯带阿贾克斯拿了荷甲和欧冠冠军，带巴萨拿了西甲冠军，带荷兰队拿了欧洲杯冠军和世界杯亚军。波佐、贝阿尔佐特、赫尔贝格、舍恩只有国家队荣誉，特拉帕托尼、佩斯利和弗格森只在俱乐部赛事领域名垂青史。谁也没有像米歇尔斯那样，改变人们踢球、执教甚至看球的方式。说米歇尔斯"重新发明了足球"，恰如其分。

某种程度上，对米歇尔斯最崇高的赞美，也许不是他带队拿过多少冠军，而在于他改变了什么。定义"历史第一"是一项纷繁复杂的任务，如果只看功效，奖杯也许是最直观和客观的标尺。但一位教练青史留名不仅因为功勋累累，我们还要看他给后世留下了什么，从各个角度量化他的"遗产"，纵横对比他的成就，最终予以定性。

米歇尔斯的13座冠军奖杯，放在任何时代，都是令人肃然起敬的成就。当然，后世有不少名帅在这一项上做得远比米歇尔斯强。他们在各项赛事夺魁的过程中，又完成了超越冠军本身的诸多壮举：弗格森打破了格拉斯哥对苏格兰足球的垄断，在英格兰颠覆了利物浦的霸主地位；萨基和穆里尼奥实现了"普通人执教"的梦想，是科学执教的先驱；博斯克更是历史上第一位豪取世界杯冠军、欧洲杯冠军和欧冠冠军的大满贯主帅。米歇尔斯能排在他们前面，从赛事的角度来看，含金量不够。但制定打法、组建球队，是考核一位教练的另一项标准。

足坛的战术大师层出不穷，克鲁伊夫、波佐、萨基、瓜迪奥拉和埃莱尼奥·埃雷拉在推陈出新和定义打法上都曾开风气之先。波佐将查普曼推出的"WM"阵形改良为"WW"阵形，蝉联世界杯冠军之余又摘走柏林奥运会金牌。埃雷拉将原本弱队限制强队的门闩打法提炼成链式防守，奠定之后30年意大利足球的风格。萨基将荷兰球员的才气与英式"442"阵形结合，修改了意大利足球的基因。克鲁伊夫将荷兰全能足球复制到巴萨，瓜迪奥拉又在此基础上引进传控。这几位名帅各自定义足坛的一个时代，独树一帜，特点鲜明。

而在人员管理上，弗格森刚柔并济、张弛有道，可以作为范本，供有志执教的人研究揣摩。与他同时代的人，博斯克、里皮和安切洛蒂以不同的方式营造和谐的氛围，将麾下巨星收拾得服服帖帖，展现了人员管理的不同之处。米歇尔斯则有个外号叫"将军"，形容他治军严厉，并不圆滑，包括克鲁伊夫在内的诸多荷兰巨星和他吵过很多次。从这个角度来看，米歇尔斯也谈不上首屈一指。但他依然在专业机构的眼中高居榜首，这其中还有什么原因？

改变足球

让我们看看足球的发展历程。原始阵形"235"，是在越位规则首次修订后产生的。最初的规则里，足球和橄榄球一样，向前传球就是越位。第一次修改废除了"向前传球即越位"，规定"攻方球员向前传球的瞬间，己方接球球员和守方底线之间有两名对方球员"就是越位。别以为那个年代前锋比后卫多是踢球的人幼稚，尽管当时注重防守的思路确实有违常理。"235"

给予双方堆砌前锋的便利，但随着越位规则二次修改（将原来的两名守方球员减为一名），随后的多次"创新"骨子里都是以防守为先。

无论是查普曼的"WM"，还是波佐的"WW"，均着眼于增加中后场的防守人数，并取得巨大成功。渐渐地，足球战术被困在如何破坏防守的思维陷阱里难以自拔。埃雷拉从巴萨移教国际米兰，将"235"彻底拧成"532"，蝉联欧冠冠军，造就"大国际"时代。而防守在欧洲足坛登峰造极，长此以往，还有谁看球？多年来一直有人琢磨如何破解链式防守，但成功者寥寥。还好，足坛出了个米歇尔斯。

荷兰的全能足球，其实不是米歇尔斯一人之功。这个概念可以追溯到其球员时代的阿贾克斯教练、英格兰人雷诺兹，还有匈牙利国家队主教练古斯塔夫·谢拜什。谢拜什带领匈牙利队拿过1952年奥运会金牌和1953年中欧国家杯（欧洲杯前身）冠军，史称"伟大的马扎尔人"。匈牙利队于温布利球场6比3重创英格兰队，让"三狮军团"在主场吃了历史性的败仗。大多数人只记住了普斯卡什的卓绝发挥，却没有注意匈牙利队的场面非常流畅，球员换位频繁。

荷兰足球借鉴了谢拜什的创意，球员身兼数职，以一专多能对抗人盯人，搞出了大新闻：1966—1967赛季，阿贾克斯欧冠主场5比1大胜利物浦。米歇尔斯也不是发明"全能足球"这个词的人，当时媒体一时找不到最简洁的词形容这一革命性的变化，一看球员什么都会，"全能"一词脱口而出。米歇尔斯将这个变化高度概括为一个词：空间。他有句传世名言："足球最重要的是空间，荷兰足球的空间和别的国家不一样。"萨基深以为然："我只看到一次真正的战术革命，它诞生在阿贾克斯，又移植到荷兰国家队。从此，足球由个人表演变成了集体表演。"

足球从此发生改变，阿贾克斯让这种理念有机地成长起来。这就是米歇尔斯的贡献，他让足球从个人能力的有限发挥，跃升到对空间利用的无限遐想。这便是米歇尔斯超越前辈、胜过晚辈之处。他解决的是一个世纪难题，让整个行业跳出半个多世纪的窠臼，从另一个维度去思考攻防。他将整个概念化为一个游戏：多才多艺的球员在一个流动阵形里，自主寻找和利用空间。

很多同行都自觉或不自觉地尝试过米歇尔斯的设想，却没有将这些思路提升到理论的高度。看了阿贾克斯在欧冠、荷兰队在世界杯的表演，一拍大腿："我怎么就不知道画这条辅助线！"于是乎，大家都研究起这条辅助线：怎么摆脱人盯人？是不是还用清道夫？该不该高位逼抢？快速反击还有没有前途？中锋是不是也过时了，就像内锋和前卫的概念那样？

为他贯彻全能足球的球员，从克鲁伊夫、内斯肯斯、瓦索维奇、阿里·汉到门将施图伊，我们在今天都能找到他们衣钵的传人。

米歇尔斯兼收并蓄，他既继承了前辈的设想，比如20世纪40年代的阿根廷河床（首创无锋打法）、20世纪50年代末的伯恩利和谢拜什的匈牙利队，又超越门户之见，成为各支球队竞相效仿的对象，堪称集足球打法演变之大成。瓜迪奥拉自谦地说："在遇到克鲁伊夫之前，我对足球一无所知。"克鲁伊夫又说："米歇尔斯是我的足球父亲，师承米歇尔斯令我受益匪浅。"由此来看，米歇尔斯不是历史第一，谁是？他不是足坛教父，谁配？

纪念那些逝去的足坛星光

列夫·雅辛

国籍：苏联

生卒：1929年10月22日—1990年3月20日

雅辛是金球奖得主中唯一的门将，被国际足联评为"世纪门将"，他的职业生涯中共扑出98个点球，获得过1960年欧洲杯冠军、1964年欧洲杯亚军、1956年奥运会足球冠军以及5次苏联足球超级联赛冠军（1954、1955、1957、1959、1963年）。

朱斯特·方丹

国籍：法国

生卒：1933年8月18日—2023年3月1日

方丹在1958年瑞典世界杯中打入13球，创造了单届世界杯比赛最高进球纪录，此外他还获得过4次法甲冠军（1955—1956、1957—1958、1959—1960、1961—1962赛季）、2次法国杯冠军（1953—1954、1957—1958赛季）、2次法国超级杯冠军（1958、1960年）、1次世界杯金靴奖（1958年）、2次法甲最佳射手（1957—1958、1959—1960赛季）、1次欧冠最佳射手（1958—1959赛季）。

加林查

国籍：巴西

生卒：1933年10月28日—1983年1月20日

加林查被认为是与贝利齐名的巴西队最伟大的球员，他的国家队生涯中仅有1次败仗，当他和贝利同时在场时，巴西队从未输过球。加林查获得过2次世界杯冠军（1958、1962年）。

苏格拉底

国籍： 巴西
生卒： 1954年2月19日—2011年12月3日

苏格拉底曾担任巴西队队长，参加过1982、1986年两届世界杯，尽管均没能捧起大力神杯，苏格拉底时代的巴西队被公认为历史上最强大的巴西队。

李惠堂

国籍： 中国
生卒： 1905年9月18日—1979年7月4日

李惠堂从17岁开始他的足球生涯，活跃于20世纪二三十年代的亚洲足坛，被称为"亚洲球王"。他不但是二战前罕见的中国职业足球运动员，也是当时公认的中国足球第一人。他在各项比赛中共计打入1860球，与贝利、盖德·穆勒、罗马里奥、弗里登雷克是迄今世界足坛进球逾千个的五大巨星。

桑多尔·柯奇士

国籍： 匈牙利
生卒： 1929年9月21日—1979年7月22日

柯奇士是匈牙利队"黄金一代"的代表人物，1952年奥运会率队获得足球冠军，1954年世界杯匈牙利队获得亚军，柯奇士在6场比赛中打入11球，荣获金靴奖。

朱塞佩·梅阿查

国籍： 意大利
生卒： 1910年8月23日—1979年8月21日

梅阿查曾率领国米两度夺得意甲冠军（1929—1930、1937—1938赛季），他也是意大利队的灵魂人物，1934年世界杯助意大利队首夺世界杯冠军，1938年世界杯再次夺得冠军。

卡洛斯·阿尔贝托

国籍: 巴西

生卒: 1944年7月17日—2016年10月25日

阿尔贝托是巴西队历史上最著名的后卫之一,他在1970年世界杯决赛中大力抽射打入完美一球,并以队长身份高举冠军奖杯,向世界宣告巴西队永久占有了雷米特金杯。

切萨雷·马尔蒂尼

国籍: 意大利

生卒: 1932年2月5日—2016年4月3日

1955—1956赛季欧冠决赛,AC米兰击败本菲卡,马尔蒂尼成为第一位举起欧冠冠军奖杯的意大利人,他还曾率领球队4次夺得意甲冠军(1954—1955、1956—1957、1958—1959、1961—1962赛季)。1982年世界杯马尔蒂尼作为助理教练随意大利队夺冠,之后出任意大利队U21主帅,获得欧青赛三连冠(1992、1994、1996年)。

乌韦·席勒

国籍: 德国

生卒: 1936年11月5日—2022年7月21日

乌韦·席勒被公认为是第一个以球员身份参加过4届世界杯比赛的球员(1958、1962、1966、1970年),但仅在1966年世界杯随联邦德国队获得亚军。1963—1964德甲处子赛季,乌韦·席勒在30场比赛中打入30球,收获首届德甲金靴奖。

迪迪

国籍: 巴西

生卒: 1928年10月8日—2001年5月12日

1958年世界杯,巴西队首次夺得世界杯冠军,迪迪是这支球队的中场核心,并获得本届赛事的最佳球员,1962年世界杯再次随巴西队卫冕成功。

博比·穆尔

国籍：英国
生卒：1941年4月12日—1993年2月24日

博比·穆尔是英格兰队历史上最出名的队长，贝利称其是后卫球员中的典范，参加过1962、1966、1970年3届世界杯，在1966年世界杯上随英格兰队在本土夺冠。

帕科·亨托

国籍：西班牙
生卒：1933年10月21日—2022年1月18日

帕科·亨托与迪斯蒂法诺、普斯卡什一起创造了皇马的欧冠辉煌时代，帮助球队夺得6次欧冠冠军和12次西甲冠军，成为历史上获得欧冠冠军和西甲冠军次数最多的球员。

马特·巴斯比

国籍：英国
生卒：1909年5月26日—1994年1月20日

马特·巴斯比爵士在1945年执教曼联，其培养出来的青年球员被称为"巴斯比宝贝"，他率领球队夺得1次欧冠冠军（1967—1968赛季），5次联赛冠军（1951—1952、1955—1956、1956—1957、1964—1965、1966—1967赛季）。1958年曼联遭遇"慕尼黑空难"，巴斯比成为球队中少数的幸存者，后来在他的重建下，曼联得以重振雄风。

詹卢卡·维亚利

国籍：意大利
生卒：1964年7月9日—2023年1月6日

维亚利是世界足球历史上唯一包揽欧洲"三大杯"（欧冠、欧洲联盟杯、欧洲优胜者杯）冠军和亚军的球员，曾随意大利队征战1986、1990年世界杯。

戈登·班克斯

国籍： 英国
生卒： 1937年12月30日—2019年2月12日

班克斯在20世纪世界最佳门将评选中，仅次于雅辛位列第二名，1966年世界杯帮助英格兰队夺冠，在与巴西队的比赛中扑出贝利的近距离头球，这一扑救被后人誉为"世纪扑救"。

雷蒙德·科帕

国籍： 法国
生卒： 1931年10月13日—2017年3月3日

科帕随皇马3次夺得欧冠冠军（1956—1957、1957—1958、1958—1959赛季），两次夺得西甲冠军（1956—1957赛季、1957—1958赛季），1958年世界杯带领法国队夺得季军，同年获得金球奖，成为第一位获得金球奖的法国球员。

博比·罗布森

国籍： 英国
生卒： 1933年2月18日—2009年7月31日

博比·罗布森是英格兰的传奇教练，1986年世界杯带领英格兰队闯入八强，但是被如日中天的马拉多纳以"上帝之手"和"世纪进球"淘汰。

罗伯特·恩克　　弗里茨·瓦尔特　　米歇尔·伊达尔戈

　　　　　　　　　　　　　　　路易斯·苏亚雷斯

安德雷斯·埃斯科巴

　　　　　　　　　　斯坦利·马休斯

亚历杭德罗·萨维利亚　　　　　　　　　　路易斯·贝里尼

　　　　　　奥马尔·西沃里　　　　　　毛罗·贝鲁吉

　　　　　　　　　　何塞·纳萨兹

弗洛里安·阿尔伯特　　　　　　恩佐·贝阿尔佐特

詹皮耶罗·博尼佩尔蒂

国籍： 意大利
生卒： 1928年7月4日—2021年6月17日

博尼佩尔蒂的职业生涯全部在尤文图斯度过，178球的进球数和444次的出场次数均位列球队历史第二名，帮助尤文图斯5次夺得意甲冠军（1949—1950、1951—1952、1957—1958、1959—1960、1960—1961赛季）。

西尼萨·米哈伊洛维奇

国籍： 塞尔维亚
生卒： 1969年2月20日—2022年12月16日

米哈伊洛维奇曾效力于桑普多利亚、拉齐奥以及国米等球队，他在1998年意甲拉齐奥5比2战胜桑普多利亚的比赛中，上演史无前例的直接任意球帽子戏法，退役后曾执教AC米兰、塞尔维亚队等球队。

拉多米尔·安蒂奇

国籍： 塞尔维亚／西班牙
生卒： 1948年11月22日—2020年4月7日

安蒂奇是仅有的两个执教过皇马与巴萨的教练之一，曾率领马竞夺得1995—1996赛季的西甲与国王杯冠军，带领塞尔维亚队打入2010年世界杯决赛圈。

蒂托·比拉诺瓦
米格尔·穆尼奥斯
加里·斯皮德
约瑟夫·马索普斯特
彼得·奥斯古德
奎尼
约普·德瓦尔
吉亚琴托·法切蒂
吉米·格里夫斯
阿德米尔·梅内塞斯
瓦列里·洛巴诺夫斯基
吉拉德·霍利尔
鲍勃·佩斯利
吉列尔莫·斯塔比莱

谨以此书致敬那些逝去的足坛传奇